郵便はがき

料金受取人払郵便

渋谷局承認

3686

差出有効期間
平成27年12月
31日まで
※切手を貼らずに
お出しください

150-8790

130

〈受取人〉
東京都渋谷区
神宮前 6-12-17
株式会社ダイヤモンド社
「愛読者係」行

フリガナ		生年月日		男・女
お名前		T S H 年 月 日生		
ご勤務先 学校名		所属または 学部・学年		
ご住所（自宅・勤務先）	〒 ●電話 （ ） ●FAX （ ） ●eメール・アドレス （ ）			

◆本書をご購入いただきまして、誠にありがとうございます。
本ハガキで取得させていただきますお客様の個人情報は、以下のガイドラインに基づいて、厳重に取り扱います。

1, お客様より収集させていただいた個人情報は、より良い出版物、製品、サービスをつくるために編集の参考にさせていただきます。
2, お客様より収集させていただいた個人情報は、厳重に管理いたします。
3, お客様より収集させていただいた個人情報は、お客様の承諾を得た範囲を超えて使用いたしません。
4, お客様より収集させていただいた個人情報は、お客様の許可なく当社、当社関連会社以外の第三者に開示することはありません。
5, お客様から収集させていただいた情報を統計化した情報（購読者の平均年齢など）を第三者に開示することがあります。
6, お客様から収集させていただいた個人情報は、当社の新商品・サービス等のご案内に利用させていただきます。
7, メールによる情報、雑誌・書籍・サービスのご案内などは、お客様のご要請があればすみやかに中止いたします。

◆ダイヤモンド社より、弊社および関連会社・広告主からのご案内を送付することがあります。不要の場合は右の□に×をしてください。 不要 □

該当する項目を○で囲んで下さい

あなたの職業	01会社員　02経営者　03公務員　04教員・研究者　05コンサルタント　06学生 07主婦　08自営業　99その他（　　　　）
あなたの役職	01会長・社長　02役員　03部長・次長クラス　04課長クラス　05係長・主任クラス 06専門職　07一般社員　99その他（　　　　）
あなたの職種	01経営全般　02企画・調査　03総務　04法務・知的財産・特許　05電算 06経理・財務　07人事・教育・労務　08宣伝・広報　09販売・営業　10商品開発・商品企画 11デザイン・設計　12環境・安全　13製造・生産　14技術・研究開発 15海外業務　16購買・資材　99その他（　　　　）

◆ご関心のあるテーマについてお教えください（複数でもけっこうです）

01経営戦略　02リーダーシップ　03財務会計・管理会計　04マーケティング
05組織・人事　06セールス　07情報技術　08特許・知的所有権
09環境問題　10政治・経済　11小売業・販売戦略　12自己啓発
13株・資産活用　14就職・転職　15資格
16エッセイ・フィクション　99その他（　　　　）

◆本書をお買い上げになった動機をお教えください

01新聞広告で見て　02雑誌広告で見て　03店頭で見て　04人から薦められて
05書評を見て　06小社からの案内を見て　07図書目録を見て
99その他（　　　　）

◆本書についてのご意見、ご感想等ございましたらお教えください

※ご協力ありがとうございました。

www. dhbr. net

Harvard Business Review

DIAMONDハーバード・ビジネス・レビュー

ハーバード・ビジネス・レビュー BEST10論文

ダイヤモンド社

HBR's 10 Must Reads: THE ESSENTIALS

by

Harvard Business Review

『ハーバード・ビジネス・レビュー　BEST10論文』
目次

第1章

“イノベーションのジレンマ”への挑戦

クレイトン M. クリステンセン
マイケル・オーバードルフ

“Meeting the Challenge of Disruptive Change,”
Harvard Business Review, March-April 2000.
邦訳「『イノベーションのジレンマ』への挑戦」
『ダイヤモンド・ハーバード・ビジネス』2000年9月号。
当時ハーバード・ビジネススクールディーン特別研究員だったマイケル・オーバードルフ（Michael Overdorf）との共著。

クレイトン M. クリステンセン
(Clayton M. Christensen)
ハーバード・ビジネススクール（キム B. クラーク記念講座）教授。イノベーションと成長に関する世界最高峰の研究者。『イノベーションのジレンマ』『イノベーションへの解』『イノベーションのDNA』（翔泳社）など著作多数。『ハーバード・ビジネス・レビュー』誌に発表した論文のうち5本がマッキンゼー賞を受賞。2000年にコンサルティング会社イノサイトを設立、自身の理論をベースに企業のイノベーションと事業創造を支援している。

組織の能力を評価する

大企業にとって試練の時代がやってきた。インターネット時代、グローバリゼーション時代が到来する前でさえ、大規模で破壊的な変化に対応するのはけっして容易ではなかった。たとえば、何百とあるデパートのなかでディスカウントストアに転身し、上位に入っているのはデイトン・ハドソンたった一社である。ミニコンピュータ（以下ミニコン）からPCビジネスへの転身に成功した企業はゼロだ。医科大学やビジネススクールは、時代が求める医者やマネジャーを育成できるようにカリキュラムを素早く修正しようと懸命に努力しているが、ことごとく失敗に終わっている。こうした例を挙げればきりがない。

大企業のマネジャーは、「破壊的変化」が迫ってきていることに気づいているはずである。それならば、変化に対応するための経営資源が欠けているのだろうか。いや、ほとんどの場合、有能な人材を擁し、商品の品ぞろえも豊富で、技術ノウハウも第一級、そのうえ資金にも余裕がある。それでは、マネジャーに欠けているのはいったい何か。おそらく、個人の能力に対して慎重に判断するのと同じように、組織の能力について、注意深く考える習慣が欠けているのだ。

優秀なマネジャーの条件の一つは、「適材適所」の人事を行い、人材育成ができることだ。残念なことに現状では、個々の業務に適した人材を配置すればプロジェクトに適した組織になると信じている。

しかしそれは単なる思い込みにすぎない。同じくらい有能な人材グループを別々の組織で働かせたとしよう。能力は同程度であるのに、その成果に大きな差が出る場合がある。その原因は、「組織自体にも能力がある」ということにある。組織の能力は、メンバーの資質やその他の経営資源とは別個のものである。企業を継続的に成功させていくためには、人材評価だけではなく、組織全体で、何ができ、何ができないかという能力を評価する必要がある。

本稿では、それぞれの組織が何を達成する能力を備えているかを判断するためのフレームワークを提供する。このフレームワークでは、コア・ケイパビリティ（中核能力）が高まるのに反して、組織全体の能力が失われていく過程を示す。また、変化の種類を見分ける方法とそれぞれの変化が生み出すチャンスに対して、どのような組織で対応すべきかについても分析する。そして、「キャン・ドゥー」（何でもできる）式のビジネス文化で常識とされていることの多くを覆すような、重要なアドバイスも提示する。組織が大規模な変化――あるいは破壊的イノベーション――に対応する場合の最悪のアプローチは、現行組織を抜本的に変えてしまうことかもしれない。企業を変身させるつもりが、実は企業を支えていた能力を破壊してしまうこともあるのだ。

実際の課題に挑む前に、現在の組織が対応できる変化と、対応できない変化を正確に把握することが重要である。そこで最初に、組織レベルに備わっている企業のコア・ケイパビリティを認識する方法を体系的に見ていく。次に、企業が成長し成熟するに従い、この能力がどのように変化していくかを検討しよう。

組織能力を決める三つの要因

我々が行った調査の結果、組織に何ができ、何ができないかを規定するのは経営資源、プロセス、そして価値基準の三つの要素であることが判明した。あなたの組織はどのような種類の変化を取り入れることができるのだろうか。この三要素がそれぞれ、組織に備わっている変化への対応力にどのように影響するかを評価してみよう。

1 経営資源

「当社には何ができるだろうか」と自問した時に、経営資源に答えを求めることが多い。ここで言う経営資源とは、人材、設備、技術、資金といった有形のものと、商品デザイン、情報、ブランド、サプライヤーや販売代理店や顧客との関係性といった無形のものの両方が含まれる。質の高い経営資源が豊富に手元にあれば、変化に対応できる可能性が高まることは間違いない。しかし経営資源の分析のみでは、組織の能力の全容は判断できない。

2 プロセス

二つ目の要素は、プロセスである。プロセスとは、経営資源を商品やサービスという一段高い価値に変容させるための、相互作用、調整、コミュニケーションおよび意思決定のパターンを指す。具体的には、商品開発、製造、あるいは予算作成を行う時に従うプロセスなどのことで、明確に規定して文書化し、公式な形をとっているプロセスもあれば、手順や仕事のやり方といった、非公式で時とともに変化していくプロセスもある。前者ははっきりとわかるものだが、後者はあまり目立たない。

プロセスの本質は、社員が常に業務を一貫した方法で成し遂げられるように設定されることにある。ところが、これは経営者のジレンマの一つでもある。プロセスは変更することを前提にしてはいないので、もし変更する必要が生じても、簡単には変えられない仕組みになっている。しかし、ある業務のために設計されたプロセスに従えば、その業務を効率的に行える可能性が高いが、まったく違う仕事に取り組む時にも同じプロセスを使うと、うまくはかどらないだろう。たとえば、ある製薬会社が新薬の開発に注力し、FDA（アメリカ食品医薬品局）の認可を得たとしよう。同じ企業が、今度は医療機器に進出したらどうだろうか。うまくいかないことがままある。なぜなら、後者に必要な仕事の進め方は前者とは大きく異なるからである。実は、ある仕事を成し遂げるためのプロセスは、それ以外の仕事を行うことを不可能にしているのだ。(注1)

企業にとって最も重要な能力（およびその欠如）を左右するのは、ロジスティックス、開発、製造あるいは顧客サービスといった明確でわかりやすいプロセスにあるとは限らない。実は目に入りにくい、物事の背後のプロセスにあることが多い。つまり、多くの企業が変化に対応するうえで欠けている能力のうち最も深刻な課題は、経営資源をどこに投入すべきか、市場調査をどのように行うか、分析結果を財務予測にどのように反映させるか、企画と予算をどのように折り合わせるかといった決定プロセスのなかにひそんでいるのだ。

3　価値基準

三つ目の要素は価値基準である。企業にとっての「価値基準」と言うと倫理的な意味合いを帯びることがある。ジョンソン・エンド・ジョンソンの場合であれば患者の健康を保証すること、アルコア（アルミニウム・メーカー）の場合であれば社員の安全に関する指針を思い浮かべるかもしれない。しかし、我々のフレームワークで示す「価値基準」とは、もっと幅広い意味を持つ。ここでは、「重要なことや優先すべきことを判断するための評価基準」と定義する。社員はこれに基づいて、受けた注文が魅力的かどうか、この客は重要な顧客かどうか、新商品のアイデアは優れているか否か、といったことを判断するのである。職位や職務に関わりなく、社員だれもがこのような判断をしている。販売員であれば、客にはあの商品を推して、こちらはあまり薦めないようにしよう、といった案件を日々その場その場で判断している。役員であれば、新商品、サービスあるいはプロセスに投資をすべきか否かの決定を行っている。

企業規模が大きく複雑になるほど、組織全体の社員を教育して、戦略方針やビジネスモデルとの整合性を取りながら一人ひとりが重要度を判断できるようにすることが、より大切になってくる。組織にこのような一貫性のある明確な価値基準が浸透しているかどうかは、企業経営の優劣を測る重要な尺度でもある。

しかし、社内に広く浸透した一貫性ある価値基準は、一方で、組織ができることを限定してしまう。価値基準には企業のコスト構造あるいはビジネスモデルが反映されている。なぜなら、価値基準とは、企業の繁栄のために社員が従う原則だからである。たとえば、間接費を前提とすると、粗利益率四〇%を達成しなければならないとしよう。すると四〇%の達成が約束されないようなアイデアは中間管理職が却下するといった価値基準、あるいは決定原則が形成される。このような組織では、利益率の低い市場――たとえばeコマース（電子商取引）など――をターゲットとするプロジェクトは、商業化までこぎ着けないだろう。これと大きく異なるコスト構造を持つ組織であれば、その価値基準はこのプロジェクトの成功の推進役となるかもしれない。

当然ながら企業が異なれば、その価値基準も異なる。そのなかで特に多くの企業が取り入れている二つの価値基準に注目して説明したい。この価値基準がはびこると、企業が破壊的変化にうまく対応する能力は、無情にも徐々に奪われていく。

❶収益性

先ほど例を示したが、一つ目の価値基準は、企業が粗利益率をどう判断するかに影響を与える。超ハイエンド市場の顧客をとらえようとして、商品やサービスに特徴や機能をつけ加えると、間接費が上がる。その結果、以前はよしとされた粗利益率では不十分となることがある。トヨタ自動車の例を見てみよう。

トヨタが〈コロナ〉で北米市場に進出した時のターゲットはローエンド市場であった。その後、本田技研工業、マツダおよび日産自動車もこれと似た車を発売してこのセグメントに参入したため、過当競争から粗利益率が低下した。そこでトヨタは利益率の改善を狙い、ハイエンド市場をターゲットとする洗練された車を開発した。そして〈カムリ〉や〈レクサス〉のような車を開発する過程でコストがかさんだ結果、ローエンド市場から撤退する決定がなされた。コスト構造の変化で価値基準も変わってしまい、それまでの利益率では容認できなくなったためである。

このパターンからの脱却を図るべく、トヨタは新車種の〈エコー〉(日本名プラッツ)〉を発売(二〇〇五年販売終了)した。一万ドルのこの車で、初回購入者層向けのローエンド市場への復帰を目論んでいる。〈カムリ〉、〈アバロン〉、〈レクサス〉を多く売るよりも、低利益率でも多くの車を販売するほうが、利益と株価の押し上げに効果的であるという、同社の経営トップの決定によるものだ。ただし、このトップの戦略にディーラーを含めたトヨタ関係者が賛同するかどうかは別問題である。ローエンド市場への移行が、トヨタを成功に導くかどうかは、時が経たなければわからない。〈エコー〉の販売を成功させるためには、トヨタの経営陣は激流——すなわち、トヨタという企業が培ってきた価値基準——に逆らって泳がなければなるまい。

❷市場規模

二つ目の価値基準は、ビジネスチャンスの規模に関わるものである。株価は予想収益の割引現在価値を反映するものだ。したがって、「収益がただ伸びるだけでは不十分、コンスタントな伸び率を維持しなければならない」という強迫観念にかられやすい。たとえば四〇〇〇万ドル規模の企業が二五％の伸びを達成するには、翌年一〇〇〇万ドルの収益を上げる新規事業を見つける必要がある。ところが、四〇〇億ドルの企業にとっての二五％は、一〇〇億ドルだ。ということは、小さな企業なら食指を動かす規模のビジネスチャンスは、大企業には食い足りないということである。これはまさに「成功という名の果実のほろ苦さ」ではないか。企業の規模が大きくなったことと引き換えに、小規模の新興市場に参入する能力を失ってしまったのだ。この能力喪失は経営資源の変化によるものではない。通常、大企業の資源は潤沢だ。むしろ、価値基準の変化によるものである。

企業が買収や合併により突如大きくなったようなケースでは、この問題は拡大される。たとえば大手製薬企業同士の大型合併では、企業幹部やM&Aを仲介する金融機関は、この影響を考慮する必要がある。合併によって研究・開発組織では新製品開発にかける資源が増えるかもしれないが、おそらく営業・販売組織では超大型新薬でなければ興味を持たなくなるだろう。これはイノベーションを取り入れる能力の喪失にほかならない。同様の問題はハイテク産業でも起こっている。ヒューレット・パッカード（HP）が先頃企業を二つに分割する決定を下したのは、多くの面からこの問題を同社が認識したことが背景にある。

能力の重心はシフトする

企業が成長の初期段階の場合は、経営資源、特に人材の影響力が大きい。要となる人材が一人、二人、組織に加わったり離脱したりしただけで、企業の成否に多大な影響を及ぼしかねない。ところが時が経つと、組織の能力はプロセスと価値基準とに重心をシフトする。まず恒常的な業務をこなすうちに、プロセスが固まってくる。そしてビジネスモデルがはっきりしたかたちを取り始め、どの業務を最優先すべきかが明確になると、価値基準が形成されるのだ。急躍進を遂げている若い企業がたった一つ画期的な商品を発売してIPO（新規株式公開）を果たし、その直後に失速してしまうケースが多々ある。それはなぜだろう。最初の成功が、経営資源、多くの場合は会社設立に関わったエンジニアによるものであったが、その後、人気商品を続けて生み出すのに必要なプロセスを開発するのに失敗したというのが理由の一つである。

実際にあったケースとして、テレビ番組のデジタル編集システムを製作するアビッド・テクノロジーを取り上げよう。ビデオ編集の煩雑な作業を不要にした同社の技術は大好評を博した。この花形商品をきっかけにアビッドの株価は、一九九三年のIPO時の一六ドルから九五年半ばには四九ドルまで上昇した。しかし一芸に頼る同社の弱みがまもなく露呈し始めた。市場は飽和状態となり、在庫と売掛金は増大し、競争は激化する一方で、おまけに株主訴訟という状況に同社は追い込まれたのだ。商品は顧客に好まれたが、アビッドには有効なプロセスが欠けていた。一貫して新製品を開発するプロセス、品質・商品配達・サービスを管理するプロセスである。これが最終的に同社の足を引っ張り、株価暴落となった。

これとは対照的に、成功している企業を見てみよう。マッキンゼー・アンド・カンパニーはきわめて強力なプロセスと価値基準を持っている。そのため、どの人材がどのプロジェクト・チームに割り振られるかはほとんど問題にならないほどだ。毎年何百人ものMBA取得者が入社し、ほぼ同数が同社を去る。しかし、毎年変わることなく質の高い仕事を達成している。コア・ケイパビリティが、経営資源ではなく、むしろプロセスと価値基準とにあるためである。

ある企業の誕生から成長期にかけてプロセスと価値基準とが形成される時、創業者が与える影響は絶大である。社員はどのように仕事をすべきか、組織の優先事項はどうあるべきか、創業者には明確な持論がある。創業者の判断に誤りがあれば当然ながら企業が失敗する可能性は高い。しかし、健全な判断がなされれば、創業者の問題解決や意思決定の方法が正しいことを社員は目の当たりにし、体得する。このようにしてプロセスができあがっていく。同様に、創業者の考えを反映した判断基準に従って経営資源が配分され、企業が財務的にも成功すると、その実績を中心に企業としての価値基準が形成される。

企業が成熟するにつれ、社員は徐々に、これまで日常的に行い、成功してきたプロセスや判断基準こそが仕事を行ううえで最も正しい方法である、と思い込むようになる。いったんこの状態に陥ると、「こうするものだ」という思い込みから、既存のプロセスと価値基準に従って重要度を判断し始め、これらを中心に組織文化が形成されるようになる。(注2) 数人で始めた企業が数百人、数千人の社員を擁するようになると、何をどのように行うべきかについて、社員全員の合意を取りつけるのは、どれほど優秀なマネジャーにとっても至難の業である。ここで、組織文化が強力な管理ツールとなる。組織文化があれば、社員に自律的ながらも一貫した行動を取らせることができるためだ。

このように、組織に何ができるか、何ができないかを規定する要素は時とともに変化する。出発点は経営資源だが、次に目に見え、はっきり表現されたプロセスと価値基準へと重心がシフトする。そして最終的には企業文化へと変容する。組織がある問題に対応するためにプロセスと価値基準を構築し、この種の問題に直面しているうちは、組織運営は比較的簡単だ。しかし、こうした要素は組織にできることを限定してしまうため、企業が直面する問題が根本的に変化すると、能力の欠如となって現れる。

組織の能力の重心が人材にあるうちは、新たな問題に対応するために能力の入れ替えを行うことは比較的簡単である。しかし、企業の能力の重心がプロセスと価値基準に移り、その後、企業文化というかたちで刻み込まれると、その能力を変えることはきわめて困難となる（囲み「DECのジレンマ」を参照）。

「持続的イノベーション」対「破壊的イノベーション」

成功企業は、その能力が経営資源・プロセス・価値基準のどれを基盤にしているにしろ、市場の発展的変化に対応するのに長けている。『イノベーションのジレンマ』(注3)では、この変化のことを「持続的イノベーション」と称している。ところが、企業が問題に突き当たるのは、市場での革新的な変化に対応したり、「破壊的イノベーション」に対応したりする場合である。

持続的イノベーションは、メイン事業の顧客がすでに価値を認めている技術を活用して、商品やサービスの機能・性能を向上させる持続的技術が原動力になっている。たとえば、コンパック（二〇〇二年にHPが買収）が他社に先駆け一六ビット／二八六チップの代替として、三二ビットの三八六マイクロプロセッサを採用したことは、持続的イノベーションである。メリルリンチ（二〇〇八年にバンク・オブ・アメリカが買収。二〇〇九年にバンクオブアメリカ・メリルリンチに社名変更）が導入したキャッシュ・マネジメント・アカウントも同様だ。顧客はこの口座を開設すれば、株式売買の決済に小切手を振り出すことができる。この二つは、すでに市場にあるものより優れたものを提供することで、優良顧客を維持することを可能にしたブレークスルー型のイノベーションの例である。

一方、破壊的イノベーションとは、新しい種類の商品・サービスの導入によりまったく新しい市場を創造するものである。その導入初期においては、メイン顧客が価値を置いている機能・性能の尺度では劣っていると判断されることもある。オンライン証券ブローカーのチャールズ・シュワブの例を見てみよう。同社は当初、余分なサービスをすべて削ぎ落とし、ディスカウントに特化したブローカーとして市場に参入した。メリルリンチのような証券企業が提供する総合サービスと比較すると、これは破壊的イノベーションである。メリルリンチの優良顧客にはシュワブ式のサービスは物足りなかった。

初期のPCも、メインフレームやミニコンに対する破壊的イノベーションだ。PCが売り出された当時の計算用のアプリケーションを走らせるには、PCは力不足であった。こうしたイノベーションを「破壊的」と表現したのは、それが既存市場のメイン顧客が次の商品に求めているニーズには応えていないためである。当然のことながら、その代わりに既存のものとはまったく別の特性がある。その特性のおかげで新規市場商品が現れ、そして破壊的イノベーションが急速に進む結果、最終的には既存市場の顧客ニーズにも応えられるようになるのだ。

持続的イノベーションを開発し、導入するのは、ほぼ決まって業界のリーダー企業である。しかしこうした企業がけっして破壊的イノベーションを起こすことはなく、それにうまく対処することもできない。なぜだろう。経営資源・プロセス・価値基準のフレームワークのなかに、その答えがある。業界のリーダー企業は持続的技術を開発し、導入するように組織ができあがっているのだ。日々、競合他社に差をつけるため、改良した新商品を発売する。このために、持続的イノベーション、技術的潜在能力を評価し、現在の商品に代わるものに対する顧客ニーズを評価するプロセスを開発する。持続的技術への投資も、こうした企業が持つ価値基準と合致している。なぜなら、市場の最先端をいく顧客によりよい商品を販売することで、高いマージンが約束されているからだ。

破壊的イノベーションは頻繁に起こるものではないため、どのような企業にもこれに対処する決まったプロセスはない。また、破壊的商品は販売個数当たりの利益率は必ずと言っていいほど低く、優良顧客には魅力的な商品ではないため、大企業の価値基準とは合致しない。

メリルリンチの持つ経営資源を考えてみよう。人材、資金、技術のどれをとっても、持続的イノベーション――キャッシュ・マネジメント・アカウント――においても、同社が最近直面した破壊的イノベーション――ディスカウント・ブローカー――においても、成功するのに必要な経営資源を備えている。

しかし、そのプロセスおよび価値基準は持続的イノベーションのみを支えるものであった。同社がオンラインのディスカウント・ブローカー・ビジネスを理解し、対応しようとした際も、このプロセスと価値基準ではそれは不可能であった。

このように、小規模で破壊的企業のほうがこの市場で成功を追う能力が高いため、大企業が新興市場でお手上げとなる。スタートアップ企業の経営資源は十分ではない。しかし、それは問題ではないのだ。彼らの価値基準に基づけば、小規模な市場に挑戦できる。コスト構造から、低利益率であっても採算が合う。市場調査と資源配分の決定プロセスには、マネジャーが直感で動ける余地を残している。どのような意思決定にも慎重なリサーチと分析の裏付けが必要、というようなことはない。このような大企業に対する優位性が積み重なり、破壊的イノベーションに対応したり、つくり出したりする能力とさえなる。

変化への適応能力を創造する

では、大企業がこうした能力を開発するには、どうしたらよいのだろうか。

変革のマネジメントやリエンジニアリングなど、注目を浴びている経営手法が植えつけた観念とは裏腹に、プロセスには経営資源ほどの柔軟性があるわけでもなく、順応性があるわけでもない。価値基準となれば、これはさらに低い。このため、持続的なものにしろ破壊的なものにしろ、イノベーションに対応するために組織が新しい能力を求め、プロセスと価値基準を必要とする場合は、その能力を開発できる組織形態を構築しなければならない。これには次の三つの方法がある。

- 企業の内部に新たな組織構造をつくり、そこで新しいプロセスを開発する。
- 既存組織からスピンアウト（分離独立）し、独立組織をつくる。新しい組織のなかで、問題を解決するのに必要なプロセスを開発し、価値基準を生み出す。
- 直面する課題にふさわしいプロセスと価値基準とをあわせ持つ別の組織を買収する。

以下、それぞれの方法について詳しく解説しよう。

1 新たな組織構造をつくる

企業の能力はそのプロセスにあるが、新たな課題に挑戦するために新たなプロセスが必要な場合――すなわち、従来とは異なる人材やグループが、従来とは違う方法、違うペースで共同作業する必要がある場合――既存の組織から関連する人々を引き抜いて新たなグループを結成し、その周りに新たな境界線を引く。もともと組織の境界線は、既存のプロセスの運営を促進するために引かれたものだが、新たなプロセスを生み出す場合は、えてして障害となりがちだ。新たなチームの境界線は、新たな形態で協働することを可能にし、その形態がゆくゆくは新規のプロセスになる。スティーブン・ウィールライトとキム・クラークは著書(注4)のなかで、こうした構造を「重量プロジェクト・チーム」と称している。

このチームは専任で新たな課題に取り組み、メンバーは物理的に一つの場所で働く。またプロジェクト全体の成功のために、個々の人員は責任を課せられる。たとえば、クライスラーでは、かつて商品開発組織のなかにあるグループは部品別に分けられていた。伝導機構、電気システムといった具合だ。ところが開発のテンポを早めるためには、部品ではなく、ミニバン、小型車、ジープ型乗用車、トラックなど、自動車の車種を切り口とする必要があった。そのため同社は重量チームを結成した。この組織ユニットは部品設計は得意ではなかったが、より早く効率的にさまざまな下位組織を統合して新車の設計をさせる新たなプロセスを形成することができた。他にもいろいろな企業で、よりよい商品をより早く開発するための新規のプロセスを形成しようと重量チームを組織した例が見られる。メドトロニックは心臓のペースメーカーに、ＩＢＭはディスク・ドライブに、イーライリリー・アンド・カンパニーは超大型新薬〈ジプレキサ〉に重量チームを組織した。

2 スピンアウトにより、新たな組織能力を創造する

メイン事業の価値基準に基づくと、革新的プロジェクトのために経営資源が配分されない場合、企業はそのプロジェクトを新しいベンチャー事業としてスピンアウトすべきである。大規模の組織には、規模の小さな新興市場での位置づけを強固なものにするために、資金や人材など不可欠な経営資源を配分することは期待できない。また、ハイエンド市場で競争するためのコスト構造ができあがった企業が、

ローエンド市場でも同じように競争するのは非常に難しい。スピンアウトは、従来型の企業がインターネットに取り組もうとする際に多用されている形態である。しかしこの形態が適切なのは、二つの場合に限られる。破壊的イノベーションによって収益を上げながら、競争力を持つためには別のコスト構造が必要な場合と、メイン事業の組織の拡大ニーズに比較すると、現在のビジネスの規模が取るに足らない場合である。

実例を紹介しよう。アイダホ州ボイジーのHPのレーザー・プリンター事業部は大成功を収め、高利益率と優れた商品品質を誇っていた。しかし、インクジェット技術のプロジェクトが、HPの主流のプリンター事業内部を弱体化させてしまった。インクジェットのプロジェクトは破壊的イノベーションそのものであった。この二種のプリンターを開発するプロセスは基本的には同じである。しかし、価値基準において異なっていた。インクジェット市場で勝ち上がっていこうとするなら、HPはレーザー・プリンターより低い利益率に満足し、市場の規模が小さいこともよしとし、性能が比較的低いことも受け入れなければならなかった。そこで、このユニットをカナダのブリティッシュコロンビア州バンクーバーにある別の事業部に移転し、自社のレーザージェット事業と対等に競い合うことを目標として設定した。こうして、その後ようやく、インクジェット事業が軌道に乗ったのである。

では、どのように本体の業務から分離すればよいだろうか。必ずしも物理的に別の場所にオフィスを構える必要はない。第一に必要なのは、このプロジェクトがメイン事業のプロジェクトと経営資源を奪い合うはめに陥らないようにすることだ。これまで見てきたとおり、組織で主流になっている価値基準に沿わないプロジェクトは、当然のように重要度が低いと見なされる。独立させた組織が物理的にメイン事業の組織から切り離されているかどうかは、それほど問題ではない。重要なのは、経営資源の配分を決定するプロセスにおいて、通常の意思決定に使われる基準を使わないということだ。**囲み**「イノベーションを生み出す組織戦略」に、イノベーションの種類とそれに最もふさわしい組織構造を詳説した。

マネジャーは新しい経営形態は古い形態を捨て去ることだと考え、それを否定しがちだ。従来のプロセスが既存商品のために設計されたものであり、完璧に機能しているためだ。しかし、破壊的変化の兆候が現れたなら、それがメイン事業に影響を与える前に、能力を結集してこの変化に立ち向かう必要がある。実際には二つの事業を並行して走らせなければならない。一つは既存のビジネスモデルに合わせたプロセスを持つ事業である。もう一つは新しいビジネスモデルのために設計されたプロセスを持つ事業である。たとえばメリルリンチは、機関投資家向け金融サービスを世界的に拡大するという偉業を果たした。これは従来のプロセスに慎重に従うかたちで企画立案、買収、提携を実施した成果だ。ところが、オンライン時代に突入し、企画も買収も提携もはるかに迅速に行わなければならなくなった。メリルリンチは、従来の投資銀行業務できわめてよく機能していたプロセスを変更すべきだろうか。この疑問を我々のフレームワークを通して考えると、答えは「そのようなことをしたら、とんでもない失敗に終わる」ということになる。メリルリンチが行うべきことは、従来の業務にはこれまでのプロセスを維持し（従来の事業モデルでもまだ数十億ドルは稼げるはずだから）、次元が異なる新たな問題に対処するためには別のプロセスを創造することだ。

ここで一つ忠告しておかなければならない。今回の調査のなかで、CEOが目を配り、みずから監督することなしに、メイン事業の価値基準と相容れない変化への対応に成功した企業は一社としてない。

経営資源配分を決定するプロセスの基盤となっている従来の価値基準は、それだけ強固であることにほかならない。新設の組織が必要な経営資源を得て、新たに立ち向かう課題に合致したプロセスと価値基準とを自由につくり出すことができるのは、ＣＥＯしかいないのである。「スピンアウトとは、破壊的イノベーションという脅威を、別の組織に対応させることで、自分の肩の荷をおろすための道具である」と見ているようなＣＥＯは、必ずと言っていいほど失敗する。これまで例外はただの一件もなかった。

3　買収によって組織能力を獲得する

買収という方法で組織能力を「買う」ことを考える場合も、相手企業が何ができ、何ができないかという能力を、経営資源・プロセス・価値基準とは分けて評価する必要がある。これは自社の能力を評価する場合と同じである。買収による能力獲得に成功するのは、買収案件のどこにこうした能力があるかを知り、それをうまく吸収することができる企業である。買収する側は、まず初めに、「ずいぶん高額の買い物をしたわけだが、その価値はいったいどこにあるのだろう。価格を正当化しているのは、経営資源だろうか。あるいはプロセスや価値基準にあるのだろうか」と自問してみることだ。

買収することで手に入れる能力が、買収される企業のプロセスと価値基準に完全に根づいているとしよう。この場合、親会社が絶対に避けなければならないことがある。それは買収企業を自分の組織に統合することだ。統合すれば、買収される側のプロセスおよび価値基準は霧散してしまう。買収される側に親会社の仕事のやり方を強制するのは避けるべきだ。途端に、せっかくの能力は消えてしまうだろう。

正しい戦略はこの事業を独立させ、親会社の経営資源を新会社のプロセスと価値基準に注入することである。このアプローチで確実に新しい能力を獲得できる。

しかしながら、もし、経営資源こそが買収される企業の成功を導いたものであり、そもそも買収を決定した根拠であるならば、親会社との統合は十分理にかなっている。基本的には、それは買収で手に入れた人材、商品、技術および顧客に親会社のプロセスを当てはめることで、親会社の持つ既存の能力を活用する方法である。

合併過程のダイムラー・クライスラー（現クライスラー）をこの切り口で見ると、同社が瀕している危険がよく理解できる。クライスラーには、これといって特殊な経営資源はほとんどなかった。販売面の成功はそのプロセス、特に商品設計および下位組織のサプライヤーの力を統合するプロセスの成果であった。ダイムラーがクライスラーの能力を活用するうえでベストな方法とは何か。金融機関は、経営陣に二つの組織を整理統合し経費削減を行え、と圧力をかけている。しかし両社を一体化すれば、おそらくクライスラーを買収標的として魅力的にしていたプロセス自体が犠牲となるだろう。

この状況は、IBMが一九八四年に通信企業のロルムを買収した時のことを彷彿させる。ロルムの経営資源にはIBMがまだ手にしていないものなどはなかった。IBMにとって重要であったのは、PBX（デジタル構内交換機）商品を開発し、そのための新規市場を開拓し、創造するロルムのプロセスにあった。当初IBMは、ロルムのざっくばらんで型にはまらない組織文化を維持することは重要だと認めていた。IBMの几帳面なスタイルとは好対照だったためだ。しかし八七年、ロルムを子会社から自社組織のなかに完全に統合することを決定した。ほどなくしてIBMのマネジャーはこの決定が愚かなものだったことに気づいた。ロルムの経営資源、すなわち商品と顧客に、大手コンピュータ・メーカーであるＩＢＭのプロセスを適用したところ、ロルムの事業は大きく傾いた。利益率一八％という環境のなかで価値基準ができあがっているＩＢＭにしてみれば、はるかに利益率が低い商品に熱心になれと言っても、無理な話だった。ＩＢＭのロルム統合は、買収当初に認めた価値の源泉自体を破壊する結果に終わった。クライスラーも金融界が唱える効率化による経費削減の声に屈し、二〇〇〇年現在これと同じ過ちに陥るかどうかの瀬戸際に立っている。(注5)証券アナリストの直感は経営資源の価値を見ることには役立つが、プロセスの持つ価値を見抜くにはあまり役立たないようである。

対照的なのが、シスコシステムズである。同社の買収はうまく機能してきた。これは、同社が経営資源・プロセス・価値基準を正しい視点から見てきたためではないだろうか。一九九三年から九七年の問に同社が買収したのは、小さな企業ばかりである。これらは設立二年以内の若い組織で、経営資源、特にエンジニアと商品を中心に市場価値を築いた企業だった。シスコはこうした経営資源に自社の効果的な開発・ロジスティックス・製造・マーケティングのプロセスを当てはめた。反対に若い企業の未熟なプロセスと価値基準は、それが何であれ捨て去った。そのために金を払ったわけではないからだ。同社は大型で成熟した企業も一、二社買収している。特に九六年にはストラタコムを買収したが、シスコはこれを統合しなかった。むしろ、ストラタコムを独立した企業のまま存続させ、シスコの持つ豊富な経営資源をその組織に注入し、急速な成長の後押しをした。(注6)

＊　＊　＊

組織が変化に直面しているのなら、次の二つを自問してみよう。

- 当社にはこの新たな状況で成功するのに必要な経営資源があるか。
- プロセスと価値基準は変化に対応できるだろうか。

二つ目の質問を自然に思いつくマネジャーはほとんどいないだろう。みずからの業務の進め方を示すプロセスや従業員の意思決定の基準となる価値基準は、これまで十分役立ってきたからだ。我々のフレームワークを使って理解していただきたいのは、組織に備わった能力は組織に何ができるかを規定するが、同時に、その組織にはできないことも規定している、ということである。

この点から次の質問に正直に答えるために、ちょっとばかりの時間を自己分析に費やしていただきたい。

- あなたの会社で通常進めている仕事のプロセスは、この新たな課題に対応するのにふさわしいものだろうか。
- あなたの会社の価値基準に従うと、この新たな施策は、優先されるだろうか、それとも尻すぼみに終わるだろうか。

あなたの答えが「ノー」だとしても、心配は無用である。問題を理解すること自体がその解決に欠かせない最も重要なステップだからだ。もしここで希望的観測に立って判断してしまうと、イノベーションを担うチームの行く手に障害をつくることになる。そればかりか、結果が見えてからあだこうだと口をはさまれ、フラストレーションが溜まる状況となるだろう。大企業にイノベーションを起こすことがこれほど難しく見える理由は、すぐに対応すべき課題があり、きわめて有能な人材を雇いながら、その課題とは相容れないプロセスと価値基準とを持つ組織構造内で働かせようとするためである。変転激しき時代、有能な人材を有能な組織に配置することは、経営陣の肩にかかる大きな責任である。

DECのジレンマ

多くの経営学者は、ディジタル・イクイップメント（DEC）の突然の凋落の原因は市場の読み誤りであると結論づけている。しかし、我々のフレームワークを通して同社を見ると、これとは違う図式が現れる。

DECは一九六〇年代から八〇年代まで、華々しい成功を収めたミニコン・メーカーであった。八〇年前後に初めてPCが市場に現れた頃、DECのコア・ケイパビリティは何かと問われれば、コンピュータの製造である、という答えが返ってきただろう。しかしこれが事実だったとするならば、なぜ同社はつまずいたのだろうか。

DECがPC市場で成功に足るだけの経営資源を有していたのは明らかだ。同社のエンジニアが設計するコンピュータは常にPCよりはるかに洗練されたものだった。資金は潤沢、ブランド力は強力、テクノロジーは優秀……。しかし、同社にはPC事業で成功するのに必要なプロセスが欠けていた。一般的にミニコン・メーカーは社内で主要部品のほとんどを設計し、その後この部品を各社独自のコンフィグレーション（機器構成）に組み立てていた。新機種の設計には二、三年かかっていた。DECは自社の部品のほとんどを製作し、バッチ生産方式

（一括生産）で組み立てていた。こうしたプロセスはミニコン事業には最適であった。

これとは対照的にPCメーカーは、世界中で最も優れたサプライヤーを選び、部品のほとんどを製造委託した。新設計のコンピュータはモジュール式の部品で構成され、メーカーはこれを半年から一年で完成しなくてはならなかった。製造は大量生産が可能な組み立てラインで行われ、消費者や企業には小売店を通じて販売された。DECには、これらのプロセスが一つも存在しなかった。言葉を換えると、同社の社員にはPCを設計し、製造し、販売し、収益を上げる能力はあったが、彼らが働く組織はその実践を不可能にした。なぜなら、その組織のプロセスは、PC以外の仕事がうまくできるように設計され、進化していったものだからだ。

同時に、間接費が原因となり、DECには一連の価値基準が生まれていた。それは「事業は五〇％以上の粗利益が出なくてはならない。四〇％未満なら手をつける価値はない」という判断基準となって表れていた。経営陣は従業員全員がこの基準に従ってプロジェクトの重要度を判断していることを確認しなければならなかった。そうしなければ、同社では採算が合わなかったのだ。PCの利益率はこれより低かったため、DECの価値基準とは相容れなかった。同社の判断基準に従うと、経営資源の配分決定のプロセスでは、常に業績がよいミニコンがPCより優先された。

DECはミニコンとは別の組織をつくることもできたはずだ。PCで成功するための別のプロセスと別の価値基準を創造すべきだったのだ――IBMが行ったように。このようにDECのメイン事業の組織にはPC事業で成功する能力が欠けていたのだ。

イノベーションを生み出す組織戦略

組織がイノベーションに対処したり、イノベーションを起こしたりする必要がある場合、どのような種類のチームがプロジェクトを担当し、組織としてはどういった構造を取るべきかを、**図**「組織とイノベーションの適合度」にわかりやすくまとめた。縦軸は、組織の既存プロセスが新規の仕事を効率よく遂行するのにどの程度適しているかを示す。横軸は、組織の価値基準に基づくと、このイノベーションが必要とする経営資源の配分はどの程度許されるかを示す。

領域Aでは、プロジェクトは組織のプロセスと価値基準の両方にうまくフィットする。そのため新しい能力は必要ない。職能別組織、あるいは軽量チームが既存の組織構造内でプロジェクトに取り組むことができる。職能別組織はその業務に特有の課題を取り扱う。その後、プロジェクトを次の職能別組織に引き継ぐ。軽量チームには各業務から人材が集まる。しかしチーム・メンバーは各人の職務上のマネジャーの管理下に置かれる。

領域Bでは、プロジェクトは組織の価値基準とはうまくフィットするが、プロセスとは合わない。組織にとっては新たな種類の問題に直面しているため、グループ間でも個人間でも新しい種類の相互作用と調整とが必要になる。チームは領域Aのチームと同じで、破壊的イノベーションではなく持続的イノベーションに対応する。この場合は重量チームがふさわしいが、プロジェクトは企業のメイン事業の組織で運営できる。チームのメンバーはプロジェクト専属で働き、プロジェクト成功の責任を負う。言ってみれば、ゼネラル・マネジャーのように行動することが期待される。重量チームは、新たなプロセスと新たな協働パターンとを生み出すことを視野に入れ

図 | 組織とイノベーションの適合度

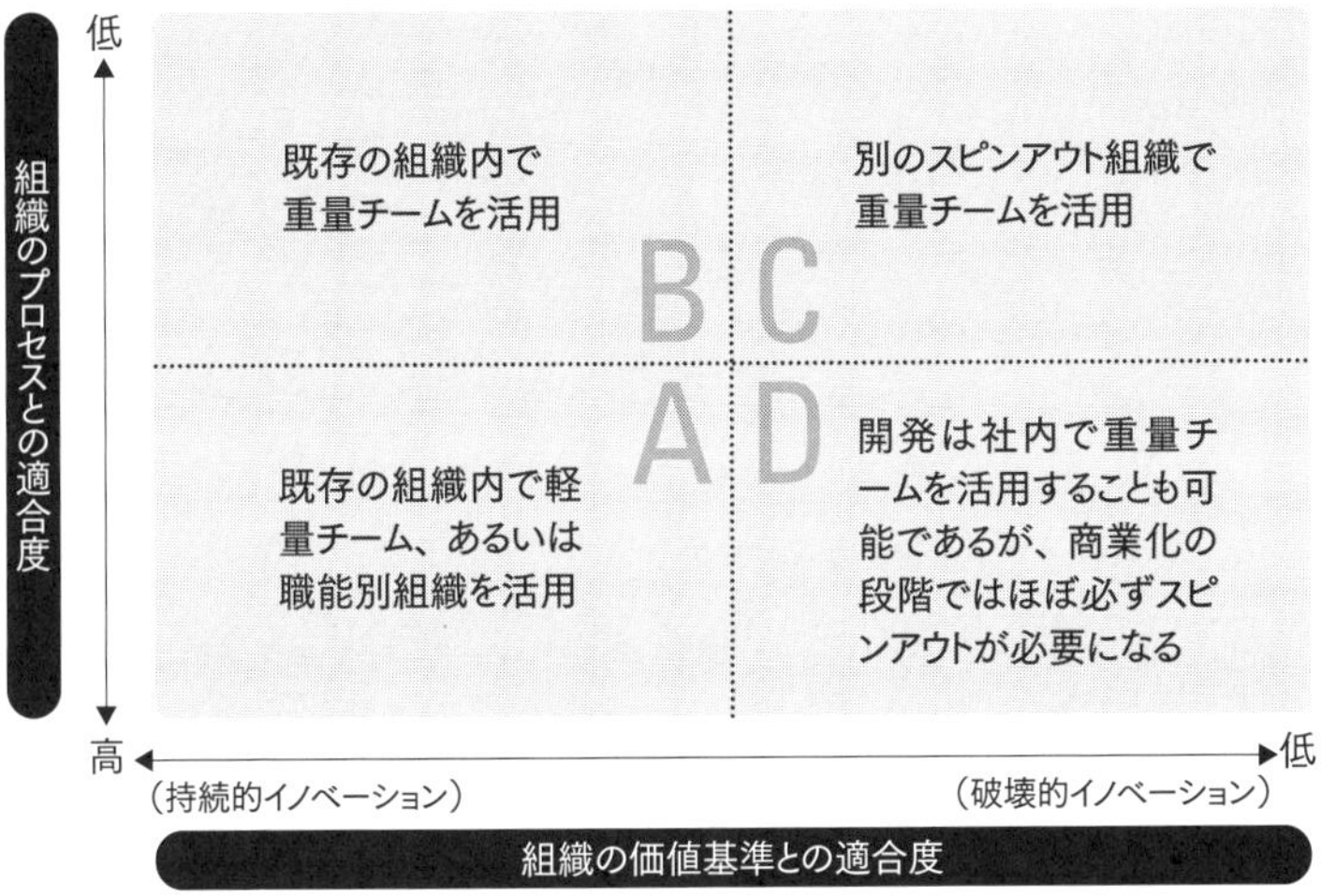

て結成される。

領域Cは、組織の既存のプロセスにも価値基準にもフィットしない「破壊的変化」に直面した場合である。確実に成功するために、スピンアウト組織をつくり、この課題に取り組むために重量チームを任命し開発を行う。スピンアウトが必要なのは、別の価値基準——たとえば、低利益率に対応するための別のコスト構造——でプロジェクトを運営するためである。重量チームならば、領域Bと同様に新しいプロセスを創造することができる。

同様に領域Dは、組織の現在のプロセスにはフィットするが、価値基準には適合しない破壊的な変化に対応する場合である。成功の秘訣はほとんどの場合、重量チームをスピンアウトした組織で機能させられるかどうかにかかっている。社内組織で開発に成功することもあるが、商業化に成功するためにはほぼ必ずスピンアウトが必要になる。

残念ながら、ほとんどの企業ではオールマイティ型の組織戦略を取る。つまり、軽量チームあるいは職能別組織で、規模も性質も異なるすべての課題に臨もうとするものだ。しかし、そもそもこのようなチームは、すでにしっかりと固まった組織の能力を活用するためのツールなのである。一方で重量チームを信奉するあまり、開発チームすべてを重量チームでそろえようとしてきた企業も少なくない。しかし理想的には、それぞれのプロジェクトが必要とするプロセスと価値基準とに合わせて、チーム構造と、組織を置く場所（社内か社外か）を決めるべきなのである。

【注】

(1) Dorothy Leonard-Barton, "Core Capabilities and Core Rigidities: A Paradox in Managing New Product Development," *Strategic Management Journal*, Summer, 1992.

(2) 組織文化の発展の記述については、Edgar Schein, *Organizational Culture and Leadership*, Jossey-Bass Publishers, 1995. から主に引用した。

(3) Clayton M. Christensen, *The Innovator's Dilemma: When New Technologies Cause Great Firms to Fail*, Harvard Business School Press, 1997. 邦訳は二〇〇〇年、翔泳社より（二〇〇一年、増補改訂版）。

(4) Steven C. Wheelwright and Kim B. Clark, *Revolutionizing Product Development: Quantum Leaps in Speed*, Efficiency, and Quality, Free Press, 1992.

(5) ダイムラー・クライスラーはクライスラー部門を二〇〇七年五月に米投資会社サーベラス・キャピタル・マネジメントに売却。クライスラーは二〇〇九年連邦破産法第一一章の適用を申請、新生クライスラーとなる。

(6) Charles A. Holloway, Stephen C. Wheelwright and Nicole Tempest, a case; "Cisco Systems, Inc: Post-Acquisition Manufacturing Integration," Stanford Business School/Harvard Business School, 1998.

第**2**章

ブルー・オーシャン戦略

W. チャン・キム

レネ・モボルニュ

"Blue Ocean Strategy,"
Harvard Business Review, October 2004.
邦訳「ブルー・オーシャン戦略」
『DIAMONDハーバード・ビジネス・レビュー』2005年1月号。
本稿はのちに『ブルー・オーシャン戦略』（新版はダイヤモンド社刊）として上梓された。

W. チャン・キム
(W. Chan Kim)
INSEAD のボストンコンサルティンググループ・ブルース D．ヘンダーソン記念講座教授。戦略論と国際経営が専門。

レネ・モボルニュ
(Renée Mauborgne)
INSEAD 教授ならびに特待フェロー。専門は戦略論および経営論。

売上げを二二倍させたサーカス団

ギー・ラリベルテはかつてアコーディオンを演奏し、竹馬に乗り、火を食べてみせる軽業師だった。しかし、いまやカナダを代表するサーカス団「シルク・ドゥ・ソレイユ」のCEOだ。この大道芸人集団シルクは一九八四年に結成されて以来、世界中の九〇都市で四〇〇〇万人もの観客を魅了し続けてきた。

シルクは「リングリング・ブラザーズ」や「バーナム・ベイリー」など世界的トップ・サーカス団が一世紀以上かけてたどりついた売上げに、二〇年であっさりと追いついた。しかもこの急成長は、大変な逆境のなかで成し遂げられたのだった。

スポーツ・イベント、テレビ、テレビゲームなどのあおりを受けて、サーカス業界は当時もいまも長期的低迷の傾向にある。本来上得意であるはずの子どもたちは〈プレイステーション〉がお好みだ。サーカスには動物使いがつきものだが、動物愛護運動の余波を受けて世論の風当たりは強い。また、リングリングなど、客を呼べるサーカス団のスターたちの人件費は高騰し続けている。観客数は減る一方、コストはかさむ一方だ。さらには、前世紀を通じて業界を築き上げてきた有名サーカス団が立ちはだかっている。

このような環境下、シルクはこの二〇年間で、いったいどのようにして二二倍も売上げを伸ばしてきたのか。初期の興行の謳い文句に、その片鱗がうかがえる。「まったく新しいサーカスを」――。

シルクは業界の既存の枠組みに従って競争したわけでも、リングリングなど先行者たちの客を奪って成長したわけでもない。むしろ競争とは無縁のマーケット・スペースを創造し、大人や法人顧客など、これまでは客層と見なされていなかったまったく新しい顧客を掘り起こしたのである。演劇、オペラ、バレエなどに慣れ親しんでいた顧客は、新しい切り口のサーカスという娯楽に、いままでより数倍も高い料金をためらうことなく支払った。

「レッド・オーシャン」と「ブルー・オーシャン」の存在

シルクの偉業を理解するには、ビジネス界には「レッド・オーシャン」と「ブルー・オーシャン」が存在することをまず知らなければならない。

レッド・オーシャンとは、あらゆる既存市場のことを指す。いま、そこにあると認識できる市場である。そこでは、だれもが市場の枠組みに関する理解を共有しており、競争の勘どころも承知している。したがって、プレーヤー全員がライバルを出し抜き、既存の需要のなかでより大きなシェアを獲得しようと努める。それゆえ、競争相手が増えるにつれて、収益性や成長性は減少していく。商品は何ら特徴のないコモディティ品と化し、競争が激化し、やがて市場は血の海と化す。

一方、ブルー・オーシャンとは、まだ存在しない市場を象徴している。知られざるマーケット・スペースであり、手垢のついていない市場である。このブルー・オーシャンでは、需要は勝ち取るものではなく、みずからつくり出さなければならない。ただし、成長の機会には事欠かず、収益性も成長性も多く望める。

ブルー・オーシャンを生み出す方法は二通りある。まず、事例こそ少ないが、まったく新しい事業領域を立ち上げる方法である。イーベイがオンライン・オークションをつくったのが好例だろう。

ただしブルー・オーシャンの多くは、既存市場の境界線を押し広げることでつくり出される。本稿を読み進めてもらえばはっきりすることだが、これこそシルクの方法だった。それまでサーカスと劇場を隔てていた境界を消滅させることで、シルクはサーカス業界というレッド・オーシャンのなかに、収益性の高いブルー・オーシャンをつくり出すことに成功したのである。

我々は過去一〇〇年間、三〇種類の市場について調べ、一五〇以上のブルー・オーシャンの実例を見出した。シルクはそのほんの一例にすぎない。

分析対象となったのは、ブルー・オーシャンを見つけ出した企業と、レッド・オーシャンで血を流した企業の競争相手である。この分析を通じて、新しい市場や業界が生まれる際には、一貫した戦略的発想が存在していることが浮き彫りになった。それが「ブルー・オーシャン戦略」である。

その背景にある論理は、「既存市場内で競争するという古い考え方を捨てる」ことである。実際、ブルー・オーシャンとレッド・オーシャンの違いを理解していないからこそ、多くの企業はいたずらな市場競争に足をすくわれてしまうのだ。

本稿では、ブルー・オーシャン戦略の概略と、その特徴について述べる。ブルー・オーシャン戦略の収益性と成長性を分析し、ブルー・オーシャンを創出することが、なぜこれからの企業にとって不可欠なのかについて論じる。この戦略を理解すれば、進化のスピードが増すビジネス界で成功を手中にすることができると、我々は信じている。

ブルー・オーシャンという表現は目新しいかもしれないが、別の名称が存在していた。今日広く知られている産業のうち、一〇〇年前には存在していなかった産業を思い起こしてほしい。自動車、音楽ソフト、航空、石油化学、製薬、そして経営コンサルティングなどは、当時まだ生まれていなかったか、あるいは生まれ立ての産業だった。

ならば、三〇年前はどうだったのであろうか。またしても、多くの産業を数え上げることができる。投資信託、携帯電話、バイオ・テクノロジー、ディスカウント小売り、宅配便、スノー・ボード、コーヒー・バー、ホーム・ビデオなどである。わずか三〇年前には、これらの市場は存在していないも同然だった。

逆に、二〇年後はどうだろうか。自問自答してみてほしい。今日知られていないが、その頃には大きく成長している市場がどれくらいあるだろうか。未来は過去を繰り返すならば、もっとたくさんあることだろう。

企業には、新しい産業をつくり出したり、既存の産業を改革したりする大きな力が備わっている。だからこそアメリカ政府は、産業分類法を一新する必要に迫られたといえる。

一九七七年、アメリカ政府は半世紀も使い続けてきた「標準産業分類」（ＳＩＣ）を、「北アメリカ産業分類」（ＮＡＩＣＳ）に変更した。ＳＩＣではこれまで一〇に分類していたが、新しい産業を反映して二〇になった。つまり、これらがブルー・オーシャンにほかならない。

たとえば、SICでは「サービス業」と一くくりにしていたが、今日では「情報」「医療」「社会扶助」など、七分野に細分化されている。このような産業分類はもともと標準化や継続性を考えて設計されていることを考え合わせれば、ブルー・オーシャンがいかに大変な経済成長の源であるかがわかる。

先行きを予測すれば、これからもブルー・オーシャンが成長の牽引力であり続けることは明らかだ。一方、たいていの既存産業、すなわちレッド・オーシャンは、確実に縮小していくだろう。

技術の進歩によって産業界の生産性は大幅に向上し、サプライヤーはかつて例がないほどの商品やサービスを提供する力を身につけた。そして国家間や地域間の障壁が崩れ、商品情報や価格情報がグローバル規模で、かつ一瞬にして手に入るようになったため、独占市場やニッチ市場はどんどん消滅している。

その一方、需要が増える兆しはほとんど見えない。先進国ではとりわけ顕著であり、最近の国連統計によれば、人口の減少すら指摘されている。このため、供給が需要を上回る産業が増えるばかりである。

こうなれば、否が応でも商品やサービスのコモディティ化が進み、価格戦争は激化し、収益性は低下する。事実、相次ぐ調査によって、主なアメリカ製ブランド──商品であれ、サービスであれ──の独自性はどんどん薄れていることが証明されている。

ブランドの特徴が薄れてくれば、消費者の購買行動は価格志向を強める。これまでのように、洗剤ならばやはり〈タイド〉とは、もうだれも考えたりしない。プロクター・アンド・ギャンブル（P&G）のホワイトニング用練り歯磨き〈ホワイトストリップス〉が特売に出ていれば、コルゲートの愛用者も浮気をする。その逆もまたしかりである。

競争が過熱した市場では、景気が上向こうが下向こうが、ブランドの差別化はより難しくなっていく。

レッド・オーシャン戦略とブルー・オーシャン戦略の違い

残念ながら、たいていの企業はレッド・オーシャンにどっぷり浸かっているようだ。一〇八社を対象に新しい商品やサービスの内容を調べた調査では、その八六％は商品ラインの拡大化であり、つまるところ既存の改良策だった。新しい市場や産業をつくり出そうとするものは、わずか一四％にすぎなかった。

商品ラインの拡大は売上げの六二％を担っていたが、利益の三九％しか占めていなかった。これとは対照的に、一四％足らずの新しい市場や産業を創出する計画は、売上げの三八％、利益では驚くなかれ、六一％を占めていた。

では、なぜレッド・オーシャンに泳ぐ企業のほうが多いのだろうか。理由の一つは、企業戦略の起源が戦争戦略にあることだ。事実、多くの経営用語にその関係が見られる。たとえば、チーフ・エグゼクティブ・「オフィサー」（将校）、「ヘッド・クォーター」（本営）、「コマンド」（部隊）、「フロント・ライン」（前線）、「ロジスティックス」（兵站）などである。

これらの言葉で表される戦略は、戦争の論理を色濃く受け継いでいる。敵と真正面から向き合い、限られた戦場で相手を打ち負かす等々――。しかし、ブルー・オーシャン戦略はまったくその逆で、競争相手のいないところでビジネスを展開する。既存の陣地を取り合うのではなく、未開の土地を切り開くのだ。

したがって、レッド・オーシャンで競争するとは、戦争の最大の拘束要因、すなわち、領土は限られており、前進するには敵を打ち負かさなければならないことが前提条件となる。これは、競争相手が存在しない新しいマーケット・スペースを創出する力という、実業界ならではの長所を否定することでもある。

こと戦略において、ライバルを打ち負かすことに拘泥する傾向は、一九七〇年代から八〇年代、日系企業の急成長により、いっそう強まった。産業史上、初めて顧客は欧米企業から束になって離反した。グローバル競争の激化に伴い、さまざまな市場がレッド・オーシャンと化し、いずこにおいても「競争こそが盛衰を決する」という考えに基づいていた。いまでは、競争にまつわる言葉を避けて戦略は語れない。

このことを何より象徴している言葉こそ「競争優位」であろう。競争優位の世界観において、企業はたいてい、競争相手を出し抜き、既存市場でより大きなシェアを獲得することに駆り立てられている。

もちろん、競争は大切である。しかし、経営学者も企業も、またコンサルタントも、そればかりに気を取られて、戦略に関するきわめて重要であり、かつ高収益を生み出すポイントを二つ見逃している。

一つは、競争がほとんどないブルー・オーシャンを発見することであり、もう一つは、その市場を開拓し守っていくことである。しかし、これまで多くの戦略家たちは、このような課題にほとんど注意を払ってこなかった。

ブルー・オーシャン戦略の特徴

では、ブルー・オーシャンを生み出すには、どのような論理が必要になるのだろうか。それを知るために、我々は一〇〇年間に及ぶ先行事例に共通するパターンを探した。日常生活と深く関連している三つの産業において、その一部をまとめたのが、**図2－1「ブルー・オーシャンの先行事例」**である。通勤に欠かせない自動車、仕事に不可欠なコンピュータ、そして仕事の後や休日に一息つくための映画館である。その結果、次のような特徴が明らかになった。

❶ブルー・オーシャンは技術革新の産物ではない

たしかに、最新技術がブルー・オーシャンの創出に関わっているケースはあるが、しかしそれが決め手となったわけではない。これは、技術集約的な産業においてさえ、しばしば当てはまる。図2－1からもわかるように、ブルー・オーシャンは三つの産業のいずれにおいても、技術革新そのものによって生み出されたとは言いがたい。その基盤となる技術は、すでに存在していたからである。フォード・モーターの組み立てラインでさえ、アメリカでは、精肉工場に先例があった。同じくコンピュータ産業でも、ブルー・オーシャンはけっして技術革新ではなく、それを顧客に高い価値をもたら

創造者は新規参入者だったか、既存プレーヤーだったか	技術開発型か、価値創造型か	当時、その市場は魅力的だったか、そうではなかったか
新規参入	価値創造型＊（おおむね既存技術の組み合わせ）	魅力的ではない
既存プレーヤー	価値創造型（いくつかの新技術）	魅力的
既存プレーヤー	価値創造型（いくつかの新技術）	魅力的ではない
既存プレーヤー	価値創造型（おおむね既存技術の組み合わせ）	魅力的ではない
既存プレーヤー	価値創造型（いくつかの新技術）	魅力的ではない
既存プレーヤー	価値創造・技術開発両用型（〈IBM650〉はおおむね既存技術の組み合わせであり、〈システム360〉は新旧技術の組み合わせ）	存在しなかった

図2-1 ｜ブルー・オーシャンの先行事例

本図は、時代も業種も違う3つのブルー・オーシャンに共通する戦略上の要素についてまとめたものである。もとより網羅的なものではなく、一例にすぎない。アメリカの産業を例に挙げているが、それは調査期間を通じて市場として最も規制が少なく、規模が大きかったからである。これらに共通する内容は、調査した他の市場にも見受けられた。

事例

自動車

フォード・モーターの〈T型フォード〉
1908年に発売された〈T型フォード〉は、多くの大衆が購入できた初の大量生産車

GMの「あらゆる所得階層と用途に向けた多品種自動車開発」
GMは24年、自動車産業に楽しさとファッション性を吹き込んでブルー・オーシャンを創出

燃費の高い日本車
70年代半ば、日本の自動車メーカーは信頼性の高い小型車でブルー・オーシャンを創出

クライスラーのミニバン
クライスラーは84年のミニバン発売によって、乗用車の使い勝手のよさとバンの余裕のある車内スペースを合わせ持った新ジャンルを開拓

コンピュータ

CTRのタブレター計算機
14年、CTRは計算機を簡素化・モジュール化し、リースすることで事務機市場を創出
CTRは後にIBMと改称

IBMの〈650〉と〈360〉
52年、IBMはそれまでの大型コンピュータの性能を応用した低価格の簡素版を開発することで、ビジネス・コンピュータ業界を創出。さらにこうしてつくり出したブルー・オーシャンを、64年に発売した〈360〉でより掘り下げた。これは初めてのモジュール化コンピュータだった

▼

創造者は新規参入者だったか、既存プレーヤーだったか	技術開発型か、価値創造型か	当時、その市場は魅力的だったか、そうではなかったか
新規参入	価値創造型（おおむね既存技術の組み合わせ）	魅力的ではない
既存プレーヤー	価値創造型（おおむね既存技術の組み合わせ）	存在しなかった
新規参入	価値創造型（おおむね既存技術の組み合わせ）	魅力的ではない
新規参入	価値創造型（おおむね既存技術の組み合わせ）	存在しなかった
既存プレーヤー	価値創造型（おおむね既存技術の組み合わせ）	魅力的
既存プレーヤー	価値創造型（おおむね既存技術の組み合わせ）	魅力的ではない
既存プレーヤー	価値創造型（おおむね既存技術の組み合わせ）	魅力的ではない

＊ここで言う「価値創造型」とは、技術の利用を伴わなかったということではない。それを生み出すうえで決定的に重要な技術は、業界内にであれ、業界外にであれ、以前から存在していたことを意味する。

事例

アップルコンピュータのPC
初めての家庭用コンピュータではなかったが、使いやすく、機器を一体化した〈アップルII〉は、78年にデビューするや否やブルー・オーシャンを創出

コンパックのPCサーバー
コンパックは92年、情報容量や印刷容量は既存のミニ・コンピュータの2倍だが、価格は3分の1の〈プロ・シグニア〉シリーズでブルー・オーシャンを創出

デルの受注生産コンピュータ
90年代半ば、デルは競争の激しいPC業界で、購買方法とデリバリー・システムを一新することでブルー・オーシャンを創出

映画館

ニッケルオデオン
初めてのニッケルオデオン（「5セント劇場」。入場料にちなんでそう呼ばれた）は95年にオープン。労働者階級の観客向けに、24時間、短編映画を上映

パレス・シアターズ
14年にロキシー・ロザフェルがつくった。オペラ劇場に似た環境を整え、手頃な価格で映画を上映

AMCのシネマ・コンプレックス
60年代、アメリカの郊外にはシネマ・コンプレックスが雨後のタケノコのように登場した。運営コストを抑えながら、観客の選択肢を増やす試み

AMCのメガプレックス
95年に登場したメガプレックスは、野球場のような広い劇場で、あらゆるヒット作を上映するという、まったく新しい娯楽体験を提供。同時に、事業コストの抑制に成功

すことへと結実することで創出された。ＩＢＭの〈６５０〉とコンパックのＰＣサーバーの例が示すように、技術の簡素化がカギになることが多い。

❷ブルー・オーシャンは既存のコア事業から生まれやすい

ゼネラルモーターズ（ＧＭ）も日本の自動車メーカーも、そしてクライスラー（現ダイムラー・クライスラー）も、ブルー・オーシャンをつくり出した時、すでに自動車業界に根づいた存在だった。はてはＩＢＭ、その前身であるＣＴＲ、またコンパックもしかりである。映画業界では、パレス・シアターズとＡＭＣも同様である。

ここに挙げた企業のなかで、新規参入組は、フォード、アップルコンピュータ、デル、ニッケルオデオンの四社だけである。ただし、ニッケルオデオンは既存企業として新分野を切り開いた例ではある。残りの三社はまさしく新興企業だった。このことからもわかるように、先行企業だからといって、ブルー・オーシャンを創出するうえで不利だとは限らない。

さらに図２－１が示すように、既存企業が創出したブルー・オーシャンは、たいていコア事業のなかから生まれている。これは、新規市場ははるか彼方のどこかにあるという先入観を揺さぶる事実ではないか。どんな産業でも、ブルー・オーシャンは身近にあるものなのだ。

❸企業や業界を単位に分析してはいけない

戦略を考える際、これまでは企業や産業ごとに調査や分析が実施されてきたが、それではブルー・オーシャンがなぜ、どのように生み出されたのかを知ることはできない。

永遠のエクセレント・カンパニーなど存在しない。一企業が、ある時は輝き、またある時は道を誤る。いかなる企業にも浮き沈みがある。

同様に、永遠にエクセレントであり続ける産業もない。産業が相対的に魅力を発揮していられるとしたら、それはおおむね内なるブルー・オーシャンを実現した結果である。

では、ブルー・オーシャンを分析するうえで、最も適した単位とは何か。それは、市場を創出するような大胆な戦略行動ごとに分析を試みることである。

たとえばコンパックは、二〇〇一年にヒューレット・パッカードに買収されたため、多くの人から敗者の烙印を押された。だからといって、PCサーバーという数十億ドル規模の産業をつくり出した賢い戦略行動の価値は揺るがない。このような行動こそ、同社が一九九〇年代に力強い回復を果たした原動力だったのだ。

❹ブルー・オーシャンはブランドを育てる

ブルー・オーシャンは大きな力を秘めているため、数十年にわたって輝き続けることのできるブランド・エクイティを築き上げられる。図2－1に挙げた企業群がその名を残しえたのは、ほぼいずれの場合も、はるか昔に生み出したブルー・オーシャンによるところが大きい。

一九〇八年、ヘンリー・フォードが組み立てラインで〈T型フォード〉を生産したところを目撃した人は、もうほとんど生きていないだろう。しかしそれでも、このことはいまも同社のブランド価値を支えている。ＩＢＭもアメリカ産業界の代表的存在だが、このような評価も同社における〈Ｔ型フォード〉と称すべき〈３６０〉によるところが大きい。

大企業はこれまで、新規市場で足下をすくわれることが多いと見なされがちだった。しかし我々の研究成果は、彼らを勇気づけるものだ。新しいマーケット・スペースをつくり出すに当たっては、必ずしも巨額のＲ＆Ｄ予算が重要とは限らず、むしろ戦略行動が正しければ、大企業でも成功できることを示しているからだ。

そのような行動が身についている企業は、いくつものブルー・オーシャンをつくり出し、長期にわたって高い収益性と成長性を実現しやすい。ブルー・オーシャンの創出は、言い換えれば、戦略の産物であり、ひいては経営陣の戦略行動の賜物にほかならない。

ブルー・オーシャン戦略が成り立つ条件

調査の結果、我々はブルー・オーシャンを見つけ出した戦略行動に、いくつかの共通した特徴を見出した。

まず、ブルー・オーシャンを創造する企業は、レッド・オーシャンで競争する企業とは対照的に、自社の競争力についてベンチマーキングなどしない。むしろ自社と顧客双方の価値を飛躍的に高めることで、競争とは無縁の存在になっている（図２-２「レッド・オーシャン戦略、ブルー・オーシャン戦略」

図2-2 ｜レッド・オーシャン戦略、ブルー・オーシャン戦略

これら2つの戦略原則はまったく異なる。

レッド・オーシャン戦略	ブルー・オーシャン戦略
既存市場内で競争する。	競争相手のいない マーケット・スペースをつくり出す。
競争相手を打ち負かす。	競争と無縁になる。
既存需要を取り込む。	新規需要を創出し、これをものにする。
バリュー・プロポジションとコストは 相反する関係である。	バリュー・プロポジションとコスト削減は 両立できる。
差別化か低コスト化のいずれかを選び、 最適なかたちで事業活動に結びつける。	差別化と低コスト化の両方を、 最適なかたちで事業活動に結びつける。

を参照)。

おそらくブルー・オーシャン戦略の最も重要な特徴は、従来の戦略の根本であるバリュー・プロポジション(提供価値)とコストのトレード・オフを否定していることだろう。従来の戦略では、大きな価値を提供するには、おのずとコストは高くなる、逆にコストを下げれば、価値は低くなる。

つまるところ、戦略とは、差別化と低コスト化のどちらを選択するかの問題ともいえる。しかし、ブルー・オーシャン戦略ではこれら二つは両立する。このことを先述したシルクの例で見てみよう。

シルクが結成された頃、多くのサーカス団は互いにベンチマーキングし、需要が縮小するなかで、伝統的なサーカスの出し物にささやかな工夫を凝らして、市場シェアを競っていた。

たとえば、人気者のピエロやライオン使いの

争奪戦が始まり、似たり寄ったりの出し物に莫大なコストをかけた。そのため、売上げは伸びず、コストはかさみ、サーカス業界全体の人気の低落に歯止めがかからないという悪循環に陥った。

そこでシルクは、まったく新しいやり方でこの状況を解決した。すなわち、サーカスならではのスリルと楽しさに加えて、知的な奥行きと演劇の芸術性を提供したのである。

まず、演目の見直しから着手した。その結果、これまでスリルや楽しさを演出する際、欠かせないと思われていたことの多くが不必要であり、えてしてコストがかさむことが判明した。

たとえば、たいていのサーカスでは動物を使う。これは高くつく。動物を買わなければならないばかりか、その訓練、飼育、医療、保険、輸送などのコストを伴うからだ。しかも、動物愛護の風潮が強まるにつれて、ショーの人気に陰りが見え始めた。

また、伝統的なサーカス団では芸人をスター扱いしていたが、観客はもはやサーカスの芸人を、少なくとも映画スターと同じようには見ていないこともわかった。おなじみのスリー・リング（隣接する三つのリングで同時にショーを見せる形式）もやめた。観客の注意力が散漫になる一方、芸人も多く必要になり、コストがかさむからだ。

売店の売上げも、一見すると売上げ増の妙手だったが、サーカスの売店の値段は高く、顧客をうんざりさせてもいた。

シルクは、伝統的なサーカスの持ち味は三つに絞り込まれることに気づいた。「ピエロ」と「テント」、そして昔ながらの「アクロバット演技」である。

ピエロはどたばた劇ではなく、もっと魅力的で洗練された笑いを提供することにした。サーカス団の多くは安価なレンタルのテントでお茶を濁していたが、シルクはテントこそほかの何にも勝るサーカスの魅力を象徴するものだと見抜き、デザインに凝った。

内部も、おが屑の入った固いベンチを取り外して、よりくつろげるようにした。アクロバット芸人にも他の芸人にも、たくさんのことを演じさせるのではなく、役割を絞り込んでより芸術的な演技に集中させた。

伝統的なサーカスの要素を捨て去る一方で、演劇界からいくつか新しい要素を取り入れた。たとえば、それまで脈絡のない芸を連続して提供していたが、テーマを設け、ストーリー性を強調した。あえてあいまいなテーマを選んで、調和や知性を醸し出した。

ブロードウェーのミュージカルにも学んだ。ショーの内容も、一般的なサーカスのように単発で総花的なものではなく、テーマとストーリー性を持たせた。多くの演目にオリジナルの音楽をつくり、その音楽に合わせて、演技、照明、動作のタイミングを図ることも覚えた。また、バレエのように抽象的で精神的なダンスも取り入れた。

要するに、普通のサーカスの逆に張ったのである。こうしてシルクは、非常に洗練されたエンタテインメントを創造した。そして、さまざまな出し物を用意することで、リピート客が増え、売上げは増加した。

シルクが提供したのは、サーカスと芝居のおいしい部分だった。コスト要因を取り除いたおかげでコストは大幅に減り、それでいて差別化を図ることにも成功した（図2－3「差別化とコスト削減を両立する」を参照）。

図2-3｜差別化とコスト削減を両立する

ブルー・オーシャン戦略は、コスト構造とバリュー・プロポジションが好循環を形成する時にのみ成立する。コスト削減は、競合他社が競争している要素を自社の事業活動から取り除くことで実現される。バリュー・プロポジションは、これまでだれも提供していなかったものを提供することによって生まれる。そのような特徴を備えた商品やサービスのおかげで、売上げが伸びるに従ってスケール・メリットが生まれ、コストはさらに下がるという好循環が生まれる。

このようにコストを下げ、バリュー・プロポジションを高めることで、自社にとっても顧客にとっても、飛躍的に大きな価値を生み出すことは十分可能なのだ。

顧客にもたらされる価値は、商品やサービスの効用と価格から生まれる。一方、企業にもたらされる価値は、コスト構造と適正価格から生まれる。したがって、ブルー・オーシャン戦略が成り立つのは、効用、価格、コスト構造が適切な関連性を保っている場合に限られる。

このように事業全体を見直すことで、ブルー・オーシャン戦略の持続性はさらに高まる。すなわちこの戦略は、企業の使命と採算性を結びつけるものといえる。コスト削減と差別化が両立できるならば、戦略の考え方は抜本的に変わる。その違いは実に大きい。

レッド・オーシャンにおける戦略の基本的な考え方は、産業構造は与件であり、企業はそのなかで競争するということだ。まさしく構造主義的であり、環境決定論的である。その背景にあるのは、「企業経営は自社ではどうしようもない経済環境に翻弄されるもの」という意識である。

対照的にブルー・オーシャン戦略は、市場の境界線はみずから広げることができるものであり、信念や行動によって業界を再構築することも同じく可能であるという考えに基づいている。言わば再構築主義である。

シルクの創立者たちは、業界の枠組みに従う必要性をまったく感じていなかった。ならばシルクとは、従来のサーカスに大幅に手を加えたものなのか、それとも芸術なのか。芸術であるとすれば、いったいどのようなジャンルの芸術なのか。ミュージカルなのか、オペラなのか、それともバレエか。

シルクの魅力は、これら他のジャンルから取り込んだ要素を再構成して生まれたものだ。つまるところ、シルクはそれらのいずれでもないし、それらの総合体ともいえる。劇場とサーカスというレッド・オーシャンのなかから、シルクはいまだ名づけられていないブルー・オーシャンを創出したのである。

ブルー・オーシャンは模倣者を寄せつけない

ブルー・オーシャン戦略を採用した企業は、たいていこれというほどの競争相手もないまま、一〇～一五年の間、その果実を刈り取ることができる。それは、ブルー・オーシャン戦略が、心理的かつ経済的なバリアとして働くからだ。シルク、ホーム・デポ、フェデラル・エクスプレス、サウスウエスト航空、CNNなどは、そのごく一例である。

ブルー・オーシャンのビジネスモデルを模倣するのは、思いのほか難しい。なぜなら、ブルー・オーシャン戦略は一瞬にして大勢の顧客を引き寄せるため、かなりの短期間でスケール・メリットを生み出し、模倣者を不利な立場に追いやってしまうからだ。たとえば、ウォルマート・ストアーズのスケール・メリットは、そのビジネスモデルの模倣者を長らく寄せつけなかった。

また、顧客があっという間に大勢集まれば、ネットワーク効果（ネットワークの外部性）も生み出される。たとえばイーベイの場合、流行れば流行るほど、出品者にとっても買い手にとっても魅力は高まる結果、他のオークション・サイトに移る理由がなくなってしまう。

ただし、ブルー・オーシャン戦略を模倣するには、たいてい事業構造を大改革しなければならないため、概して社内政治に足をすくわれやすい。

たとえば、サウスウエスト航空のスピーディで割安な旅行体験の提供を真似しようと思ったら、企業文化はもちろんのこと、路線の設定、教育研修、マーケティング、価格設定などを大幅に変更しなければならない。こんな大改革をすぐさま成し遂げられる大手航空会社など、どこにあるだろう。システム全体を模倣するのはけっして容易ではない。

同様に、心理的な障壁も大きく立ちはだかる。優れたバリュー・プロポジションを構築したブランドは、あっという間に知れ渡り、ロイヤルティの高い顧客を生み出していく。経験則になるが、どんなに金をかけたマーケティング・キャンペーンでこれに対抗しても、おいそれと効果は上がらない。

たとえばマイクロソフトは、財務ソフト〈クイッケン〉の製造販売元のインテュイットが創出したブルー・オーシャンに、一〇年以上も膨大な軍資金を投じて戦っている。にもかかわらず、いまだに市場リーダーの座を奪えずにいる。

また、他社のブルー・オーシャン戦略を模倣しようとしても、自社のブランド・イメージに合わない場合もある。

ザ・ボディショップは、トップ・モデルを起用した広告を打つこともなければ、永遠の若さと美しさを約束するようなアプローチも取らない。〈エスティローダー〉や〈ロレアル〉のような大手ブランドにすれば、同社を模倣するのはかなり難しい。それまで永遠の若さや美しさを約束して築き上げてきたイメージを、真っ向から否定することになるからだ。

強者の共通点

我々のように体系的に説明するのは目新しい試みかもしれないが、ブルー・オーシャン戦略は、当の企業が意識していたかどうかは別にして、古くから存在していた。シルクと〈T型フォード〉の共通点を考えてみてほしい。

一九世紀の後半、自動車産業は規模も小さく、さえない産業の一つだった。アメリカには五〇〇社以上もの小規模自動車メーカーが点在しており、一五〇〇ドル程度の手づくりのラグジュアリー・カーを売り出していたが、大金持ち以外には不人気だった。

しかも、反自動車活動家たちは道路に穴をうがったり、駐車中の車を有刺鉄線で囲ったり、自動車に乗るビジネスマンや政治家にボイコット運動を仕掛けていた。

一九〇六年、そんな時代の風潮を受けてウッドロー・ウイルソン大統領は、「自動車以上に社会主義的感情を広めているものはない。自動車は金持ちたちの傲慢の縮図である」とまで言い放った。

そのようななか、フォードは競争相手を出し抜いてゼロサム・ゲームに参加するのではなく、自動車と馬車の市場を押し広げて、ブルー・オーシャンに抜け出た。当時のアメリカでは、言うまでもなく、馬車が主要な交通手段だった。馬車は自動車に比べて、明らかに二つの強みを備えていた。

一つは、自動車の大敵である悪路やぬかるみに強かったこと。当時は未舗装の道は珍しくなく、雨や雪の時には特にそうだった。もう一つは、ウマや馬車は当時の高級車よりもずっと手入れが楽だったことである。当時の自動車は頻繁に故障し、腕の立つ修理工でなければ修理できず、そのような人材は払底していた。

ヘンリー・フォードはこのような状況下にありながら、競争相手に打ち勝ち、膨大な需要を解き放つ方法を見出したのだ。

〈T型フォード〉は「最高の資材を使った大衆車」と称された。シルク同様、フォードも競争など無意味な新しい市場を創出した。数少ない大金持ちだけに手の届く、週末の田園旅行用のおしゃれで豪華な自動車ではなく、馬車のような「日常の足」を生み出したのである。

実際、〈T型フォード〉には黒一色しかなく、オプションもほとんどなかった。丈夫で信頼性が高く、どんな天候でも当時の悪路を走ることができた。運転は一日で覚えられ、修理も簡単だった。

そしてシルクと同じく、フォードは価格を設定する際、他社の自動車の値段ではなく、馬車の値段（約四〇〇ドル）を参考にした。一九〇八年製の〈T型フォード〉は八五〇ドルだった。翌年には六〇九ドルに値下げされ、二四年には二九〇ドルまで下がった。

こうしてフォードは、馬車のユーザーを自動車の買い手に変えていった。ちょうど、シルクが劇場の客層をサーカスに引き寄せたのと同じである。〈T型フォード〉は爆発的に売れた。一九〇八年に九％だった市場シェアは、二一年には六一％に拡大していた。そして二三年には、アメリカの全世帯の半分以上が自動車を所有するようになった。

フォードは顧客に桁違いの価値をもたらしたが、同時に業界最低水準のコスト構造を実現した。この点でもシルクと同じである。

オプションを限り、部品はできるだけ共用し、各種モデルを標準化することで、それまで熟練工が寄り集まって最初から最後まで手づくりしていた方式を廃した。フォードの革新的な組み立てラインでは、未熟練工が熟練工の代わりに、細分化された工程を素早くこなしていった。

こうしてフォードは、自動車一台をわずか四日で完成できるようになった。業界の標準が二一日だったから、大幅なコスト削減である。

＊　＊　＊

これまでもブルー・オーシャンとレッド・オーシャンはたえず並存してきた。そして、今後もそうだろう。したがって、これら二つの論理的違いについて理解しておかなければならない。現状では、ブルー・オーシャンを創出する必要性が高まっているにもかかわらず、レッド・オーシャンの競争戦略が、理論的にも実際にも幅を利かせている。そろそろ、この両者のバランスを図るべきだろう。

ブルー・オーシャン戦略はこれまでも存在していたが、あまり意識されることはなかった。しかし、両戦略の基底にある論理の違いを知れば、ブルー・オーシャンを見つけ出すのもかなり容易になるはずである。

第3章

自己探求の時代

ピーター F. ドラッカー

"Managing Oneself,"
Harvard Business Review, March-April 1999.
邦訳「自己探求の時代」
『ダイヤモンド・ハーバード・ビジネス』1999年7月号。

ピーター F. ドラッカー (Peter F. Drucker)

ビジネス界に多大な影響力を持つ思想家。東西冷戦の終結、転換期の到来、社会の高齢化をいちはやく知らせるとともに、「分権化」「目標管理」「経営戦略」「民営化」「顧客第一」「情報化」「知識労働者」「ABC 会計」「ベンチマーキング」「コア・コンピタンス」など、主なマネジメントの理念と手法を考察し、発展させてきた。50 冊をゆうに超える著作群は「ドラッカー山脈」と呼ばれる。

自己の強みは何か

ナポレオン・ボナパルト、レオナルド・ダ・ビンチ、アマデウス・モーツァルトのような偉人は、自己をマネジメントしたからこそ、偉業を成し遂げた。もちろん彼らは例外であって、才能にせよ、業績にせよ、常人の域をはるかに超えた。

ところがこれからは、普通の人たちも、自己をマネジメントできなければならない。自己の力を発揮していかなければならない。大きな貢献が可能な適所に自己を置かなければならない。職業生活は五〇年にも及ぶことになる。その間、生き生きと働けなければならない。自分の仕事をいつ、いかに変えるかさえ知らなければならない。

自己の強みと信じているものは、たいていが見当違いである。知っているのは、強みならざるものである。それさえ見当違いのことが多い。何事かを成し遂げるのは、強みゆえである。弱みによって何かをまっとうすることはできない。もちろん、できないことから成果を生み出すことなど、とうていできない。

人類の歴史において、ほとんどの人たちにとっては、自己の強みを知ったところで意味がなかった。生まれながらにして、地位も仕事も決まっていた。農民の子は農民となり、職人の子は職人になった。ところが今日では、選択の自由がある。したがって、自己の適所がどこであるかを知るために、自己の強みを知ることが必要になっている。

フィードバック分析

自己の強みを知るには、フィードバック分析しかない。すなわち、なすべきことを決めたり、始めたりしたならば、具体的に書き留めておくのである。そして九カ月後、一年後に、その期待と実際の結果を照らし合わせなければならない。私自身、これを五〇年続けており、そのたびに驚いている。

私の場合、たとえば、エンジニア、会計士、マーケット・リサーチャーなどのスペシャリストについては、その仕事の本質を直感的に理解できることがわかった。その一方でゼネラリストについては、ただちに理解できないことがわかった。

このフィードバック分析は新しい手法ではない。一四世紀にドイツの無名の神学者が始めたものである。その一五〇年後、ジャン・カルバン（一五〇九～六四年）とイグナチウス・ロヨラ（一四九一～一五五六年）が、奇しくも同時に採用し、それぞれの弟子たちに実行させた。彼らの創設したプロテスタントのカルバン派やカトリックのイエズス会が、わずか三〇年で支配的な力を持つに至ったのは、この手法によるところが大きかった。なぜなら、仕事と成果への集中をもたらしたからである。

このフィードバック分析を実行に移すならば、二、三年という短期間に、自己の強みが何であるかが明らかになる。自己について知るうえで、強みを知ることこそが最も重要である。しかも、すでに行っていることや、行っていないことのうち、自己の強みを発揮するうえで邪魔になっていることまで明らかになる。もちろん得意でないこともしかりである。まったく強みが発揮できないこと、不可能なことも明らかになる。

強みを生かすために何をなすべきか

フィードバック分析から、いくつかの行うべきことが明らかになる。

第一は、こうして明らかになった強みに集中することである。成果を生み出すものへ、その強みを集中させなければならない。

第二は、その強みをさらに伸ばすことである。フィードバック分析は、伸ばすべきスキルや、新たに身につけるべき知識を明らかにする。知識の欠陥を教える。通常、それらの欠陥はだれでも正すことができる。数学者になるためには才能が必要だが、三角法はだれでも学べる。

第三は、無知の元凶ともいうべき知的傲慢を知り、正すことである。多くの人たち、特に一芸に秀でた人たちは、他の分野をばかにしがちである。他の知識などなくとも十分だと思う。一流のエンジニアは、人間について何も知らないことをむしろ鼻にかける。彼らにすれば、人間というものは、エンジニアリング的な視点からは理解しにくく、あまりに不合理な存在である。逆に、人事部門の人間は、会計や定量的な手法を知らないことを鼻にかける。そのような自己の無知をひけらかす態度は、つまずきの原因になる。自己の強みを十分に発揮するうえで必要な技能と知識は、必ず習得しなければならない。

第四は、自己の欠陥、すなわち、自己が行っていること、あるいは行っていないことのうち、成果の妨げになっていることを改めることだ。そのいずれもが、フィードバック分析によって明らかになるはずだからである。たとえば、せっかくの企画が失敗したのは、十分にフォローしなかったためであることが明らかになる。有能な人間の常として、優れた企画ならば山をも動かすはずであると思っていたに違いない。だが、山を動かすのはブルドーザーである。企画は、しょせんそのブルドーザーをどこで動かすべきかを示すだけである。企画ができ上がったからといって、仕事が終わったわけではないことを知らなければならない。実行してくれる人たちを探し、きちんと説明しなければならない。必要に応じて企画を変更しなければならない。いつ諦めるべきかさえ決めなければならない。

第五は、人への接し方を改めることである。人への接し方は、人間からなる組織において潤滑油である。複数の物体が接して動けば摩擦を生じることは、自然の法則である。人間も同じである。「お願いします」や「ありがとう」の言葉を口にすること、名前や誕生日を覚えていること、家族のことを聞くことなどの簡単なことが、好き嫌いに関係なく、いっしょに仕事を進められるようになる。頭のよい人たち、特に若い人たちの多くが、このことを知らない。もし素晴らしい仕事が、人の協力を必要とする段階でいつも失敗するようなら、一つの原因として、他人への接し方、礼儀に欠けるところがあるに違いない。

第六は、できないことはしないことである。人には、苦手であって、並の水準にも達しえないことがいくつもある。そのような分野の仕事を引き受けてはならない。

第七は、並以下の能力を向上させるために、無駄な時間を使ってはならない。強みに集中すべきである。無能を並の水準にするには、一流を超一流にするよりも、はるかに多くのエネルギーを必要とする。

しかるに、あまりに多くの人たち、組織、そして学校の先生たちが、無能を並にすることに懸命になりすぎている。資源にしても時間にしても、有能な人間をスターにするために使わなければならない。

仕事の仕方を自覚する

驚くほど多くの人たちが、自分の得意とする仕事の仕方を自覚していない。仕事にはいろいろな仕方があることさえ知らない。得意でない仕方で仕事をし、当然、成果が上がらないという状況に陥っている人が多い。しかるに、知識労働者にとっては、強みよりも、むしろ得意とする仕事の仕方のほうが、重要とさえ言ってよいくらいである。

自己の強みと同じように、仕事の仕方も人それぞれである。それは、個性というものである。生まれつきのものか、それまでの人生によるものかは別として、それらの個性は、仕事に就くはるか以前に形成されている。

したがって仕事の仕方は、強みと同じように、与件である。多少修正はできても、変更できない。少なくとも簡単ではない。そして、ちょうど強みを発揮できる仕事で成果を上げられるように、人は得意な仕方で成果を上げる。仕事の仕方には、いくつかの要素がある。

読んで理解するか、聞いて理解するか

最初に知っておくべきことは、読んで理解する人間か、聞いて理解する人間か、ということである。

ところが、世のなかには、読んで理解する「読み手」と、聞いて理解する「聞き手」がいるということ、しかも、両方である者はほとんどいないということを知らない人が多い。みずからがそのいずれであるかを認識している人はさらに少ない。これを知らないことがいかに大きな弊害をもたらすかについては、いくつかの実例がある。

第二次世界大戦中、連合軍のヨーロッパ最高司令官を務めていた頃のドワイト・アイゼンハワーは、記者会見では花形だった。彼の会見の素晴らしさは広く知れわたっていた。あらゆる質問に答えられた。状況と戦術を簡潔に、しかも洗練された表現で話した。

アイゼンハワーは一〇年後にアメリカ大統領となったが、今度は同じ記者たちからばかにされた。質問に答えられず、関係のないことを延々と話した。間違った文法で英語を汚しているとさえ評された。彼は自分が読み手であって、聞き手ではないことを自覚していなかった。連合軍最高司令官だった頃は、会見の少なくとも三〇分前には、広報担当者が記者の質問を書いて渡していた。そのため質問のすべてを掌握していたのだった。

一方、大統領としての彼の前任者、フランクリン・ルーズベルトとハリー・トルーマンは聞き手だった。二人はそのことを知っており、自由質問による会見をむしろ楽しんでいた。アイゼンハワーは、前

任者と同じかたちで会見をしなければならないと思い込んでいた。だが、耳では記者の質問を理解できなかった。アイゼンハワー以上に聞き手でない者は大勢いる。

その数年後、今度はリンドン・ジョンソンが同じく大統領として、アイゼンハワーとは逆に、自分が聞き手であることを知らなかったために失敗した。自分が読み手であることを知っていた彼の前任者のジョン・ケネディは、補佐役として最高の書き手を集めており、問題の検討に入る前に、書いたものを必ず要求していた。

ジョンソンは、それらの書き手をそのまま引き継いだ。書き手たちは、次から次へとメモを提出した。しかし、ジョンソンがそれらを一度も理解しなかったことは明らかだった。彼は、上院議員だった頃は有能だった。だいたいにおいて、議員というものは聞き手である。

聞き手が読み手になることは難しい。逆についてもいえる。したがって、読み手として行動する聞き手は、ジョンソンと同じ道をたどる。逆に、聞き手として行動する読み手は、アイゼンハワーと同じ運命をたどる。何事もできず、何事もなしえない。

学び方を知る

仕事の仕方について知っておくべきもう一つの側面が、学び方である。ウィンストン・チャーチルをはじめ、世界の一流の著述家の多くが、なぜか学校の成績が悪い。本人たちも学校がおもしろくなかったと述べている。もちろん、同窓の生徒全員がそうだったわけではない。だが彼らにとっては、学校はおもしろくないどころか、退屈そのものだった。

原因は、後に著述家になった彼らが、聞くことや読むことによっては学べなかったことにあった。彼らは、自分で書くことによって学ぶという種類の人たちだった。だが、そのような学び方をさせている学校はない。それゆえの成績の悪さだった。

学校は、学び方には唯一の正しい方法があり、それはだれにとっても同じであるという前提に立つ。したがって学び方が大きく違う生徒にとっては、学校での学び方は苦痛以外の何物でもない。学び方には、それこそ一ダースほども違う方法があるのではないか。

チャーチルのように、書くことによって学ぶ人たちがいる。メモを取ることによって学ぶ人たちもいる。たとえばルートビヒ・バン・ベートーベンは、膨大な量の楽譜の断片を残した。しかし作曲の時にそれらを見ることはなかった。「なぜ楽譜に書くのか」と聞かれて、彼は、「書かないと忘れる、一度書けば忘れない、だからもう見る必要はない」と答えたという。

さらには、実際に行動することによって学ぶ人たちがいる。また、自分が話すのをだれかに聞いてもらうことによって学ぶ人たちがいる。

同族経営の中小企業を世界でもリーダー的な大企業に育て上げたある人は、自分が話すことによって学ぶというタイプだった。彼は平均して週一回、主な経営幹部を集めて半円形に座らせ、二、三時間ほとんど一方的に話をした。あらゆる問題について三つの答えを示し、検討していった。意見を聞いたり、質問させることはほとんどなかった。話を聞いてくれる者を必要としていただけだった。それが彼の学び方だった。たしかにこのケースは極端である。だが例外ともいえない。事実、成功している法廷弁護士のなかには、このタイプが多い。診断を専門とする医師にも多い。私自身もそうである。

自己の学び方がどのようなものであるかは、容易にわかる。得意な学び方はどのようなものかと聞けば、ほとんどの人が答えられる。しかし、それでは実際にそうしているのかと尋ねれば、そうしている人はほとんどいない。自己の学び方についての知識に基づいて行動することこそ、成果を上げるためのカギである。あるいは、その知識に基づいて行動しないことこそが、失敗を運命づけるものである。

理解の仕方と学び方こそ、仕事の仕方に関して最初に考えるべき最も重要な問題である。だが、それだけでは十分ではない。だれかと組んだほうがよいか、一人のほうがよいかも知らなければならない。もし組んだほうがよいのであれば、どのように組んだ時によい仕事ができるのかを知らなければならない。

一部門の責任者として最高の人たちがいる。そのよい例が、第二次世界大戦中のアメリカの英雄ジョージ・パットン将軍だった。彼は最高の部隊司令官だった。ところが、連合軍のヨーロッパ総司令官に任命するかどうかが検討された時、アメリカ史上最高の人事の名人ともいうべき参謀総長ジョージ・マーシャル将軍が、パットンは最高の部門責任者ではあっても、地域軍の総司令官としては適切ではないと言ったという。

チームの一員として、最高の人たちがいる。一匹狼として、最高の人たちがいる。教師や相談役として最高の人たちがいる。もちろん、相談役としてはまったく価値のない人たちもいる。

さらに重要な問題として、意思決定者と補佐役のいずれとしてのほうが成果を上げられるか、という問題がある。補佐役としては最高でありながら、意思決定を下す重責には耐えられない人たちが大勢いる。また逆に、補佐役を必要とはするが、自信を持って勇気ある意思決定を迅速に下すことのできる人たちがいる。ナンバー・ツーとして活躍していても、トップになったとたんに挫折する人がいるのは、このためである。トップの座には、意思決定を下す能力が不可欠である。

強力なトップは、信頼できる補佐役としてナンバー・ツーを必要とする。ナンバー・ツーは、ナンバー・ツーとして最高の仕事をする。ところが、トップに起用されたとたん、仕事ができなくなる。意思決定すべきことは理解している。しかし、意思決定の重責を担えない。

仕事の仕方については、さらに知っておくべきことがある。緊張や不安があったほうが仕事ができるか、安定した環境のほうが仕事ができるか、である。さらには、大きな組織のほうが仕事ができるか、小さな組織のほうが仕事ができるか、である。どちらでもよいという人はほとんどいない。大きな組織で成功しながら、小さな組織に移ったとたん無惨に失敗するという例を、私自身たくさん目にしてきた。逆のケースについても同じことがいえる。

これらのことから導き出される結論は、きわめて重要である。いまさら自己を変えようとしてはならない。うまくいくわけがない。それよりも、自己の仕事の仕方をさらに磨いていくことである。得意でないことや、できないことにあえて挑んだりしてはならない。

自己にとって価値あることは何か

自己をマネジメントするためには、自己にとって価値あるものが何であるかについても知らなければならない。これは、いわゆる倫理とは別の問題である。倫理については、原則は一つである。しかも、判断の方法は簡単である。ミラー・テストを用いればよい。

今世紀初めヨーロッパで最も尊敬されていた外交官は、当時の駐英ドイツ大使だった。やがては母国の首相、少なくとも外務大臣と目されていた。ところが、一九〇六年、在ロンドンの外交団がエドワード七世を迎えて大晩餐会を開くことになった時、突然辞任した。好色家として有名だったエドワード七世からは、晩餐会の趣向について明確な意向が伝えられていた。この大使は、「晩餐会の翌朝に髭を剃ろうとしたら、そこに映るのは客引きの顔だろう。私はそんな顔など見たくない」と言ったという。

これがミラー・テストである。倫理の問題とは、朝、鏡でどのような人間の顔を見たいのかというだけの問題である。このように倫理の問題は、組織や状況で変わるものではない。ところが、倫理が価値観のすべてではない。

組織の価値観との共存

組織の価値観が自分のそれと違うならば、欲求不満に陥り、ろくな仕事ができなくなる。

ここに際立った例がある。ある有能な人事担当役員が買収によって移籍した。彼女は実績もあり、移籍先の会社で主要ポストの人事についても責任を負わされていた。彼女は、主要ポストは、内部に人材がいない時にのみ、外から招くべきものだと固く信じていた。ところが、移籍先の会社では、主要なポストが空いた時には、新しい血を注入するために、外部に人材を求めることを原則としていた。

どちらにも理由はあった。私に言わせれば、両方とも必要である。だが、この二つの考え方には、単なる制度の違いではなく、価値観に関わる根本的な違いがある。働く者と組織との関係、働く者のキャリアに対する組織の責任、働く者の組織への貢献のあり方について、価値観が異なっているのだ。こうした状況が何年か続いた後、この女性役員は、収入面では大きな痛手だったが、会社を辞めた。価値観の違いが原因だった。

医薬品メーカーの場合、地道に小さな改善を積み重ねるか、革新的な製品を手掛けるかは、単に収益上の問題ではない。業績としては同じようなものかもしれない。だがそれは、医薬品メーカーは、医師が効率的に仕事ができるようにするために貢献すべきか、医療上の革新をもたらすために貢献すべきか、という価値観に関わる問題である。

短期的な利益のために経営するか、長期的な成長のために経営するかという問題もまた、価値観に関わる問題である。アナリストたちは、同時に追求できると言う。問題がそれほど単純でないことは、経営者ならばだれでも知っている。短期的な利益も長期的な成長も必要である。しかしこの二つが対立する時、それぞれの企業が、それぞれの価値観に従って意思決定を下さなければならない。問題は経済性ではない。企業の機能と経営の責任に関わる価値観の違いである。

価値観の対立は、企業だけに見られるものではない。

アメリカのある大教会では、教会に新しく礼拝に訪れる人たちの数を重視している。より多くの人たちが毎週礼拝に参加することが大切であると言う。後は神の御手が彼ら、彼女らを救う。あるいはそのうちの何人かを救う。これに対して、別のある大教会では、大切なことは一人ひとりの信仰であると言う。ただ訪れるだけの人には関心がない。ここでの問題は信者の数ではない。一見したところでは、後者の信者はあまり増えそうにない。ところが実際には、後者のほうが、初めて教会を訪れた人たちを確保している。確実に信者を増やしている。これは、神学の問題ではない。組織としての価値観の問題である。

ある時、両方の教会の牧師が、公開の場で討論した。一方は、教会へ足を運んでもらわなければ天国の門は見つからないと言い、他方は、天国の門を見つけようとしなければ、教会に来たことにはならないと言っていた。

組織にも、それぞれ価値観がある。人間と同じである。組織において成果を上げるためには、働く者の価値観と、組織の価値観が矛盾してはならない。同じである必要はない。だが、共存できなければならない。さもなければ、心楽しからず、成果も上がらない。

強みと仕事の仕方が合わないことはあまりない。両者は補完的である。ところが、強みと価値観が相容れないことは珍しくない。得意なこと、最も得意なことが、自己の価値観とずれていることがある。人生のすべて、あるいはその一部を割くに値しないと思える。

私自身の例を紹介したい。若い頃、現実に成功をしていることと価値観が違うことに悩んだ経験がある。一九三〇年代の半ば、ロンドンでインベストメント・バンカーとして働き、順風満帆だった。強みを存分に発揮していた。しかし、資金のマネジメントという仕事では、世のなかに貢献しているという実感が持てなかった。私にとって価値あるものは、金ではなく人だった。人生を終えた時金持ちになっていることに価値を見出せなかった。

特に貯えがあるわけでも、就職の当てがあるわけでもなかった。当時は大恐慌のさなかだった。しかし私は辞めた。正しい行動だった。つまるところ、優先するもの、優先すべきものとは価値観である。

所を得る

自己の適所を子どもの頃から知ることのできる者はわずかである。数学者、音楽家、料理人などは、四、五歳の頃に決まってしまう場合がある。医師も一〇代で決まっていることがある。しかしその他の仕事では、かなり特別な能力を持っている者でさえ、自己の適所を知るのは、二〇代半ばをかなり過ぎてからである。やがて、自己の強みがわかってくる。自己の仕事の仕方もわかってくる。自己の価値観もわかってくる。したがって、得るべき所も明らかとなる。

逆に、自己にふさわしくない場所も明らかとなる。大組織では成果を上げられないことがわかったならば、よい地位を与えられても断らなければならない。意思決定を下すことが苦手であるとわかったならば、意思決定の必要な仕事は断らなければならない。（おそらくパットン将軍は自覚していなかったであろうが）パットン将軍のような人たちは、独立した組織のトップの座を打診されても断らなければならない。

もちろん、自己の強み、仕事の仕方、価値観がわかっていれば、チャンス、職場、仕事について、「私がやりましょう、私のやり方はこうです、こういうものにすべきです、他の組織や人との関係はこうなります、これこれの期間内にこれこれのことを仕上げられます、私こそうってつけですから」と言えるようになる。
最高のキャリアは、あらかじめ計画して手に入れられるものではない。自己の強み、仕事の仕方、価値観を知ることによって、チャンスをつかむ用意のある者だけが手にできる。なぜならば、得るべき所を知ることによってのみ、普通の人、単に有能なだけの働き者が、卓越した人物となるからである。

なすべき貢献は何か

人類史上ほとんどの人間が、自己のなすべき貢献を考える必要がなかった。貢献すべきことは決まっていた。農民や職人のように、仕事で決まっていた。家事使用人のように、主人の意向で決まっていた。しかもごく最近まで、ほとんどの人が、言われたことを処理するだけの従者であることが当然とされていた。

一九五〇年代、六〇年代、新しく現れた知識労働者は、(組織人として)自己のキャリア形成を人事部に期待した。しかし六〇年代が終わらないうちに、知識労働者は自分が何をしたいのかを自分で考えなければならなくなった。そして自分のしたいことをすることが貢献であるとされた。だが、この答えもまた、間違いであることが明らかになった。したいことをするのが、貢献、自己実現、成功につながると考えた人たちのうち、実際にそれらを得た者はあまりいなかった。

もはや、かつての答え、すなわち、決まったことや言われたことをする時代に戻るわけにはいかない。

特に知識労働者たる者は、なすべき貢献は何でなければならないのか、という新しい問題を自問自答しなければならない。なすべき貢献は何であるかという問いに答えを出すには、三つの要素を考える必要がある。

第一は、状況が何を求めているのかである。第二は、自己の強み、仕事の仕方、価値観からして、いかにして最大の貢献をなしうるかである。第三は、世のなかを変えるためには、いかなる成果を具体的に上げるべきかである。

ここに、ある病院の新任の院長の例がある。由緒ある大病院だが、すでに三〇年の長きにわたって、名前にあぐらをかいていた。その新任の院長は、二年間で、何か一つ重要な部門を超一流にすることが、自分にできる最大の貢献であると考えた。そこで、規模が大きく、注目を集めやすいにもかかわらず、ずさんな状態になっていた救急治療室に目をつけた。彼は、運び込まれた救急患者は必ず一分以内に、資格のある看護師に診させることにした。一年後、この救急治療室は、全米のモデルとされるまでに改善された。二年後には、病院全体が一変した。

この例に明らかなように、あまり高い目標を立てても、実現できなければ意味がない。期限はせいぜい一年半とし、具体的なものとしなければならない。したがって、考えるべき問題は、一年半のうちに自分が変えられるものは何であり、それをいかにして行うかである。答えは、いくつかの要因をバランスさせたものでなければならない。

第一に、目標は、難しいものにしなければならない。流行りの言葉で言えば、「ストレッチ」できるものでなければならない。とは言うものの、実現可能でなければならない。不可能なことを目指したり、不可能なことを前提とすることは、野心的と呼ぶに値しない。単なる無謀である。第二に、意味のあるものでなければならない。世のなかを変えるものでなければならない。第三に、目に見えるものであって、できるだけ数字で表せるものであることが望ましい。そこから具体的な行動が明らかとなる。行うべきこと、始めるべきこと、目標、期限が明らかとなる。

互いの関係に責任を負う

一人で働き、一人で成果を生み出す人はわずかである。一握りの偉大な芸術家、一握りの偉大な科学者、一握りの偉大なスポーツ選手だけである。ほとんどの人が、他の人々と共に働き、他の人々の力を借りることで成果を上げる。特定の組織に属していようが、独立していようが関係ない。したがって成果を上げるには、第三者との関係について責任を負わなければならない。そこには二つの課題がある。

他の人々を受容する

一つの課題は、他の人々もまた自分と同じように人間である、という事実を受け入れることである。だれもが人として行動する。すなわち、それぞれが、それぞれの強みを持ち、それぞれの仕事の仕方を持ち、それぞれの価値観を持つ。したがって成果を上げるためには、共に働く人の強み、仕事の仕方、価値観を知らなければならない。

これは当然のことに思われる。しかし、このことを肝に銘じている者はほとんどいない。その典型が、最初の上司が読み手だったために書くことに慣れてしまった者である。次の上司が聞き手であっても、彼は報告書を書き続け、何の役にも立てないことになる。無能、怠惰と見なされ、落後していく。しかしこれは、新しい上司を観察し、どう仕事を進めているのかを知れば避けられることである。

上司とは、肩書きでもポストでもない。まして単なる機能でもない。自分なりの仕方で仕事を処理する一人の人間である。その上司を観察し、仕事の仕方を理解し、彼らが成果を上げられるようにすることは、部下たる者の責任である。これが上司をマネジメントするコツである。

同じことは、共に働く人全員についていえる。それぞれが、それぞれ違う仕方で仕事をする。それぞれの仕方で仕事をして当然である。くわえて、それぞれに強みと価値観がある。これらのすべては、人によって違う。したがって、成果を上げる秘訣の第一は、共に働く人たち、自分の仕事に不可欠な人たちを理解し、その強み、仕事の仕方、価値観を生かすことである。仕事は、仕事の論理だけでなく、共に働く人たちの仕事ぶりに依存している。

コミュニケーションについて責任を負う

もう一つの課題は、コミュニケーションについて責任を負うことである。私に限らず、コンサルタントの仕事をすると、必ず、組織内のあつれきを耳にする。しかし摩擦のほとんどは、相手の仕事、仕事の仕方、重視していることと、目指していることを知らないことに起因している。そしてその原因は、互いに聞きもせず、知らされてもいないことにある。

これは人間の愚かさというよりも、人間の歴史のほうに原因がある。ついこの間まで、これらのことは、だれかに話す必要がなかった。中世の都市では、同じ地区の者は同じ仕事をしていた。農村では、谷間のだれもが霜が解ければ同じ穀物を植えていた。他方、他の人とは違う仕事をしていたごくわずかの人たちは、一人で働いていた。そのため、自分のしていることを説明する必要がなかった。

ところが今日では、違う責任を負い、違う仕事をする人たちが、一緒に働く。販売部門出身のマーケティング担当役員は、販売のことなら何でも知っているが、価格、広告、包装については何も知らないし、経験がない。とするならば、それらの担当者にとっては、自分の仕事、その必要性、方法、目標について、それぞれが役員に伝えることが責務となる。

販売部門出身の役員が、そうしたスペシャリストの仕事と行動を理解できないとすれば、責任はその役員にではなく、スペシャリストのほうにある。教えていないことが悪い。もちろん役員のほうも、自分がマーケティングについてどう考えているのかを、みんなに知らせる責任がある。自己の目標、仕事の仕方、行おうとしていること、期待していることを知らせなければならない。

しかし、他の人々との関係について責任を持つことの重要性をかなり認識している人でさえ、実際には十分なコミュニケーションを行っていない。押しつけがましい、詮索好き、何も知らない、などと思われたくないと考えている。

これは完全な間違いである。共に働く人たちの所に行って、自己の強み、仕事の仕方、価値観、目指す貢献、目標としている成果を話してみれば、反応は必ず「聞いてよかった。どうしてもっと早く言ってくれなかったか」である。しかも、「それでは、あなたの強み、仕事の仕方、価値観、目指したい貢献について知っておくべきことはないか」と聞くならば、ここでも「どうして早く聞いてくれなかったか」である。知識労働者たる者はすべて、部下、同僚、チームのメンバーにこれらのことを聞かなければならない。常に反応は、「よくぞ聞いてくれた」である。

もはや組織は、権力によっては成立しない。信頼によって成立する。信頼とは好き嫌いではない。相互理解である。したがって互いの関係について互いに責任を負うことが不可欠である。それは責務である。組織の一員であろうと、組織へのコンサルタントであろうと、取引先であろうと、流通業者であろうと、だれもが、共に働く者、依存する者、依存される者すべてに対して、この責務を果たさなければならない。

第二の人生

ほとんどの人間にとって、労働とは肉体労働を意味していた時代には、第二の人生を考える必要はなかった。それまでやってきたことを続けていればよかった。製鉄所や鉄道会社で四〇年も働けば、後は何もしないで幸せだった。ところが今日、労働とは知識労働を意味するようになった。知識労働者は、四〇年働いても終わりにはならない。単に退屈しているだけである。

今日、経営幹部クラスの中高年層の危機がよく話題になる。原因は主として倦怠である。四五歳ともなれば、仕事上のピークに達する。そう自覚もする。二〇年も同じことを続けていれば、仕事はお手のものである。ただし、もはや学ぶことも、貢献することも、心躍ることも、満足することもない。だが、あと二〇年、二五年は働ける。したがって、第二の人生を設計することが必要となる。

第二の人生の問題は、三つの方法によって解決できる。

第一の方法は、文字どおり第二の人生を始めることである。単に組織を替わることであってもよい。大企業の事業部の経理責任者が、病院の経理部長になっていく。一方、まったく職業を変えてしまう人たちも増えている。企業や官庁で立派な仕事をしていながら、四五歳で聖職に入る人がいる。企業で二〇年働いた後、ロースクールに入り、やがて小さな町で法律事務所を開業する人がいる。

こうして、仕事がうまくいっているにもかかわらず、第二の人生を始める人が増えていく。能力は十分にあり、自己の仕事の仕方も心得ている。子どもは独立して出て行った。地元のコミュニティで仕事をしたい。もちろん何がしかの収入はほしい。そして何よりも、新しいことにチャレンジしたい。

第二の方法は、パラレル・キャリア（第二の仕事）を持つことである。うまくいっている第一の仕事は正社員として、あるいは非常勤やコンサルタント的な契約社員として続ける。しかし、もう一つの世界をパラレル・キャリアとして持つ。多くの場合、非営利組織で働く。週一〇時間といったところであろう。たとえば、教会の運営を引き受ける、地元のガールスカウトの会長を務める、夫の暴力から逃れてきた女性のための保護施設をサポートする。地元の図書館で、パートの司書として子どもたちを担当する。同じく、地元で教育委員会の委員になる。

第三の方法は、ソーシャル・アントレプレナー（篤志家）になることである。これは最初の仕事で大きな成功を収めてきた人たちである。仕事は好きだが、もはや心躍るものではなくなった。そこで仕事は続けるが、それに割く時間は減らしていく。そして新しい仕事、特に非営利の仕事を始める。たとえば私の友人ボブ・バフォードは、テレビ会社をつくって成功し、現在も経営している。ところが彼は、非営利組織をつくって、各地のプロテスタントの教会に手を貸している。最近はこれに加えて、彼のように本業を別に持ちながら、非営利組織をつくっている篤志家を助けている。

もちろん、だれもが第二の人生を持てるわけではない。これまでしてきたことをそのまま続け、定年の日を指折り待つ人たちのほうが多い。しかし、労働寿命が延びたことを、みずからと社会にとってのよい機会としてとらえることによって、模範となるべきは、数の少ないほうの人たちである。

ただし、第二の人生を持つには、一つだけ条件がある。本格的に踏み出すはるか前から、助走していなければならない。労働寿命の伸長が明らかになった三〇年前、私を含め多くの者が、ますます多くの定年退職者が、非営利組織でボランティアとして働くようになると予測した。だが、そうはならなかった。四〇歳、あるいはそれ以前にボランティアを経験したことがなければ、六〇歳になってボランティアになることは難しかった。

同じように、後に篤志家となった私の知人たちも、本業で成功するはるか前から、それらの事業に取り組んでいた。ある大企業の顧問弁護士は、モデル校の設立に手を貸している。その彼も、三五歳頃にはすでに、いくつかの学校に法律上のことで助言を行っていた。四〇歳で教育委員になっていた。そのため五〇歳になって生活に余裕ができた時、モデル校の設立に取り組むことができた。彼は、いまでも大企業の主任法律顧問として、ほとんどフルタイムで働いている。実はその大企業も、彼が若い頃、弁護士として設立に手を貸したベンチャーが育ったものだった。

知識労働者にとって、第二の人生を持つこと、しかも若いうちから持つことが重要なのには、もう一つ理由がある。だれでも、仕事や人生で挫折することがあるからである。昇進し損ねた四五歳の有能なエンジニアがいる。十分な資格がありながら、有名大学の教授になることが絶望的になった四二歳の立派な教授がいる。離婚や子どもに死なれるなどの不幸もある。

そのような逆境が訪れた時、趣味を超えた第二の関心事が大きな意味を持つ。そのエンジニアは、現在の仕事ではうまくいかないことを知る。しかしもう一つの仕事、たとえば教会の会計責任者としては立派な仕事をしている。あるいは、家庭は壊れたかもしれないが、もう一つのコミュニティが残されている。

これらの機会を持つことは、成功が極端に大きな意味を持つ社会では、きわめて重要である。そもそも人間社会には、成功なる概念はなかった。これまで人間は、祈りの言葉にもあるように、「みずからに備わった身分」にいられることが最高だった。そこから動くとすれば、身分が下がるしかなかった。しかし、これからの知識社会では、成功が当然のこととされる。だが、全員が成功するなどということはありえない。ほとんどの者にとっては、失敗しないことがせいぜいである。成功する者がいれば失敗する者がいる。

したがって、一人ひとりの人間およびその家族にとっては、何かに貢献し、意味あることを行い、ひとかどであることが、決定的に重要な意味を持つ。ということは、リーダー的な役割を果たし、敬意を払われ、ひとかどとなる機会としての第二の人生、パラレル・キャリア、篤志家としての仕事が重要だということである。

自己をマネジメントすることは、やさしいことではなくとも、少なくとも当然のことのように思われる。そのための方法も、当然のことに思われるはずである。しかしそのためには、一人ひとりの人間、特に知識労働者たる者には、まったく新しい種類のことが要求される。

決められたことを処理するだけだった肉体労働者に代わり、自己をマネジメントする者としての知識労働者へと労働力の重心が移行したことが、社会の構造そのものを大きく変えつつある。これまでの社会は、たとえ意識することはなかったとしても、またいかに個を尊重していたにせよ、あくまでも、次の二つのことを前提としていた。

すなわち、第一に、組織は、そこに働く者よりも長命であって、したがって第二に、そこに働く者は組織に固定された存在である、ということを当然としていた。

ところが今日、その逆が現実となった。知識労働者は組織よりも長命であって、しかも移動自由な存在である。そしてその結果、彼ら働く者が自己をマネジメントしなければならなくなったということは、人間社会において一つの革命がもたらされることを意味している。

第4章

1975年度マッキンゼー賞受賞論文

マネジャーの仕事

ヘンリー・ミンツバーグ

"The Manager's Job: Folklore and Fact,"
Harvard Business Review, July-August 1975.
邦訳「マネジャーの職務：その神話と事実の隔たり」
『DIAMONDハーバード・ビジネス・レビュー』2003年1月号。

ヘンリー・ミンツバーグ
(Henry Mintzberg)
二元論をよしとせず本質を喝破する世界的なマネジメントの権威として、ピーター・ドラッカーと並び称されている。カナダのマギル大学（クレグホーン寄付講座）教授兼経営学大学院教授。著書に『マネジャーの実像』『MBAが会社を滅ぼす』（日経ＢＰ社）、『戦略サファリ［第２版］』（東洋経済新報社）、『H.ミンツバーグ経営論』（ダイヤモンド社）など。

マネジメントを縛ってきた四つの言葉

マネジャーに、あなたの仕事は何かと尋ねれば、ほとんどが計画し、組織し、調整し、統制することだと答えるだろう。そこで、現実に彼らがしていることを見てみるがよい。この四つの項目と関係づけることはできないが、これはけっして驚くべきことではない。

たとえば、工場が火事で焼けてしまったという電話をあるマネジャーが受けたとしよう。そして、マネジャーはその電話の相手に、応急措置として、外国の子会社から顧客へ供給できないか調べるように指示したと仮定してみよう。これは計画しているのか、組織しているのか、調整しているのか、それとも統制しているのだろうか。

また、退職者に金時計を贈呈する時はどうだろう。業界関係者に会うため会合に出席する時はどうだろう。あるいは、その会合で得たおもしろい製品アイデアを会社に戻ってから社員に話す場合はどうだろう。

フランスの実業家、アンリ・ファヨールが一九一六年に紹介して以来、この四つの言葉は、マネジメントの用語を支配してきたが、マネジャーが実際にしていることを、ほとんど説明していない。どう見ても、せいぜいマネジャーが仕事をする時に考えている、あいまいな目標を暗示する程度のものである。

経営学はこれまで、進歩と変化に向けて邁進しすぎたがゆえに、半世紀以上の間、マネジャーは何をしているのかといった、まさに根本的な問いかけをしてこなかった。これに対する適切な答えがなければ、どのようにしてマネジメントを教えることができるのだろうか。どうやってマネジャーのための計画や情報システムを設計できるのだろうか。どのようにして経営のやり方を改善できるのだろうか。

マネジメントという仕事の本質について、実は我々は何も知らない。このことは、近代組織のなかにさまざまなかたちで示されている。たとえば、マネジメント・トレーニング・プログラムに一日も参加したことがないのに成功を収めたマネジャーの自慢話、マネジャーが何を望んでいるか理解できなかった経営計画担当者の退職、情報分析担当者がマネジャーにとって必要だと考えた見事なＭＩＳ（経営情報システム）だったが、だれも使わなかったために、部屋の隅でほこりをかぶっているコンピュータ端末機など、数え上げればきりがない。

そして、おそらく最も重要なことは、我々の無知が、大規模な組織が重大な政策上の問題に取り組む能力を持ち合わせていないことに表れているということだ。生産を自動化し、マーケティングと企業財務の分野にマネジメント・サイエンスを用い、行動科学者が持つスキルを従業員の動機づけという問題に応用しようとさまざまに努力するなかで、どういうわけか、その組織、あるいはそのサブユニットの責任者であるマネジャーのことが忘れ去られてしまったのだ。

本稿の意図は簡単である。読者をファヨールの四つの単語から引き離し、もっと根拠のある、そしてもっと役に立つマネジャーの仕事の説明に案内することである。

この説明の基となったのは、多種多様なマネジャーたちがどのように自分の時間を使うかについて私が観察し、それをまとめたものである。マネジャーを徹底的に観察した研究もあれば、マネジャー自身が自分の行動を細かく日誌につけたものもある。また、彼らの記録が分析された研究もある。

さまざまな種類のマネジャー——職長、工場長、スタッフ・マネジャー、現場のセールス・マネジャー、病院のマネジャー、会社の社長、国の大統領、はては不良グループのリーダーまで含む——が研究対象となった。これらの「マネジャー」が仕事をしている国は、アメリカ、カナダ、スウェーデン、イギリスである（囲み「『マネジャーの仕事』に関する研究」を参照）。

こうして発見された事実を総合するとある興味深い絵が描き出されるが、それは、キュービズムの抽象画とルネッサンス時代の絵が違うのと同じ程度に、ファヨールの古典的見解とはかけ離れている。ある意味では、この絵はデスクの前であろうと向かい側であろうと、マネジャーのオフィスで一日過ごした経験のある者の目には明らかなことである。

しかし同時にこの事実は、マネジャーの仕事について、我々がいままで受け入れてきた神話の大部分を、疑問に付すことになる。

マネジメント業務についての伝説と事実

事実を注意深く調べていくと、その根拠が消滅するマネジャーの仕事についての神話が四つある。

［神話1］マネジャーは内省的で論理的な思考をするシステマティックな計画立案者である。

この論点に関連した証拠は山ほどあるが、そのどれを取っても、この記述を裏づけるものは見られない。

［事実］どの研究を取ってみても、マネジャーはたゆみないペースで仕事をし、その行動は簡略、多様、不連続を特徴としており、さらに行動に出ようとする強い志向を持っていて、内政的活動を好まない。

たとえば、次のような証拠がある。私が調査した五人のCEOの活動の半分は九分とは続かず、一時間を超えたのはわずか一〇％にすぎなかった。(注1)

アメリカの職長五六人の調査では、八時間交代の勤務時間ごとの活動が平均五八三を数えているが、これは四八秒ごとに一つの割合である。(注2) CEOも職長と同様、仕事のペースはせわしないものだった。彼らは朝、出勤した時から夕方退社するまで、絶え間のない訪問者と郵便物の山に立ち向かっていた。コーヒーブレイクと昼食も、仕事と関連したものにならざるをえなかったし、たまに自由時間ができても、常に周囲にいる部下たちに取り上げられてしまうように見えた。

イギリスの一六〇人のミドル・マネジャーとトップの日誌の研究から、彼らが三〇分以上邪魔が入らずに仕事ができたのは、二日に一回しかなかった。(注3)

私の実施したCEOとの面接調査のうち九三％はアドホックに行われた。時間を限らないで行われる社内巡回に割かれるのは全体の時間のたった一％だった。三六八件の面接のうち、わずか一回だけが特定の問題に関連しない、一般計画の立案と呼べるものに関連したものだった。

別の研究者の発見によると、日常会話やテーマの定まっていない個人的なコミュニケーションから重要な外部情報を得ていると言ったマネジャーは一人もいなかった（注4）。どの研究においても、マネジャーが自分たちの時間を配分する方法に関連して重要なパターンは見出されなかった。案件から案件に飛び回り、絶えずその時々の必要に反応しているように見えた。

これが古典的文献の言う計画立案者だろうか。そうではなさそうだ。では、このような行動をどう説明できるのだろう。マネジャーは、単に自分の職務のプレッシャーに反応しているにすぎないのである。

私が調査したCEOたちが、たびたび会議を途中で抜け出したり、自分のデスクワークを中断して部下を呼びつけたりして、自分で自分の活動をやめてしまうのを目撃した。ある社長などは、長い廊下が見下ろせる位置に自分の机を置くだけでなく、自分が一人の時には、入口の扉を常に開けていた。つまり、部下がいつでも入ってきて、自分の仕事を中断してよいという部下への誘いだった。

明らかにこうしたマネジャーは、新しい情報の流れを促進しようとしていた。しかしそれ以上に重要なのは、彼らが、自分の仕事量によって条件づけられているように見えることだった。

彼らは、自分の時間の機会コストについてよく認識しており、いつも直面するもろもろの義務――たとえば返事を出さなければならない手紙、面会しなければならない訪問者等々――に常に気を配っていた。何をしていてもマネジャーは、実行できることと、実行しなければならないことへの思いに取りつかれているように見える。

マネジャーは計画立案しなければならない時、会社の保養所で二週間もかけて、何か抽象的な思索にふけりながら計画立案を行うのではなく、日常活動という文脈のなかで暗示的に行うように見える。私の研究したCEOの計画は、その頭のなかにのみ――柔軟な、しかし多くの場合に特定的な意図として――存在するように見えた。

これまでの研究がどうであれ、マネジメントという職務は、内省的な計画立案者を育むのにふさわしくない。マネジャーとは、具体的なことがらに反応するものであり、職務の性質のゆえに、行為を遅延させるよりはとにかく活発に生きることのほうを好むように条件づけられている。

［神話2］効果的なマネジャーは、遂行すべき決まった職分を持たない。

マネジャーは常々、計画立案と権限委譲にもっと時間を使うべきで、そのためには顧客に会ったり取引に立ち会ったりする時間をもっと減らせと言われ続けている。詰まるところ、そうしたことは、マネジャーのなすべき仕事ではないからだ。

よく言われる例えでは、優秀なマネジャーは優秀な指揮者と同じように前もって万事を慎重に調整し、後はゆったりと座って自分の労働の成果を楽しむのである。時折予測不可能な例外的事態が起きた時にだけ反応すればよい。しかしここでもまた、このような快適な抽象的概念は事実にそぐわないように見える。

［事実］例外的事態を処理するほかに、マネジャーの仕事には儀式や式典、交渉、それに組織を周りの環境に結びつけるソフトな情報の処理など、数多くの決まった職分の遂行が含まれている。

調査研究からその証拠を検討してみよう。

小企業の社長たちの仕事に関するある研究によると、彼らはルーティン的な活動にも携わっていることがわかった。彼らの会社には専門スタッフを置く余裕もなく、業務担当者もぎりぎりで、だれか一人休めば社長がその代わりをしなければならない、という事態がよく起きるからだ。(注5)

現場のセールス・マネジャーに関する研究とCEOに関する別の研究から、もしマネジャーが重要な顧客を引き留めておきたいのなら、どちらの職務にとっても、その顧客の接待は、自然な職務内容の一部であることが示唆されている。(注6)

ある人が半ば冗談に、マネジャーとは、来訪者を出迎える人物のことで、そのおかげで他の全員が仕事に専念できるのだと説明した。しかし私の研究では、大切な来訪者の出迎え、金時計の贈呈、クリスマスの晩さん会のホスト役などの儀礼的義務は、CEOの職務として固有なものである。

マネジャーが手に入れる情報の流れに関する研究からは、彼らは「ソフト」な外部情報(その多くはマネジャーの地位にある者にだけ入手可能なものだ)を把握し、部下たちに流すという、重要な役割を果たしていることが示されている。

[神話3]シニア・マネジャーが求めるものは集計的な情報であり、それを提供するのに最適の手段は、公式のMISである。

「トータル・インフォメーション・システム」という言葉が、経営学の文献の至るところに見られたのは、そんなに昔のことではない。マネジャーを整然と規制されたヒエラルキー・システムの頂点に君臨する個人と見る古典的見解に従うと、文献上のマネジャーはすべて重要な情報を、一つの巨大な総括的

ＭＩＳから受け取ることになるだろう。

しかし近年、こうした巨大なＭＩＳが機能していないことが明らかになってきた。単純にマネジャーがそれを使おうとしないのだ。意気込みは減退してしまったのである。マネジャーが実際に情報をどのように処理するかを見れば、その理由は明白だ。マネジャーは、自分の自由になる五つのメディア、書類と電話、予定された会議と予定外の会議、そして現場の監視を駆使して指令を発するのだ。


［事実］マネジャーは口頭のメディア、すなわち電話と会議を重視している。


マネジャーの仕事に関するあらゆる調査からもこの証拠を引き出すことができる。次の事例を検討してみよう。

イギリスの二つの研究では、マネジャーは、自分の時間の平均六六％および八〇％を、口頭のコミュニケーションに充てていた。(注7) アメリカのＣＥＯ五人に関する私の研究では、その数字は七八％だった。この五人のＣＥＯは、郵便物の処理をわずらわしいものと考えていた。このうち一人などは、土曜日の朝にオフィスへやってきて、ちょうど三時間かけて一四二通の手紙を処理し、「邪魔物を一掃」した。この同じマネジャーは、その一週間で最初に受け取った最も「内容のある」手紙の郵便物である標準原価報告書を眺めてから、「見るほどのものじゃない」といって脇にのけてしまった。

この五人のＣＥＯは、私が調査した五週間の間に受け取った定例報告四〇のうち二つと、一〇四の定期刊行物のうち四つの事項に、即座に反応していた。その他の定期刊行物の大部分については、拾い読みしていた。

かなり大きな規模の組織に属するこれらのCEOたちが、自分の意思で（何かに反応してではなくて）発送した郵便物は、私が観察した二五日間の総計で、やっと二五通だった。

このトップたちが受け取った手紙を分析してみると、興味深い状況が見えてくる。たった一三％が具体的内容のある、すぐに役立つものだった。そこで、謎の別の面が見えてくる。

いま現在の生きた情報――いくつかの例を挙げれば、競争相手の動静、政府当局の規制のムード、昨夜のテレビ番組の視聴率等――はけっして多くない。にもかかわらず、マネジャーを急かし、たとえば会議を中断させたり、仕事の予定を変えさせせたりするのは、まさしくこうした情報である。

もう一つ興味ある発見を検討してみよう。マネジャーは、「ソフト」な情報、特にゴシップとか、噂とか、憶測といったものを大事にするようである。なぜだろう。

その理由は、それがタイムリーだという点にある。今日のゴシップは、明日の事実であるかもしれない。最大の顧客が、有力な競争相手とゴルフをしていたのを見たという電話連絡をマネジャーが受けなかったら、次の四半期報告で大幅な売上げダウンを見ることになるかもしれない。しかし、それでは手遅れだ。

過去に起こり集計された、「ハード」なＭＩＳの情報の価値を評価するために、マネジャーの主要な二つの情報の使い道について考えてみよう。(注8) すなわち、問題とビジネスチャンスを見極めることと、メンタル・モデル（たとえば、組織の予算システムはどう機能しているか、顧客はどのように自社の製品を購入するのか、経済の変化は自分の組織にどのように影響するのかなど）をつくることである。

こうした証拠から、意思決定の状況を見定め、モデルを組み立てるのは、ＭＩＳが提供する集大成されたデータによるものではなく、特定の断片的データによるものだとわかる。

ルーズベルト、トルーマン、アイゼンハワーの三人の大統領について、情報収集に関する習慣を研究したリチャード・ニュースタットの次の言葉を考えてみよう。

「大統領が、自分の置かれている立場を判断する際に役立つのは一般的性格の情報、たとえば概要や概括といった口当たりのよい合成物ではない。むしろ……頭のなかでつなぎ合わせると、目の前にある問題の裏面が明らかになるような具体的な詳細の断片である。大統領は自分の身を守るため、八方手を尽くして自分の利害や関係に関わりを持つ事実、意見、ゴシップのあらゆるかけらを集めなければならない。大統領は、自分で自分のCIAをつくり、その長官にならなければならない(注9)」

マネジャーが口頭のメディアを重視するということで、二つの重要な点が明らかになる。

第一に、口頭の情報は人間の頭脳に蓄えられる。その情報は、文字として記された時にのみ(スチール・キャビネットか磁気テープかは別にして)、蓄えられるのだが、見たところ、マネジャーは、自分の聞いたことをあまり書き留めない。かくして、組織の戦略データバンクは、コンピュータのメモリーのなかでなく、マネジャーの記憶のなかに存在することになる。

第二に、マネジャーが口頭メディアを広範に利用するということから、彼らがなぜ仕事の委譲をためらうのかがわかる。

マネジャーが得る重要な情報の大部分が口頭によるもので、頭に蓄えられるということに注目すれば、マネジャーがためらう気持ちはよくわかる。それは、だれかに書類一式を渡せば万事滞りなく片づくという類の問題ではない。「記憶を吐き出す」のは——仕事について知っていることをすべてだれかに教えるには――それなりの時間がかかる。

時間がかかりすぎるので、マネジャーは自分でやってしまったほうが楽だと思うかもしれない。かくしてマネジャーは、自分の情報システムのせいで、権限委譲のジレンマに陥ることになる――自分で仕事を抱えこむべきか、あるいは、いい加減な説明で部下に委譲すべきか、と。

［神話4］マネジメントは科学であり、専門的職業である。現在はそうでないとしても、少なくとも急速にそうなりつつある。

科学と専門的職業の定義のどれを取ってみても、この説は誤りである。どんなマネジャーでもかまわない。彼らをちょっと観察してみれば、マネジャーが科学を実践しているなどという見解はすぐに消え去ってしまう。

科学には、システマティックな、分析的に決定された手続きやプログラムの制定が伴う。まだ我々はマネジャーがどのような手続きを使っているかも知らないのに、どうして科学的分析を用いて規定することができるだろう。

また、マネジャーが学ぶべきことを特定できずに、どうしてマネジメントを専門的職業と呼ぶことができるだろうか。詰まるところ、専門的職業というのは「学習あるいは科学のある部分に関する知識」（ランダムハウス辞典）ということなのだ。(注10)

［事実］マネジャーのプログラム――時間の配分や情報の処理、意思決定など――は、マネジャーの頭

脳の奥深くにしまい込まれている。

したがって、そうしたプログラムを説明するに当たって、我々は判断とか直感という言葉に頼ることになるが、そうした言葉は我々の無知の代名詞にすぎないことを悟ろうともしない。

研究を続ける間に気がついたのは、観察対象となったCEOが、全員、どんな尺度で測っても有能な人物でありながら、基本的に一〇〇年前の同僚（あるいは一〇〇〇年前でも）と見分けがつかないという事実であった。必要とされる情報は異なるが、その集め方は同じでクチコミに頼っていた。近代的なテクノロジーに関する意思決定であっても、結論を出すのに用いる手続きは、一九世紀のマネジャーと同じものだった。

組織内の専門分化した業務にとって重要なものであるコンピュータですら、ゼネラル・マネジャーの業務手続きには明らかに何の影響も及ぼしていなかった。事実、マネジャーが一種の閉塞状態に置かれ、増大する仕事のプレッシャーにさらされているというのに、マネジメント・サイエンスからの助けがいつ来るのか、まったく見通しがつかない。

マネジャーの仕事についてのさまざまな事実を考察すると、それが非常に入り組んだ、困難なものであることがわかる。マネジャーに課せられた義務は大変重いが、仕事を委譲することは容易ではない。そのためマネジャーはオーバーワークとなり、多くの仕事を皮相的にこなすようになる。簡略、細切れ、そして口頭のコミュニケーションが仕事の特徴となる。しかもこうした特質こそが、マネジャーの仕事を科学的に改善することを拒んできたのである。

その結果、マネジメントの研究者は、組織の専門特化した機能の分析に集中してきた。そのような分

野なら手続きの分析もしやすいし、関連情報の定量化も簡単だからだ。(注11)

しかし、マネジャーの仕事からのプレッシャーはますます重くなりつつある。以前ならば、オーナーと取締役にだけ対応すればよかった。そしていまでは、民主的規範を盾とした部下たちが、説明を加えないで命令を下すというマネジャーの自由裁量権を減らしている。また外部の圧力団体（消費者団体、行政機関など）も次第に数を増やして要求も大きくなっている。

マネジャーにはどこかに助けを求める当てもない。マネジャーに救いの手を差し伸べる第一のステップは、マネジャーの職務の実態を明確にすることである。

マネジャーの仕事の基本とは何か

さてここで、断片的に述べてきたパズルをまとめてみよう。初めの部分で私は、マネジャーを「組織、あるいはそのサブユニットを預かっている人物」と定義した。この定義はCEOのみならず、バイス・プレジデント、宗教の指導者、職長、ホッケーの監督、そして総理大臣も当てはまる。

このような人々はみな共通するものを持っている。それは全員が、ある組織単位に対するフォーマルな権限を付与されているということである。その権限から、さまざまな対人関係が生まれ、この対人関係によって情報にアクセスすることが可能になる。逆に情報によってマネジャーは、自分の組織のために意思決定し、戦略を策定することが可能になる。

図4-1 | マネジャーの役割

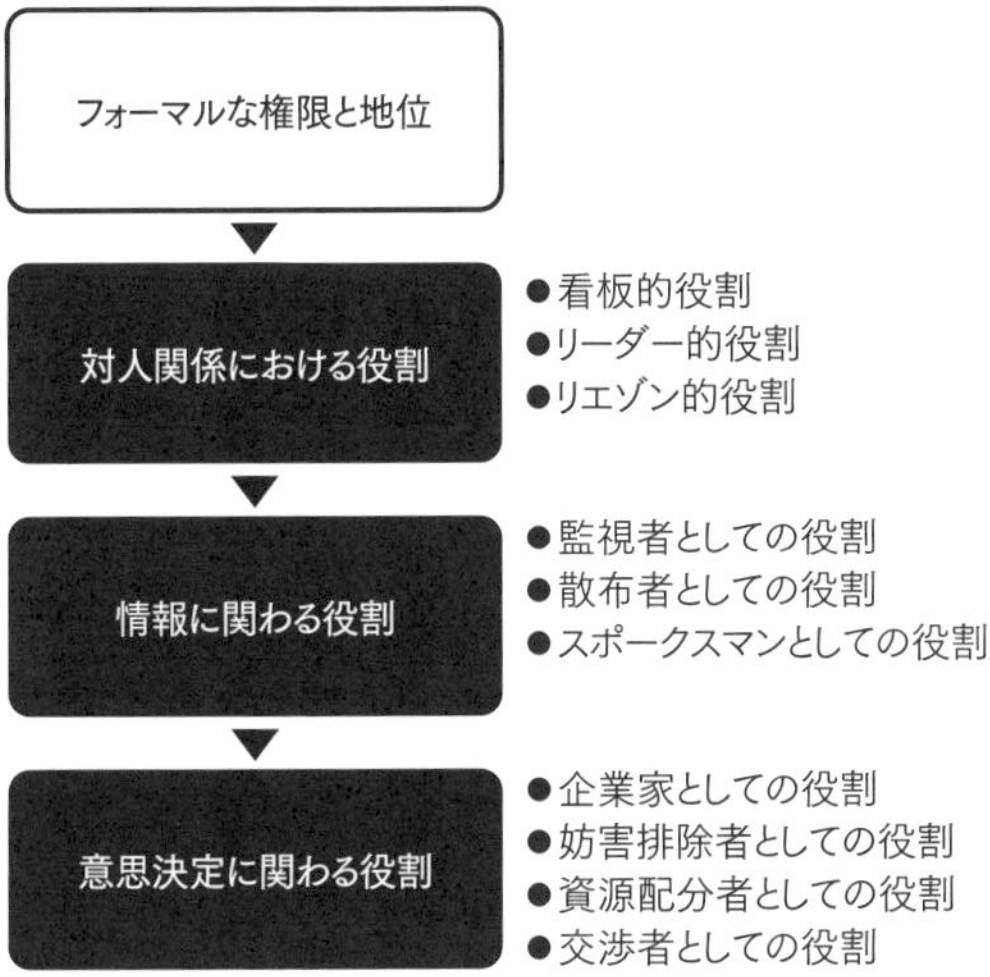

マネジャーの職務は、さまざまな「役割」によって、すなわち、ある職位によって明確になった組織化された行動の集合によって、説明することができる。私の説明は図4-1「マネジャーの役割」に示したとおりで、一〇の役割から構成される。

ここからわかるように、フォーマルな権限は三つの対人関係上の役割をもたらし、この役割から、三つの情報上の役割が生まれる。この二組の役割によってマネジャーは、四つの意思決定に関わる役割を果たすことができるようになるのだ。

対人関係における役割

マネジャーの役割のうち三つは、フォーマルな権限から直接的に派生し、基本的な対人関係を構成するものだ。

❶看板的役割

第一は「看板」的役割である。ある組織単位の長としての地位にあるため、どのマネジャーも各種儀式にまつわる義務を果たさなければならない。社長は視察に訪れたＶＩＰをもてなし、職長は旋盤工の結婚式に出席し、セールス・マネジャーは大切な顧客を昼食に誘う。

私の研究したＣＥＯたちは、人づき合いに割く時間のうち一二％をこのような儀式的な仕事に費やし、受け取った郵便物の一七％は、その地位に関連した挨拶状や依頼状だった。

たとえば、社長宛ての一通は、ハンディキャップを抱える児童への商品の寄付を要請するものであった。また、校長の机の上には、卒業証書が置かれ、彼のサインを待っていた。

対人関係の役割に関わる仕事はルーティンであることもあり、その場合、重大なコミュニケーションや重要な意思決定は必要ない。にもかかわらず、これらは、組織が円滑に機能するためには不可欠であり、マネジャーが無視してはならないものである。

❷リーダー的役割

マネジャーは組織に属する人々の仕事に対して責任を負う。この点に関連したマネジャーの行動が「リーダー」的役割を構成する。そうした行動のあるものは、リーダーシップに直接関連している。たとえば、ほとんどの組織でマネジャーは、自分のスタッフを採用し、訓練する責任を負っている。

さらに、リーダー的役割を間接的に使うこともある。すべてのマネジャーは、社員の士気を高め鼓舞しなければならず、それにはそれぞれが持つ欲求を組織の目標と合致させなくてはならない。マネジャーが社員と接触を持つたびに、部下たちは彼らの行動を注意深く探り、リーダーシップの手がかりを求める。「賛成してくれるだろうか」「どのように報告書をまとめれば気に入ってくれるだろうか」「売上高よりも市場シェアのほうに関心があるのでは」といった具合である。

マネジャーの影響力は、リーダー的役割に最もはっきりと示される。フォーマルな権限はマネジャーに強大な潜在的権力を付与するが、マネジャーがこれをどの程度行使するかを決めることがリーダーシップなのだ。

❸リエゾン的役割

マネジメントに関する文献は、リーダー的役割、特にそのなかでも動機づけに関連した側面が、常に認識されてきた。それと対照的に、「リエゾン」的役割に言及されることは最近までほとんどなかった。リエゾン的役割においては、マネジャーは垂直的命令系統の外側で接触を持とうとする。

マネジャーの仕事に関する研究のどれを取っても、マネジャーはその部下との接触に使うのと同程度に、自分の担当組織外にいる同僚、その他の人々との時間に割いている。さらに驚くべきことに、自分の上司と一緒に過ごす時間がごくわずかしかない。これはきわめて注目すべきことである。

ローズマリー・スチュアートの行った日誌調査によれば、イギリスのミドルおよびトップ・マネジャー一六〇人は、自分の時間の四七％を同僚に、四一％を自分の担当組織外の人に、そしてわずか一二％を上司に割いている。

ロバート・H・ゲストによるアメリカの職長の調査では、この数字がそれぞれ四四％、四六％、一〇

%となっている。私の研究したCEOの場合には、自分の組織外の人との接触時間は平均四四%、部下とは四八%、取締役や理事とは七%となっている。

五人のCEOたちの接触範囲は驚くほど広い。部下をはじめ、顧客、提携先、サプライヤー、社外取締役、政府関係者、特定の組織に属さない自営業者などだ。

この経営トップたちがこのような人々と接触した時間、および彼らから受け取った郵便物は、図4-2「CEOの接触」に示すとおりである。ゲストの職長に関する調査も同様に、その接触は多数かつ広範で、二五人未満ということはめったになく、五〇人を上回ることも多かった。

情報に関わる役割

部下やさまざまなネットワークとの対人関係を保つことによって、マネジャーは自分の組織の神経中枢となる。マネジャーは何でも知っているというわけではないが、部下のだれよりもよく知っているものである。

研究の示すところによれば、この種の関係は、町の不良グループから大統領に至るまで、いずれのマネジャーにも当てはまる。ジョージ・C・ホーマンズはその著書『ヒューマン・グループ』のなかで、不良グループのリーダーは、自分のグループで情報の中枢にいると共に、ほかのグループ内のリーダーとも緊密に連絡を取っていることから、子分のだれよりも情報をつかんでいると説明している。(注12)

また、リチャード・ニュースタットは、次のように述べている。

図4-2 | CEOの接触

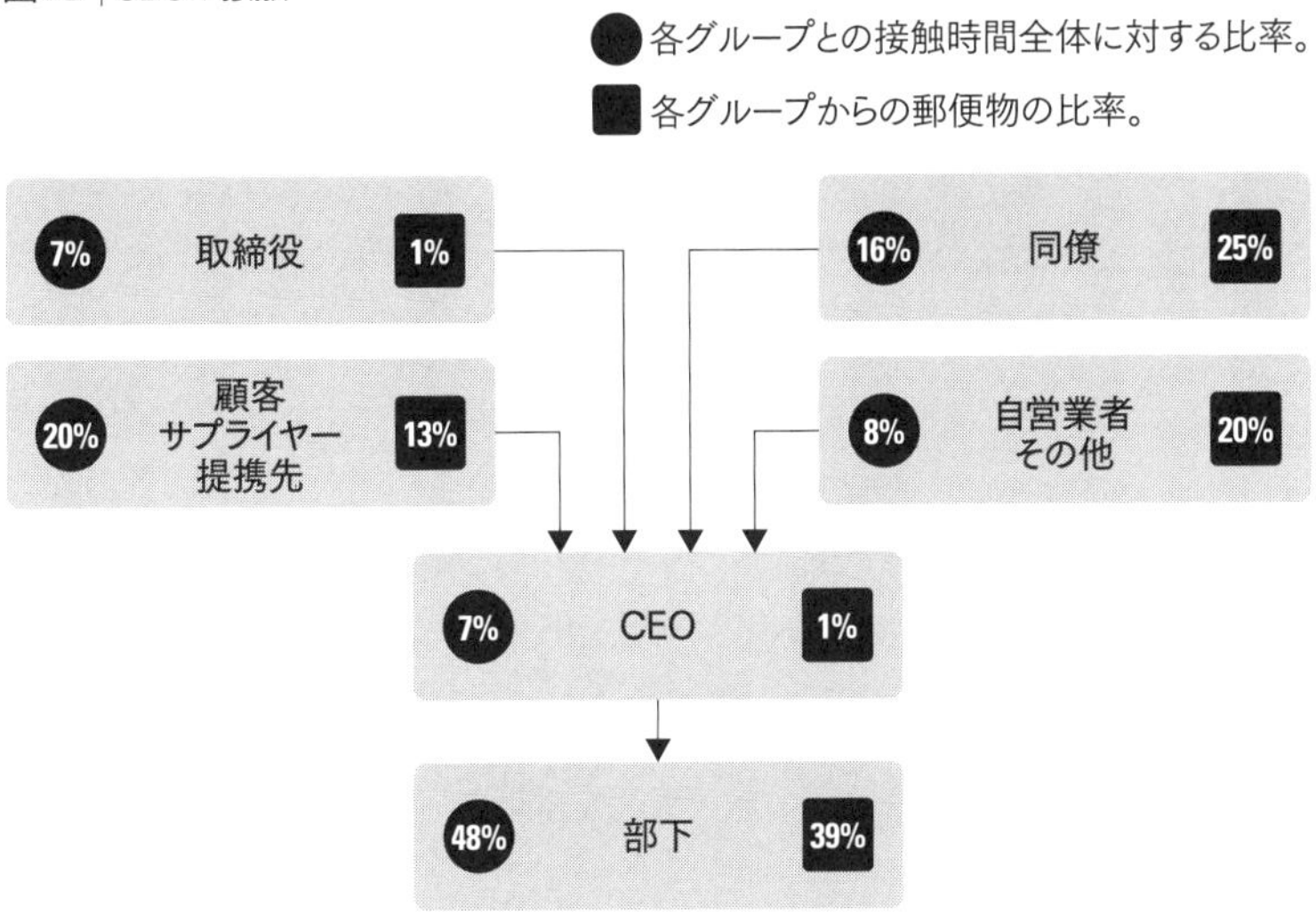

「フランクリン・ルーズベルト大統領の情報収集テクニックの本質は、競争にある。ある補佐官がこう語っている。『大統領に部屋へ呼ばれて、何かややこしい問題についてその背景を探るように言われた。二日ほど懸命に取り組んで、なかなか人が気づきそうにないところから仕入れた、おもしろそうなネタについて報告した。ところが、フタを開けてみると、大統領はそのことを一部始終知っているばかりか、私の知らないことまでも知っていた。どこからその情報を入手したかは教えてはくれなかったが、一、二度このような目に遭わされると、自分の情報には気を配ることになる(注13)』」

ルーズベルトがどこから「情報を入手したか」は、対人関係の役割と情報の役割との関係を考えれば、すぐわかることである。マネジャーはリーダーとして、自分のスタッフのだれにでもフォーマルかつ容易にアクセスできる。

さらに、リエゾン的役割を通じて、部下がとうてい近づきえない外部情報を知るチャンスが生まれる。このような接触の多くは、自分と同格のマネジャーによるものだが、彼らもまた組織の神経中枢の役割を果たしている。このようにしてマネジャーは、その情報データベースを強化していく。

マネジャーの仕事の枢要な部分は情報処理である。私の研究では、トップ・マネジメントは交際時間の四〇％を情報伝達だけを目的とした行動に使い、受け取った手紙の七〇％は、純粋に情報的なもの（「何かしてくれ」という要請ではなく）だった。

マネジャーが、会議を中座したり、電話を切ったりするのは、仕事に戻るためではない。そもそもコミュニケーションがマネジャーの仕事の大部分だからだ。次の三つの役割が、マネジャーの仕事の情報的側面をよく物語っている。

❶監視役

マネジャーは「監視役」として、常に情報を求めて自分の周囲の動きを探り、リエゾン的に接触する相手や部下に質問する一方、自分で開発したネットワークの成果として、求めずして情報を手に入れる。

ここで思い出すのは、マネジャーが監視役として収集する情報のかなりの部分が口頭によるもので、それらはゴシップ、噂、憶測であることだ。

❷散布者

散布者的役割として、マネジャーは自分が保有している情報のいくつかをそうした情報にアクセスする機会のない部下たちに直接手渡す。さらにまた、部下たちが互いに接触しづらい時には、マネジャーが情報の橋渡しをする場合がある。

❸スポークスマン

「スポークスマン」としてのマネジャーは、情報の一部を組織の部外者に送り届ける。たとえば、社長が会社のためになるような講演をするとか、職長がサプライヤーに製品の部分的な変更を予告するとかである。

さらにどのマネジャーも、スポークスマンとして、自分の担当する組織をコントロールするような影響力を有する人々に情報を流し、満足させなければならない。たとえば職長であれば、現場の作業プロセスについて、工場長にいつも把握しておいてもらうことかもしれない。

しかし大企業の社長は、有力者との対応に多くの時間を割くだろう。取締役と株主には、財務状況について十分に報告しておかなければならないばかりか、消費者団体には、会社がその社会的責任を果たしていることを納得してもらわなければならない。また行政担当者には、会社が法律を遵守していることを示さなければならない。

意思決定に関わる役割

もちろん情報はそれ自体が目的でない。それは、意思決定におけるインプットである。マネジャーに関する研究で、あることが明らかになった。それは、マネジャーが担当する組織の意思決定システムで重要な役割を演じるということだ。フォーマルな権限として、マネジャーだけが組織を新しい重要な進路へと舵を切り直すことができる。

また組織の神経中枢として、マネジャーだけがいま現在の情報を網羅的につかんでおり、これによって組織の戦略を決定する一連の意思決定を下すことができる。

次の四つの役割が、意思決定者としてのマネジャー像を表している。

❶企業家

マネジャーは「企業家」として、担当する組織を改善し、変化する状況に適応させようとしている。また監視役としての役割では絶えず新しいアイデアに目を配っている。優れたアイデアが現れると、自分が陣頭指揮するなり、だれかに任せるなり（おそらく最終案の認可はマネジャーが下すという条件で）して、開発プロジェクトに着手する。

CEOのレベルにおけるこのような開発プロジェクトには、興味深い特色が二つある。

第一に、このようなプロジェクトは、一つの決定事項でもなければ、決定事項の集合体でもない。むしろそれは、小さな意思決定と行動を時系列に並べたものである。CEOたちは、各プロジェクトを引き延ばしながら、プロジェクトの一つひとつを、多忙でばらばらなスケジュールに少しずつ組み込み、また複雑な問題が絡んでいる場合には、そうすることによって徐々に理解を深めていくようである。

第二に、研究対象となったCEOは、このようなプロジェクトを五〇件も同時に取り仕切っていた。

プロジェクトのなかには、新製品や工程変更に関連するものもあれば、PRキャンペーン、資金ポジションの改善、弱体部門の再編、海外事業部の士気の問題の解決、コンピュータの運用面における統合、いくつかの買収計画などであった。

彼らは、自分が指揮を執っているさまざまな段階にある開発プロジェクトについて、一種の在庫目録をつくっているように見えた。手品師のように、たくさんのプロジェクトを空中に浮かしておく。落ちてくるものがあると、それらに活力を吹き込んで軌道に戻してやる。時間的間隔はさまざまだが、新しいプロジェクトを始動させ、古いものを廃棄していく。

❷妨害排除者

企業家としての役割が、自発的に変革を起こすマネジャー像を表現するのに対し、「妨害排除者」としての役割は、何らかの圧力に止むなく対処するマネジャー像を描き出す。

ここで言う変化とは、マネジャーのコントロールを超えたものである。たとえば、ストライキが起こりそうだ、有力な顧客が倒産してしまった、サプライヤーが契約を不履行したなど、外部環境によるプレッシャーが厳しいために無視することができない。当然マネジャーは動かざるをえないのだ。

マネジャーの仕事について、体系的に研究したレナード・R・セイルズは、マネジャーをシンフォニー・オーケストラの指揮者に例え、「演奏の質を保とうと苦労に苦労を重ね」なければならないとした(注14)。ところが、各メンバーはそれぞれにさまざまな悩みを抱えているばかりか、外部からの邪魔も入る。

実際、マネジャーたるものは、プレッシャーの大きい妨害に対応して、かなりの時間を費やさなければならない。まったく順調で、すべてが標準化され、あらゆる場面が想定され尽くしているといった組織などありえない。

妨害が起きるのは、無能なマネジャーが状況を土壇場まで放っておいたためばかりではない。有能なマネジャーであっても、自分の取った行動の結果をすべて予測することはとうていできない。そのために妨害が起きることもある。

❸資源配分者

意思決定に関する第三の役割は、「資源配分者」である。組織ユニット内のだれが何を受け取るのかを決める責任は、その組織のマネジャーに帰属するものだ。

マネジャーが配分する最も貴重な資源は、たぶん自分自身の時間だろう。マネジャーに近づくということは、組織の神経中枢および意思決定者に自分をさらすことである。

マネジャーはまた、組織の構造を設計する責任を負っている。構造とは、仕事がどのように分割され、調整させるかを決める、フォーマルな関係のパターンにほかならない。

さらにまた、資源配分者としての役割において、マネジャーは、自分の組織の重要な決定を資源が配分される前に認可する。このような権限を持つことによって、マネジャーはもろもろの決定が相互に関連していることを確認できる。この権限を分断することは、一貫性のない意思決定と支離滅裂な戦略を助長することになる。

マネジャーが、他人の下した決定を認可することについては、おもしろい特徴がいくつもある。

第一に、資本支出予算手続き（さまざまの資本支出を一時に認可する方法）が広く利用されているにもかかわらず、私の研究対象だったCEOは、多くの認可を個別に処理していた。明らかに、多くのプロジェクトには待つ時間がないか、あるいは、資本予算に必要な数量化されたコストと利益を表示できないのである。

第二に、CEOたちは、信じ難いほど複雑な選択に直面していた。彼らは、各決定がほかの決定や組織の戦略にどのような影響を与えるかを熟慮しなければならなかったのである。

たとえば、その決定が、組織に影響力を及ぼす人々に受け入れられるものであることを確認し、資源に過度の負担がかからないことも確認しなければならなかった。さまざまなコストと便益、それに提案の実現可能性について理解しなければならなかった。また、タイミングの問題も考慮しなければならなかった。要するに、だれかの提案を認可するためだけに、以上のことがすべて必要だったのだ。

しかし同時に、認可の遅れは時間の損失を招きかねない。一方、拙速に認可すれば、思慮に欠ける場合もあり、すぐに却下すれば、プロジェクトに何カ月も費やしてきた部下たちを落胆させかねない。

プロジェクトを認可する際によく行われる解決策は、提案内容の代わりに人を見るということである。その判断力に信頼が置ける人物から提案されたプロジェクトをマネジャーが認可するのだ。しかし、この妙案をいつも使えるわけではない。

❹交渉者

意思決定に関わる役割の最後となるものは、「交渉者」の役割である。すべてのレベルにおけるマネジャーの仕事に関する研究から、マネジャーは相当の時間を交渉に費やしていることがうかがわれる。たとえば、プロフットボール・チームの社長は、契約を渋る花形選手との交渉に引っ張り出され、企業の社長は会社側の先頭に立ってストライキの新しい争点について交渉する、あるいは職長が労組の委員と苦情処理について討論し、決着をつける。

このような交渉は、マネジャーの職務に含まれる義務である。なぜなら、マネジャーだけが、組織内の資源にリアルタイムで関与できる権限を有しており、重要な交渉に必要な神経中枢的な情報を持っているからである。

統合化された職務

これまで述べてきた一〇項目の役割は、容易に分離できるものでないということは明らかだろう。心理学者の用語で言えば「ゲシュタルト」つまり統一的な全体をかたちづくっているからである。どの役割もそのフレームワークから取り出した場合、その職務は無傷ではいられない。

たとえば、リエゾン的に接触する機会を持たないマネジャーは、外部情報が不足する。その結果、部下の必要とする情報を伝達することも、外部情勢を適切に反映した意思決定を下すこともできなくなる(これは実際、マネジャーのポジションに就いたばかりの人にとっては大きな問題だ。なぜなら、自分のネットワークをつくり上げるまで効果的決定を下すことができないからである)。

ここにチーム・マネジメントの問題を解くカギがある。(注15) 複数の人間が一つのマネジャー職を共有することは、彼らが一体となって行動しない限り、不可能だろう。これを裏返せば、一〇項目の役割を分割することは、細心の注意を払ってそれらを再統合できない限り、不可能であることを意味しているのである。

本当の難しさは情報面における役割にある。マネジメントに関する情報を完全に共有できなければ(前述したように、それは口頭によるものだ)、チームのマネジメントは崩壊する。単一のマネジャーの職務を、たとえば、内向きの役割と外向きの役割などと勝手に分けることはできない。なぜなら、同じ決定を下すために二つの情報源から各種情報が持ち込まれなければならないからである。

一〇項目の役割がゲシュタルトを形成するということは、どのマネジャーも、一つひとつの役割に等しく関心を払うことを意味しない。実際に、私の研究から次のようなことがわかった。

- セールス・マネジャーは対人関係の役割に比較的多くの時間を費やしているが、それはマーケティング活動が外向的性質が強いことの反映だと考えられる。
- 生産マネジャーは、意思決定に関わる役割に比較的多くの時間を振り向けているが、これは効率よく仕事が流れることに関心があるためだろう。
- スタッフ部門のマネジャーは、情報面における役割に最大の時間を費やすが、これは組織内の他部門にアドバイスをする部門をマネジメントするエキスパートだからだろう。

しかし、どのケースを取り上げてみても、対人関係、情報、意思決定の役割が、分離不可能なことは変わらない。

より効果的なマネジメントを目指して

こうしたマネジャーの仕事に関する記述自体のほうが、そこから引き出されるどんな処方箋よりもマネジャーには重要だとわかるだろう。言い換えれば「マネジャーの能力は、仕事に関する洞察力によって大きく左右される」ということである。

仕事をする手際のよし悪しは、職務のプレッシャーとジレンマをいかによく理解し、対応できるかにかかっている。したがって、自分の仕事について内省できるマネジャーはその職務をうまくこなすことができる。

囲み「マネジャーのための自習問題」のなかには、やや誇張と受け取られるものも含まれているかもしれないが、そのような意図はまったくない。簡単に答えられる問題ではないが、マネジャーたるもの、本気でこれに取り組んでみてほしい。

ここで三つの特定の関心領域について考えてみよう。マネジャーの仕事を停滞させている原因——権限委譲のジレンマ、一人の頭脳に集中したデータベース、マネジメント・サイエンティストとの協力の問題——は、マネジメント情報のほとんどが口頭でのコミュニケーションから得られるためであり、それゆえに起こるのである。

組織に関わるデータバンクを、マネジャーの頭のなかに集中するのはきわめて危険である。このマネジャーが辞めてしまうと、記憶も持ち去ってしまうことになるからだ。また、マネジャーの声が届く範囲から外れた部下は情報の面で不利な立場に置かれる。

❶マネジャーは自分が所有する情報を分かち合う、系統立ったシステムを確立するよう、求められている。

主だった部下と定期的に情報伝達会議を開いたり、一週間ごとにテープレコーダーに記憶を洗いざらい吹き込んだり、重要情報を整理して特定の人に回覧する日誌を備えたりなどすれば、仕事上の悩みは相当緩和されるかもしれない。そしてこの種の情報を伝達するために要した時間は、意思決定を下す際に取り戻して余りある。

秘密保持の問題を指摘する向きもあろう。しかしマネジャーならば、特別な情報を明かすことのリスクと、優れた意思決定を下せる部下を従えていることの利点とを比較してほしい。

本稿を通して流れる共通のテーマがあるとすれば、それは、職務のプレッシャーがマネジャーに与える影響である——彼らは過重な仕事を背負い込み、仕事の中断を歓迎し、あらゆる刺激にすぐ反応し、具体的な情報ばかりを追い求め、それゆえ抽象を避け、小刻みに決定を重ねる。そして何事も唐突に実行する。

❷ここで再びマネジャーは、表面的な仕事に追いやろうとするプレッシャーを意識的に克服するために、

真に関心を払うべき問題に真剣に取り組み、断片的な具体的情報ではなく、幅広い状況を視野に収め、さらにまた分析的なインプットを活用するよう求められる。

有能なマネジャーは、多種多様な問題に素早く対処できるように熟達していなければならない。しかし、マネジャーの仕事が危険であるのは、どの問題にも同じように（それは唐突に、ということだ）反応することであり、集まってくる具体的な細切れ情報をまとめて包括的な絵を描いたりはしないところにある。

こうした包括的な絵をつくり上げるために、マネジャーは自分の仕事のモデルについて専門家の能力を借りればよい。エコノミストは市場の機能を明確にしてくれるし、オペレーションズ・リサーチの専門家は財務的なフローの動きをシミュレーションしてくれる。また、行動科学者は人間の欲求と目標を説明してくれる。このようなモデルのなかから最上のものを探し出して学べばよいのである。

シニア・マネジャーは、複雑な問題を処理するに当たって、自分の組織内のマネジメント・サイエンティストと緊密な関係を保っていると、そこから得られるものは多い。彼らは、シニア・マネジャーの持っていない貴重な資源を持っている。それは、複雑な案件を厳密に調べるための時間である。協力関係がうまくいくかどうかは、我々が「計画上のジレンマ」と呼んだものの解決にかかっている。[注16]
マネジャーは情報と権限を有し、アナリストは時間と技術を有している。

両者の協力関係が成功するのは、マネジャーがアナリストと情報を共有することを学び、アナリストがマネジャーのニーズに合わせる方法を学んだ時である。アナリストにとって、ニーズに合わせるというのは、手法の優雅さをあまり気にせず、スピードと柔軟性に気を配ることである。

アナリストがトップ・マネジメントの手助けができるのは、特に時間を管理し、分析情報を提供し、マネジャーの監督下でプロジェクトを監視し、選択するためのモデルを開発し、予測できる問題のためにコンティンジェンシー・プランを設計し、予測不可能な問題のための素早い分析を実施するという分野である。しかし、もしアナリストがマネジャーの情報ネットワークの主流から外れていれば、無論協力などありえない。

❸マネジャーは義務を利点に変え、やりたいことを義務に変えることによって、自分の時間を自由にコントロールできるように求められている。

私が調査したCEOは、そのつき合いのうち、みずから進んで始めたものは三二％しかなかった（うち五％は互いの合意によるものだった）。それでいながら、彼らはかなりの程度、自分の時間をコントロールしているようだった。その主な要因は二つある。

第一に、マネジャーは、どうしてもやらなければならないことのために多大な時間を費やすため、それをただ避けられない義務と考えているのであれば、組織に何の貢献も残すことはないだろう。仕事をうまく処理できなかったマネジャーは、失敗を義務のせいにする。有能なマネジャーは、義務を自分自身の利点に変える。

たとえば、講演は主張を広める機会であり、会議は弱体部門を再編成するための機会であり、大切な顧客を訪問することは業界情報を引き出す絶好の機会である。

第二に、マネジャーは、自分が重要だと考えることを行うために、それを義務に変えてしまうことによって時間を捻出している。マネジャーの職務にあっては、自由時間は見つけるものではなく、つくり出すものなのだ。そしてそれは、スケジュールに無理やり押し込めていくものなのだ。瞑想にふけったり、総合的計画を立てたりするための時間をいくらか残しておきたいと望むことは、仕事のプレッシャーが消えてなくなることを望むのに等しい。

変革を望むマネジャーは、プロジェクトを自分で始め、他人を自分の指揮下に入るように義務づける。特定の外部情報が必要なマネジャーは、自動的に情報が入ってくるようなチャネルを確立する。現場へ視察に出かけなければならない場合には、公式なものになるように義務づける。

マネジャーの教育

最後に、マネジャーの訓練について一言。現在のビジネススクールは、組織関係のスペシャリスト、たとえばマネジメント・サイエンティスト、マーケティング・リサーチャー、会計士、組織開発の専門家などを訓練する優れた業績を残している。しかし、真のマネジャーの訓練に取り組んでいるところはほとんどない。(注17)

マネジメント・スキルの訓練が知識学習に肩を並べるほど重要な位置を占めるようになれば、ビジネススクールはマネジャーを真剣に訓練し始めるだろう。知識学習は、書物を読んだり講義を聞いたりするように、客観的な情報提供が中心となる。

マネジャーの卵には、重要な知識を十分に消化吸収してもらわなければならない。しかし、頭で理解しただけでは泳げるようにならないのと同じく、知識学習だけでは人材は育たない。コーチが教室から外へも出さず、体を濡らしてもやらず、手足の実際の動かし方も教えずに水に飛び込ませれば、初心者は溺れてしまうだろう。

つまり、マネジメント・スキルというものは、実際的にも理論的にも実行とフィードバックを通じて学ぶものである。ビジネススクールは、マネジャーの用いるスキルとは何かを明らかにし、このようなスキルに長けていそうな学生を選び、それを実行できる状況に学生を置き、その成果について学生に体系的にフィードバックしてやる必要がある。

これまでマネジャーの仕事に関して述べてきたことのなかには、たくさんの重要なマネジメント・スキル——同僚との関係の育成、交渉の遂行、部下の動機づけ、心の悩みの解決、情報ネットワークの構築と情報の発信、不確実な状況下での意思決定、資源の適正配分などが示されている。詰まるところ、マネジャーは実務を通じて学び続けるように、自分の仕事について常に内省的でなければならない。

マネジャーの職務ほど企業にとって大きな重みを持つものはない。社会が我々に仕えてくれるのか、あるいは、我々の能力や資源を浪費するのかを決定するのはマネジャーである。いまこそ、マネジャーの仕事に関する神話から脱皮する時だ。すなわち、実際のマネジャーの仕事において大きな改善を推進できるよう、現実に即して研究する時なのである。

「マネジャーの仕事」に関する研究

マネジャーの仕事が、経営のあらゆる面で中核的な重要性を占めていることを考えると、それに関する研究の少なさと、一つひとつの研究の成果が系統的に組み上げられてこなかったことに驚かざるをえない。

マネジャーの仕事を解明しようとして調査し、広く論文を調べ、私はその研究成果を二つの異なった側面に焦点を当ててまとめた。

一つは仕事の特質で、マネジャーはどのくらい長く働くのか、どこで、どのようなペースで、どのような中断があって、だれと働くのか、どのような手段で意思疎通を図るのかである。

そしてもう一方の研究は、仕事の基本的な内容で、マネジャーは実際にどのような行動をするのか、そしてそれはなぜなのかに焦点を当てたものだ。

したがってある研究者は、マネジャーがワシントンの事務所で三人の政府役人と四五分過ごしたことに注目するかもしれないし、別の研究者は、マネジャーが規制を変えてもらうために、ある提出法案について会社の立場を述べたと記録するかもしれない。

マネジャーの仕事に関する研究で広く知られているものも若干はあるが、ほとんどのものは雑誌掲載論文や単行本として埋もれたままになっていた。私の引用した重要性の高いもののなかには、次のようなものがある。

＊

スネ・カールソンは、九人のスウェーデン人の重役の業務を研究するため、日誌法を用いた。各人が自分の行動を詳細に記録したものである。カールソンの調査結果はその著書、*Executive Behavior* に報告されている。

その後、多くのイギリスの研究者がカールソンの手法を用いたが、なかでもローズマリー・スチュアートが名高い。*Managers and Their Jobs* のなかで、彼女は、四週間にわたってイギリス企業のトップとミドルのマネジャー一六〇人を対象に、特に彼らの業務の相違に着目して調査を行った。

レナード・セイルズの著書『管理行動』は、もう一つの重要な文献である。彼は「人類学的」と称する手法を使って、アメリカの大会社のミドルレベル、ローレベルのマネジャーの業務内容を調べた。セイルズはこれらの企業に自由に出入りし、重要だと思える情報を手当たり次第に集めたのである。

おそらく最もよく知られているものは *Presidential Power* だろう。そのなかでリチャード・ニュースタットは、ルーズベルト、トルーマン、アイゼンハワーの三人の大統領の権限とマネジメント行動を分析している。ニュースタットの手法は、書類などの資料と本人以外の人々へのインタビューによるものだ。

ロバート・H・ゲストは *Personnel* のなかで、職長の仕事日の業務調査を報告している。アメリカの職長五六人を観察し、それぞれの行動が八時間一交代のなかで記録された。

リチャード・C・ホジソン、ダニエル・J・レビンソン、アブラハム・ザレズニックは、アメリカの病院の経営幹部三人で構成している一つのチームを調査した。

この調査から彼らは、*The Executive Role Constellation* を著した。彼らは特に、業務と社会的意思の役割がどのように三人の間で分割されたかを論じている。

ウィリアム・H・ホワイトは、不況時の不良グループの研究から、*Street Corner Society* を書いた。彼が不良グループのリーダーシップに関して見出した事実は、ジョージ・C・ホーマンが『ヒューマン・グループ』のなかで分析しているが、不良グループのリーダーと会社のマネジャーとの間で、職務の内容がおもしろいほど似ていることを示している。

＊

私自身の調査は、アメリカ国内のなかから大規模な組織の、コンサルタント会社、技術系会社、病院、消費財関連会社、学校の五人のCEOを対象としている。「組織的観察」と呼ばれる手法を使って、一人ひとりを一週間、徹底的に観察し、郵便物の一つひとつ、会話の一つひとつについてまでさまざまな側面を記録した。

それによって、仕事の特質と職務内容の両者についてデータが把握できるように手法を考案した。全体で、受け取り、発送された八九〇通の郵便物と、三六八の会話を分析した。

マネジャーのための自習問題

①情報をどこで、どのようにして入手するか。交際関係を活用できないか。だれかほかの人が、自分の調査のいくぶんでも肩代わりしてくれることは可能だろうか。自分の知識に弱点があるとすればどの分野だろうか。また、どうすれば必要な情報を集めてくれる人を獲得することができるだろうか。組織のなかと、周辺環境において、理解しなければならないことを十分に把握できるメンタル・モデルを持っているだろうか。

②組織内でどのような情報を発信しているだろうか。部下が私の情報を入手するということが、どの程度、重要なことだろうか。情報を伝達することは時間もかかり、面倒なことでもある。そのために情報を手元に置きすぎていないだろうか。

どうすれば、ほかの人が、よりよい決定ができるように、より多くの情報を与えることができるだろうか。

③情報収集と行動のバランスが取れているだろうか。情報が入る前に行動しがちではないか。あるいは、すべての情報が揃うのを待ちすぎて機会を逸し、それが組織のネックとなっていないだろうか。

④変革のペースがどの程度であれば私の組織は許容できるのだろうか。この変革が、我々の業務遂行を過度にストップすることも、無茶に分裂することもないようにバランスが取れているだろうか。我々は、この変革が組織の今後に与える影響について十分に分析しているだろうか。

⑤部下の提案について判断を下すのに十分なだけの情報を得ているだろうか。提案の最終決定権をもっと部下に持たせることが可能だろうか。部下が事実上、あまりにたくさんの決定を相談せずに下すために、その調整上の問題を抱えていないだろうか。

⑥私の描く組織の将来像は何か。計画は、そもそも漠然としたかたちで自分の頭にあるものなのか。自分以外の人がする意思決定をうまく誘導するために、計画をもっと明確にすべきではないか。それとも、計画を自分の意のままに変更できる柔軟性が、私には必要なのだろうか。

⑦私のマネジメント・スタイルに部下はどのように反応するだろうか。私の行動が部下に与える強力な影響について、十分わきまえているだろうか。私の行動に対する部下の反応を完全に理解しているだろうか。励ましと抑圧の間で適切なバランスが取れていると思うか。部下の独創性の芽を摘んでいないか。

⑧どのように外部との関係を保持しているだろうか。そして、それをどのようにやっているか。この関係を保つのに時間をかけすぎているのではないか。さらに理解を深めたほうがよいタイプの人がいるだろうか。

⑨スケジュールづくりにきちんと筋道が立っているだろうか。それとも、ただその時々の状況に合わせて反応しているだけではないか。自分の行動に適切な組み合わせがあると思うか。あるいはただ興味に任せて、特定

の部門とか、ある種の問題に集中する傾向はないか。

特定の仕事については、一日のうち、あるいは週のうちで、あえて時間を割いたほうがずっと能率が上がるだろうか。私のスケジュールはこのことを反映しているだろうか。だれかほかの人（自分の秘書だけでなく）がスケジュールづくりの多くについて、責任を持って、しかも系統立ててやってくれているだろうか。

⑩オーバーワークではないか。業務量が自分の能率にどのような影響を与えているだろうか。無理にでも休憩を取ったり、仕事のペースを落としたりすべきだろうか。

⑪やり方が上滑りになりすぎていないか。仕事の進捗に合わせて、素早くかつ頻繁に気持ちの切り替えができているだろうか。仕事が断片的になったり、邪魔が入ったり、また量を減らす努力をしたりすべきだろうか。

⑫いま起こっている具体的な業務にのめり込みすぎていないだろうか。仕事の動きと面白味にとらわれてしまって、案件に集中することができなくなっているのではないか。重要な問題に、必要なだけの注意が払われているだろうか。

読書をして特定の案件について深く探ってみることにもっと時間を使うべきだろうか。もっと内省的になれるだろうか、あるいは内省的になるべきだろうか。

⑬異なるメディアを適切に使っているか。文字を使ったコミュニケーションを、できるだけ利用する方法を知っているか。フェイス・トゥ・フェイスのコミュニケーションに頼りすぎて、数人を例外として、全部の部下を情報面で不利な立場に置いていないか。自分の会合予定は定常的になっているものが多いか。

自分の組織を回って自分の目で活動状況を見るのに十分な時間を使っているか。物事を抽象的にしか見ないために、組織の動きの中心から外れすぎていないか。

⑭自分自身の権利と義務をどのようにバランスしているか。当然やらなければならないことで、自分の時間は全

部消えてしまっているか。組織を自分の思う方向に確実に持っていくために、どうすれば義務から解放されるか。どうすれば義務を自分のためになるように転化できるだろうか。

【注】

（1）私の調査データはすべて、Henry Mintzberg, *The Nature of Mana-gerial Work*, Harper & Row, 1973.（邦訳『マネジャーの仕事』白桃書房）に収録。

（2）Robert H. Guest, "Of Time and the Foreman," *Personnel*, May 1956, p.458.

（3）Rosemary Stewart, *Managers and Their Jobs*, Macmillan, 1967. また、Sune Carlson, *Executive Behavior*, Strassbergs,1951.を参照。これは日誌研究の緒となるもの。

（4）Francis J. Aguilar, *Scanning the Business Environment*, Macmillan, 1967, p.102.

（5）Irving Choranによる未完の研究。これは、Mintzberg, *The Nature of Managerial Work*のなかで報告された。

（6）Robert T. Davis, *Performance and Development of Field Sales Managers*, Divison of Research, Harvard Business School, 1957., George H. Copeman, *The Role of the Managing Director*, Business Publication, 1963.

（7）Stewart, Managers and Their Jobs; Tom Burns, "The Directions of Activity and Communication in a Departmental Executive Group" *Human Relations*, Vol.7-1, p.73.

（8）H. Edward Wrapp, "Good Managers Don't Make Policy Decisions" HBR, Sep.-Oct.1967, p.91.ラップは、この論文を業務遂行上の問題と意思決定の一連の流れにおける機会と関係を指摘したものとしている。ラップはこのなかで、この分析に関する優れた論点を数多く挙げている。

（9）Richard E.Neustadt, *Presidential Power*, John Wiley, 1960,pp.153－154.

（10）この問題について、もっと詳しい、しかし少し違った見方の検討を知りたい時には、Kenneth R. Andrews, "Toward Professionalism in Business Management," HBR, March-April 1969, p.49.を参照。

（11）C. Jackson Grayson, Jr.は、"Management Science and Business Practice," HBR, July-Aug. 1973, p.41.のなかで、なぜ彼が経営学者というその前職において、まさに推奨してきたテクニックを価格委員会の委員長になって使わなかったかを、同じような表現で説明している。

(12) George C. Homans, *The Human Group*, Brace & World, 1950.（邦訳『ヒューマングループ』誠信書房）、これは、William F. Whyte の *Street Corner Society*, University of Chicago Press, 1955. に準処している。

(13) Neustadt, *Presidential Power*, p.157.

(14) Leonard R.Sayles, *Managerial Behavior*, McGraw-Hill, 1964, p.162.（邦訳『管理行動』ダイヤモンド社）。

(15) 役割の分担の検討については、Richard C. Hodgson, Daniel J. Levinson, and Abraham Zaleznik, *The Executive Role Constellation*, Division of Research, Harvard Business School, 1965.

(16) James S. Hekimian and Henry Mintzberg, "The Planning Dilemma," *The Management Review*, May 1968, p.4.

(17) J. Sterling Livingston, "Myth of the Well-Educated Manager," HBR, Jan.-Feb. 1971, p.79.

第5章

バランス・スコアカードの導入インパクト

ロバート S. キャプラン
デイビッド P. ノートン

"Putting the Balanced Scorecard to Work,"
Harvard Business Review, September - October 1993.
邦訳「バランス・スコアカードの導入インパクト」
『DIAMONDハーバード・ビジネス・レビュー』2003年8月号。

ロバート S.キャプラン
(Robert S. Kaplan)
ハーバード・ビジネススクール（ベイカー財団記念講座）教授。バランス・スコアカードの他に活動基準原価計算（ABC）システムの共同開発に携わる。

デイビッド P.ノートン
(David P. Norton)
アメリカを拠点とするコンサルティング会社パラディアム・グループの創設者。

二人は世界中で有効とされる経営手法「バランス・スコアカード」の生みの親。『バランスト・スコアカードによる戦略実行のプレミアム』（東洋経済新報社）など著作多数。

既存の評価指標とバランス・スコアカードの相違点

今日のマネジャーは、評価指標が業績にもたらす影響を十分承知している。とはいえ、評価指標が戦略の実現に不可欠だとは考えていない。

マネジャーは、業績を飛躍的に高めようと新戦略を打ち出し、革新的な生産プロセスを導入する。その一方で依然、ROI（投資利益率）や売上高成長率、営業利益といった、これまで何十年間も使ってきた短期的な財務指標を利用し続けている。

このようなマネジャーたちは、新たな目標、新たなプロセスを管理する、新たな評価指標の導入に後ろ向きである。それればかりか、古い評価指標が新しい施策に適切かどうか、疑問すら抱いていない。しかし、能率的な評価指標は経営判断を下すプロセスにおいてやはり不可欠なのだ。

「バランス・スコアカード」（以下BSC）は、さまざまな戦略目標を首尾一貫した評価指標に落とし込む包括的なフレームワークとして機能する。このBSCは、製品、社内プロセス、顧客、市場開拓といった重要な領域にブレークスルーをもたらすマネジメント・システムであり、単なる評価指標以上の意味を持っている。

このBSCによって、マネジャーには異なる四つの視点が備わることになり、これら四つの視点のなかにいろいろな評価指標を設定できる。BSCは、従来の財務指標に欠けていた、顧客、リエンジニアリング、企業変革や改善運動などの実績を測定し、かつ既存の評価指標を補完する。またBSCにおける評価指標は、伝統的に利用されてきた財務指標と、いくつかの重要な点で一線を画すものでもある。

もちろん、すでに多くの企業が、地域ごと、あるいは部門ごとにその事業運営や在庫数を測定する評価指標を多数利用している。しかし、このような部分的に用いられる評価指標は、いずれもボトムアップによるものだったり、偶発的に生まれてきたりしたものである。しかし、BSCに設けられる評価指標は、組織の戦略目標や競争上の必要性に基づいて設定される。そして、四つの視点のなかから、限られた数だけ重要な指標を選択することで、社員たちをこの戦略的な評価指標に集中させていく。

伝統的な財務指標は、前期に何が起こったかを教えてくれるが、マネジャーが来期にどうすれば業績を改善できるかまでは教えてくれない。しかし、BSCは、現在と将来の成功の基礎を築くことを目的としている。さらに、伝統的な測定方法とは異なり、BSCの四つの視点が教えるものは、本業利益のような外面的な尺度と、新製品開発のような内面的な尺度のバランスが図られた情報である。このバランスを備えた指標のおかげで、マネジャーは異なる評価指標同士を整合させられることのみならず、いくつかの成功要因同士が矛盾しないように調整し、将来の目標に貢献できる。

現在、リエンジニアリング、TQC（全社的品質管理）、社員の個の確立といった領域で、地域ごと部門ごとに改善プログラムを導入している企業が多数見られる。しかし残念ながら、そのほとんどの企業に、これらさまざまな改善プログラムを統合しようという意識が欠けている。

BSCは、マネジャーと社員、株主や投資家、そして顧客にも事業上の優先課題を伝えることで、組織運営の中軸的な役割を果たす。某大企業のトップ・マネジメントはこのように語っている。

「単年度計画がこれまでのやり方でした。しかしいまや、BSCが全社の共通言語として、また、すべての新しいプロジェクトや業務を評価する指標として使われています」

BSCは、あらゆる企業（仮に同業種であろうと）で、一律に適用できるような定型的なものではない。市場環境や商品戦略、競争環境が異なれば、おのずとBSCも異なる。それゆえ各事業単位は、自社の使命、戦略、技術、企業文化に合致するように調整したBSCを作成する必要がある。また、BSCが成功するかどうか、その試金石は「透明性」にある。すなわち、BSCには一五～二〇の評価指標が設定されるが、評価者が当該事業単位の競争戦略を十分に判断できるものでなければならないのだ。

これから紹介するいくつかの事例を見ることで、それぞれの企業がどのようにBSCを活用しながら、運営と業績評価を一体化させているかがわかるだろう。

ロックウォーター：業界ナンバーワンを目指す

ロックウォーターは、ブラウン・アンド・ルート／ハリバートンの一〇〇％子会社である。同社はエンジニアリングと建設を生業とする国際的な企業であり、水中設備のエンジニアリングと水中土木では世界トップレベルにある。

一九八九年の暮れに社長に任命されたノーマン・チェンバースは、この業界の競争環境が劇的に変化しつつあると見ていた。彼曰く「七〇年代の我々は、ウェットスーツを装着して船から北海に潜り、海底を懐中電灯で照らしているような集団だった」。しかし八〇年代に入ると、水中土木業界も競争が激化し、中小企業の多くは淘汰されていった。

加えて、競争面において集中すべきポイントも変わり始めた。石油会社の何社かの例を見ればわかるように、彼らは価格競争に備えてサプライヤーを選別するよりも、むしろ長期的な提携関係を築いていくことを志向し始めたのである。

そこでチェンバースは、シニア・マネジャーたちと協力して、次のようなビジョンを掲げた。

「我々の顧客はより高い価値の提供者を選好する。ならば、我々は最高水準の安全と質を顧客に提供する業界のリーダーになろう。これが我々の使命なのだ」

彼は同時に、このビジョンを実現させる五つの戦略を策定した。それらは次のとおりである。

- 顧客の期待とニーズを上回るサービス
- 高水準の顧客満足
- 安全性、機材の信頼性、行動の敏捷性、費用対効果に関する継続的改善
- 質の高い社員
- 株主の期待の実現

これら五つの要素は、次の段階ではさらに具体的な戦略目標へと落とし込まれた（図5-1「ロックウォーターの戦略目標」を参照）。

図5-1 ロックウォーターの戦略目標

ビジョン

「我々の顧客はより高い価値の提供者を選好する。ならば、我々は最高水準の安全と質を顧客に提供する業界のリーダーになろう。これが我々の使命なのだ」

↓

戦略

- 顧客の期待とニーズを上回るサービス
- 高水準の顧客満足
- 継続的改善
- 質の高い社員
- 株主の期待の実現

財務

- ROCE(使用資本利益率)
- キャッシュフロー
- プロジェクトの収益性
- 業績への信頼性
- 未計上の売上げ

顧客

- 金額に見合った価値（第1層の顧客）
- 競争力のある価格（第2層の顧客）
- 衝突を起こさない良好な関係
- 高い能力を備えた専門集団
- イノベーション

社内プロセス

- 顧客からの要求の追求
- 落札の効率
- 質の高い社内サービス
- 安全と損失の管理
- 優れたプロジェクト・マネジメント

学習と成長

- 継続的改善
- 製品やサービスのブレークスルー
- 社員への権限委譲

ただし、これら戦略目標から価値を創造するには、これらを目に見える目的と行動に置き換える必要がある。シニア・マネジャーたちは、そのビジョンと戦略目標をBSCの四つの評価指標に織り込んだ（図5－2「ロックウォーターのBSC」を参照）。

❶財務評価指標

財務の視点から、株主から見て重要な三つの評価指標が含められた。ROCE（return on capital employed：使用資本利益率）と「キャッシュフロー」は、短期の業績を見るものである。また「信頼できる利益予測」という評価指標を設けたのは、株主が子会社における予想外の業績変動によって各期の利益が読めなくなることを嫌っているのを、親会社は言うまでもなく理解しているからである。

ロックウォーターのトップ・マネジメントは、さらに二つの財務的指標を加えた。まず「プロジェクトの収益性」は、計画と管理の基本単位であるプロジェクトに焦点を当てたものである。また「未計上の売上げ」は、業績の不確実性を減少させるためである。

❷顧客満足

ロックウォーターは、顧客を二種類に区別した。まず「第一層の顧客」、すなわち、同社から高い付加価値の提供を望んでいる顧客と、「第二層の顧客」、すなわち、単に価格のみで取引先を選定する顧客である。競争状況の変化によって第二層の顧客が必要になった場合でも、ロックウォーターが彼らをつなぎ止められるよう、「価格指数」には、同社の競争上のポジションに関してあらん限りの情報が織り

図5-2｜ロックウォーターのBSC

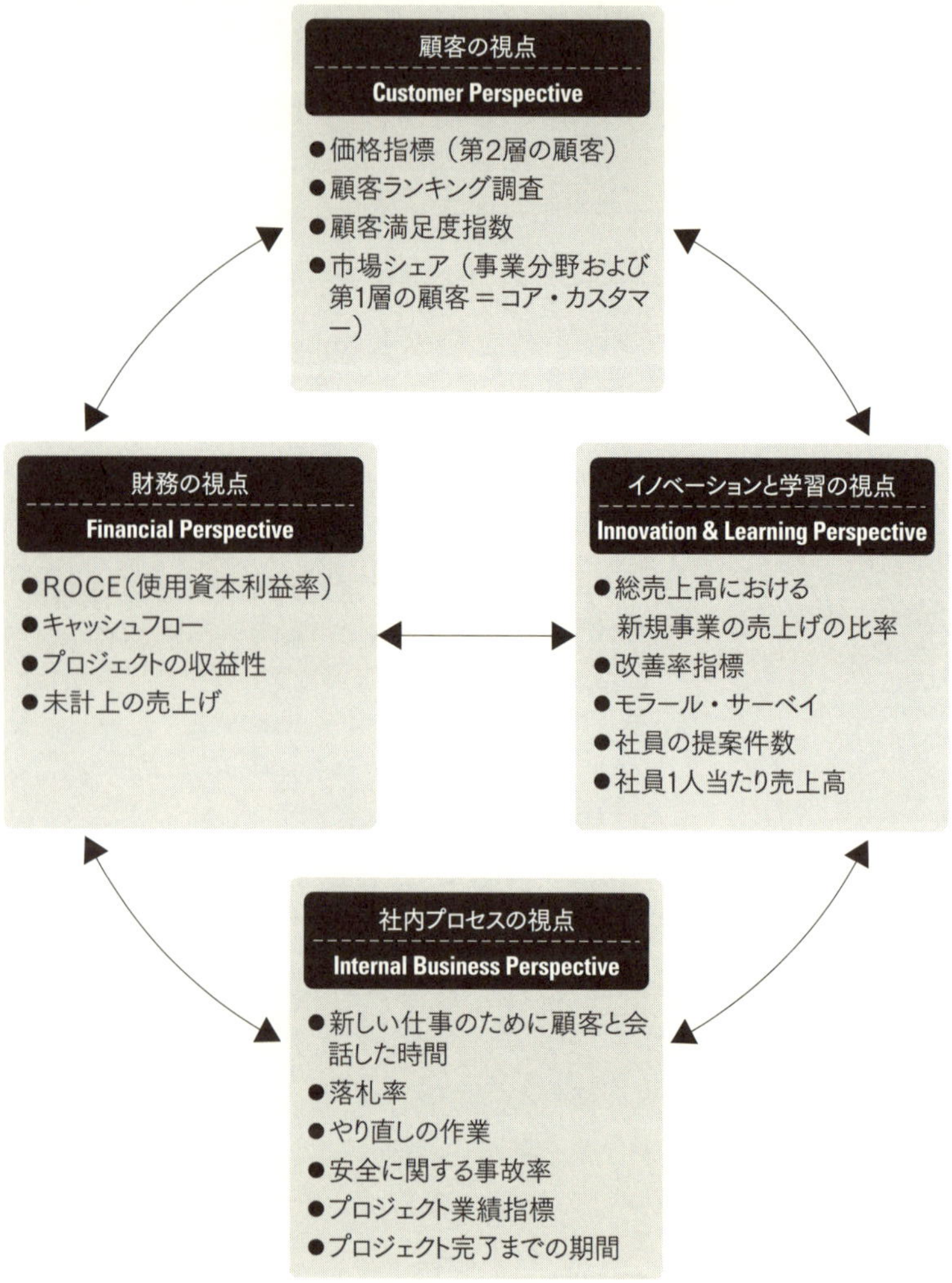

顧客の視点
Customer Perspective
●価格指標（第2層の顧客）
●顧客ランキング調査
●顧客満足度指数
●市場シェア（事業分野および第1層の顧客＝コア・カスタマー）
財務の視点
Financial Perspective
●ROCE（使用資本利益率）
●キャッシュフロー
●プロジェクトの収益性
●未計上の売上げ
イノベーションと学習の視点
Innovation & Learning Perspective
●総売上高における新規事業の売上げの比率
●改善率指標
●モラール・サーベイ
●社員の提案件数
●社員1人当たり売上高
社内プロセスの視点
Internal Business Perspective
●新しい仕事のために顧客と会話した時間
●落札率
●やり直しの作業
●安全に関する事故率
●プロジェクト業績指標
●プロジェクト完了までの期間

込まれている。

とはいえ、ロックウォーターの戦略は、高付加価値の仕事に集中していくことであった。だれの影響も受けない独立した組織が、年次で調査し、ロックウォーターのサービスと競合他社のそれを比べた際、顧客はどのように認識しているのか、ランクづけした。さらに、月次ベースの顧客満足度と業務実績をランクづけしてくれるよう、第一層の顧客に依頼した。

経営陣はこのような評価を実施することで、顧客との直接的なリレーションシップを強化すると同時に、他業界ではほとんど見られない高水準の情報を市場からフィードバックできるようになった。最後に、主要顧客ごとに見た市場シェアは、顧客満足の向上が、目に見える利益につながっていることを示す客観的証拠となった。

❸社内プロセス

社内プロセスに関する評価指標を策定するために、ロックウォーターの経営陣は、着手（顧客ニーズが認識された時点）から、完成（顧客ニーズが満たされた時点）までのプロジェクトのライフサイクルを定義した。評価指標は、これらライフサイクルの五段階について策定された（図5－3「顧客ニーズを実現するプロセス」を参照）。

- 明確化：顧客と新しい仕事について話し合った時間
- 受注：落札率

図5-3｜顧客ニーズを実現するプロセス

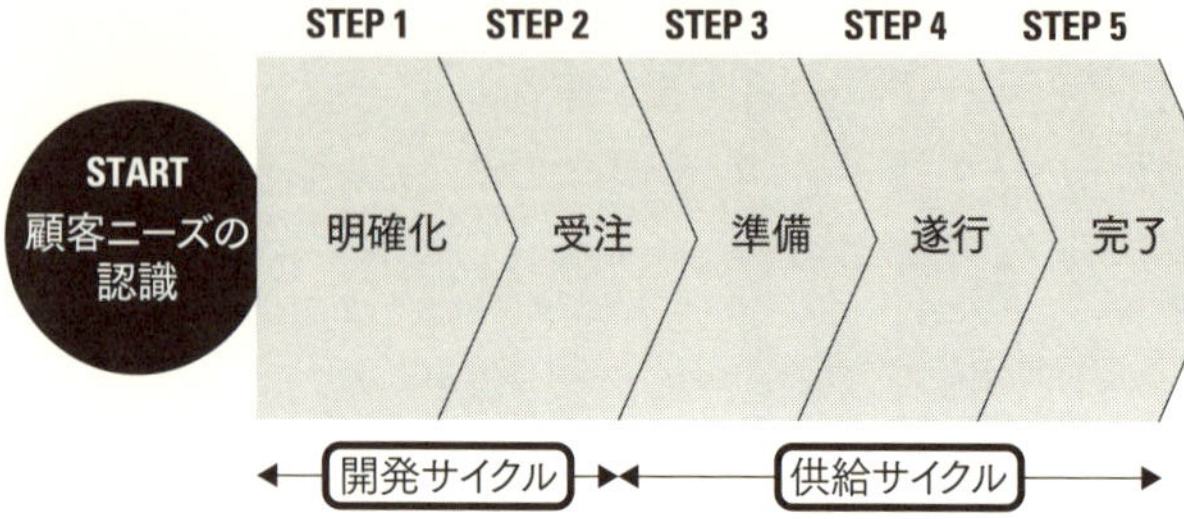

- 準備および遂行：プロジェクトの業績に関する実効性の指数
- 安全性やミスの管理、およびやり直し作業
- 完了：プロジェクトの完了までの期間

この社内プロセスに関する評価指標によって、社内の思考様式に大きな変化が表れた。以前のロックウォーターは、各事業部の業績に重点を置いていた。新しい視点では、評価指標の重点が、カギとなる業務プロセス同士を統合することに置かれた。プロジェクトの業績に関する実効性については、包括的かつタイムリーに指数化し、それを向上させていくことが同社の成功のカギを握るスキルと認識された。

ロックウォーターは安全性も競争要因として重要であると考えた。社内調査によって、事故から生じるコストは、直接費の五～五〇倍にもなりうることがすでに判明していた。そこでB

SCには、包括的な安全測定制度に基づいた「安全性の指数」を含めた。この評価指標は、人間や資産、プロセスといったものに悪影響を及ぼしかねない、望ましくない出来事すべてを判別・分類するものであった。

同社の検討チームは、プロジェクトを明確化する段階に必要となる評価指標の選定において熟考に熟考を重ねた。彼らは、コア・カスタマー（第一層の顧客）と対話する時間を、プロジェクトの業績を測定するためではなく、投資もしくはプロセスを評価する指標として位置づけた。

経営陣は、コア・カスタマーと良好な関係を築き、顧客を満足させることの重要性をわかりやすく全社員に伝えられる評価指標を要求した。また、コア・カスタマーと有意義な時間を共有することが業績を左右する前提条件の一つであると信じていた。したがって、顧客ニーズを明確化し、これらを充足させるためにも、顧客と密接な関係を維持しながら仕事をすることがいかに大切であるかを理解させるために、プロジェクト投資を評価する指標は意図的に選択された。

❹イノベーションと改善

イノベーションと学習の向上を目指して、財務、顧客満足、効率的な社内プロセスといった目標が設けられた。ロックウォーターでは、社内プロセスの継続的改善を続け、新しい成長源として市場を拡大させるような商品やサービスが生まれた時、イノベーションが起こる。

第一の目標は、新しいサービスが売上げに占める割合によって測定された。第二は、安全ややり直しといった作業の改善度を表す「継続的改善指標」によって測定された。しかし、製品やサービスのイノベーションと業務改善の二つをより向上させるには、社員たちに権限委譲とモチベーションを与え、彼らと協力していく雰囲気を醸成することが大切であった。そこでモラール・サーベイや社員からの提案件数を評価して、このような協力的な雰囲気が高まっているかどうかを判断した。最後に、社員一人当たり売上高によって、社員の意欲と研修プログラムの効果を測定した。

以上のようにBSCの助けを借りながら、ロックウォーターの経営陣は、各業務をプロセスで管理する（縦割りを防ぐ）ことを重視し、社員を動機づけ、顧客からの意見を業務にフィードバックできるようになった。そして、コア・カスタマーと良好な関係を築くことの必要性、安全を脅かすような事故を大幅に削減すること、数年越しのプロジェクトをすべての段階で的確に管理することの必要性も共有されるようになった。チェンバースは、ロックウォーターのビジョンである、「業界のナンバーワン企業になる」ことを達成する有意義なツールとしてBSCを位置づけている。

アップルコンピュータ：戦略のフォーカス

アップルコンピュータ（アップル）は、事業部長の目を、粗利益率や自己資本利益率、市場シェア以外にも向けさせるためにBSCを作成した。アップル経営首脳チーム（Apple's Executive Management Team）の考えや戦略思考をよく理解している小運営委員会は、BSCの四つの視点における評価指標のカテゴリーを定義し、各カテゴリーのなかから複数の評価指標を選択した。

アップルは、財務の視点からは「株主価値」を、顧客の視点からは「市場シェア」と「顧客満足」を、社内プロセスの視点からは「競争優位」を、そして最後に、イノベーションと改善の視点からは「社員の態度能力」を重視することにした。アップルの経営陣は、これらのカテゴリーに次のような優先順位をつけた。

❶顧客満足

歴史的に見て、アップルの競争優位は、優れたコンピュータを設計することであり、同社は技術志向、製品志向の強い企業である。顧客満足度指標は、社員を顧客志向へと導く目的で使用されている。

顧客満足度の調査会社、ＪＤパワーがコンピュータ業界について調査しているとはいえ、アップルは自社の顧客層をひとくくりにはできないと認識しており、各国に散らばる重点市場を把握するには、ＪＤパワーに頼らない独自の調査方法を開発する必要性を感じていた。

❷中核となる競争優位

アップルの経営陣は社員たちに向けて、中核となる競争優位を磨くことに特に専念してほしいと思っていた。アップルにおける競争優位とは、たとえば、ユーザーフレンドリーなインターフェース、強力なソフトウエア構成、効果的な物流システムといったものであった。

しかし経営陣は、このような競争優位を過去の実績から判断して評価するのは難しいと考えた。その後アップルでは、これらの定性的なスキルを測る、定量的な尺度を編み出そうと試行錯誤している。

❸社員の参画意識と一体化

アップルは、二年ごとに各組織でモラール・サーベイを実施している。また、無作為に社員を選んで実施する意識調査が、この定期的な調査よりも頻繁に行われている。

その質問では、社員がアップルの戦略をどれくらい深く理解しているか、その戦略と合致した結果を出すことが現場で求められているかを尋ねている。調査結果には、社員の本音と回答の全体的傾向の両方がまとめられ、公表される。

❹市場シェア

ある最低水準以上の市場シェアを達成することは、売上増というシニア・マネジャーのメリットのみならず、ソフトウエアの外部開発者をアップルのファンとして取り込み、維持するうえで重要だった。

❺株主価値

株主価値は業績上の結果であって、業績向上を促進する要因ではないが、評価指標に含められている。この評価指標は、従来の粗利益率や売上成長率といった指標を重視する傾向を修正するために採用された。なぜなら、粗利益率や売上成長率といった評価指標のせいで、将来の成長に必要な投資を怠るはめになってしまったからである。従来の評価指標とは違い、株主価値という評価指標は、現在計画されている投資が、将来における事業の創造と発展にどれくらい資するのかを数値化するものである。

アップルの事業の大半は、営業、商品デザイン、世界規模での製造とオペレーションといった具合に職能別に編成されている。したがって本来、株主価値は、部門レベルではなく、会社全体として計算するものである。しかし、株主価値という評価指標は、主要な組織単位のシニア・マネジャー一人ひとりが、自分たちの活動が会社全体の価値にどのような影響を与えるのかを理解し、新規事業の価値を評価できるようにする。

これら五つの評価指標は最近になって作成されたものだが、いろいろな意味でシニア・マネジャーが戦略を絞り込む一助となっている。

まず、アップルのBSCは、管理の手段ではなく、計画立案の手段として使われている。換言すれば、アップルでは業務改革を促進するためではなく、業績の「長期的な波動」を修正するためにこれらの評価指標を用いているのだ。

さらに、株主利益を除いた評価指標群は、各職能において、水平的にも垂直的にも利用できる。垂直的に利用する場合、各評価指標は、ある職能において各作業単位がその職能組織全体にどのように貢献しているのかを評価するために、作業単位ごとに適用可能である。また水平的に利用する場合、これらの評価指標によって、たとえば設計・製造部門が顧客満足といった分野にどのような貢献を果たしているかがわかる。

くわえてアップルは、BSCが計画を立ち上げ、軌道に乗せていくために、計測可能なアウトプットをどのように示せばよいのか、これを考えるヒントにもなることを発見した。

アップルにおける五つの評価指標は、最も成績のよかった組織の数字を基準に比較される。現在これらの評価指標は、事業計画の作成に利用され、シニア・マネジャーの報酬体系にも組み込まれている。

AMD：戦略情報の統合を図る

アドバンスト・マイクロ・デバイス（AMD）は半導体メーカーである。AMDは、BSCを短期間かつスムーズに導入できた。なぜなら、明快なビジョンと戦略がすでに掲げられ、自社が競争力を振るえる分野について経営陣の間で共通の理解があったからである。

またAMDは、異なる情報源と情報システムを基礎とした、多数の評価指標をすでに持っていた。BSCによって、これらさまざまな既存指標に、新しく七つの視点が含められ、四半期ごとに整理・集約された。これら七つの視点とは次のとおりである。

- 財務指標
- 顧客に関する指標（納期、リードタイム、スケジュールに応じた成果等）
- ウエハーの製造
- 組立と試験の工程

・新製品の開発
・製造技術の開発（ミクロン単位以下のエッチングの正確さなど）における重要な業務プロセス指標
・企業の質

これら七つの視点に加えて、組織学習、プロジェクトの完遂までの期間、各プロセスの生産性といった、業務改善に目標値を与えて評価した。現在ＡＭＤは、ＢＳＣを、計画や業績評価に関する長期トレンドについて簡単に分析できる戦略情報の貯蔵庫として確立している。

ＢＳＣは評価ツールではなくマネジメント・システム

いままで紹介した企業例から明らかなのは、ＢＳＣは企業変革を促進するために用いられた時、最もその効力を発揮するということである。

たとえば、ロックウォーターは、二つの異なる組織が合併して生まれた企業である。それぞれの社員は異なる企業文化に親しみ、異なる言語を話し、異なる業務経験とバックグラウンドを持っていた。けれどもＢＳＣのおかげで、同社が業界リーダーとなるには何に秀でる必要があるのか、ここ一点に焦点を絞ることができたのである。

同様なケースとして、バークレー銀行は三つの業務分野を持っているが、ここではその一つ、サービス・ビジネス部のマネジャー、ジョゼフ・デ・フェオの例を紹介したい。彼は、いままで社内サービスの提供にとどまっていた同部門を、国際的にも競争できる部門に変身させる役目を担うこととなった。その戦略に関して、表面上はコンセンサスができあがっているかに見えたが、実のところ、戦略をどのように展開すべきかにについて足並みが揃っていない部分がかなりあり、BSCがこれを具体的に明らかにした。

BSCの助けを借りながら、業績の達成と改善のために最優先すべき分野は何かについて、サービス・ビジネス部内のコンセンサスを固め、さらにサービスの質や生産性といった追加課題も確認された。デ・フェオは、BSCのインパクトについて次のように評している。「BSCによって、組織全体を通じて、大きな変化が起こり、従来以上に市場を意識できるようになりました。BSCは、我々の目的と、それを達成するために何が必要なのかについて、共通の理解を与えてくれたのです」

半導体メーカーであるアナログ・デバイスは、BSCの原型を編み出した企業でもある。同社は、各部門の責任者に課される年度の目的と目標を更新するためにBSCを利用している。社長のジェリー・フィッシュマンは、「BSCを導入した当初、目覚ましい変化が見られました。いまでも我々が新製品の粗利益率といった個別の指標を見る際、BSCのおかげで改革が生まれてきます。しかし、現在におけるBSCの意義は、何年もの間、社員たちと築き上げてきたプログラムを維持することにあります」と語る。

アナログ・デバイスは毎年、一つか二つの重点目標を達成するための方針に沿って計画を立案し、この計画にBSCの指標を対応させようとしている。そこには、顧客サービスと新製品の開発が含まれているが、これらを評価する指標はすでにＢＳＣに盛り込み済みである。

ただし、いつもＢＳＣがドラスティックな変化を推し進める力になるとは限らない。たとえば、ＡＭＤのＢＳＣは、経営陣が変革を後押しするまでに十分活用できていないため、まだ芳しい成果が表れてはいない。実はＡＭＤがＢＳＣに注目する以前、シニア・マネジャーたちは、ビジョンや戦略、そしてカギとなる評価指標を策定中であり、おおむねコンセンサスも得られていたのだった。

ご承知のとおり、ＡＭＤは半導体業界で競争している。同社の一二人の経営陣たちはその市場、エンジニアリング、技術、その他のカギとなる要素について当然熟知している。彼らは、ＢＳＣが教えてくれる要約情報や全社情報が目新しいものでも、驚くべきものでもないと見ている。

また、ライン・マネジャーたちも自分たちの業務について相当量の情報を蓄積していた。ここでＢＳＣは、彼らにＡＭＤの社内プロセスについて、広範かつ相対的に理解させ、企業全体を考える優れたマネジャーへ成長できる能力を向上させた。それでもＢＳＣは、概してマネジャーたちが既知とする知識を要約するにとどまっている。

ＡＭＤはＢＳＣの導入には成功したが、それも限定的であった。とはいえこの事実は、ＢＳＣが変革を促すために用いられた時、最も大きなインパクトを発揮することを象徴しているといえる。

ＢＳＣに設定された各評価指標の実績を伸ばし、その目標値を実現させるために、業績と経営陣の報酬をリンクさせている企業もある。一方、大半の企業では、各部署の改善活動の評価指標を再定義するためにＢＳＣの導入を試みている。しかし、ＢＳＣは単なる評価システムではない。画期的な業績の実現を強力に後押しするマネジメント・システムなのである。

BSCをつくってみよう

いかなる組織にもその会社ならではの「独自性」があり、各社とも独自のアプローチでBSCを作成している。アップルやAMDでは、財務部門や企画部門のシニア・マネジャーが、戦略に関する経営陣の考えについてよくよく心得ている。そこで、幅広く社内の意見を求めることはしないで、さっそく、BSCの草案の作成に取りかかった。

一方、ロックウォーターの場合、シニア・マネジャーたちは戦略を正しく理解するまでには至っていなかった。ましてや、戦略の成功を後押しし、その進捗を測定するような手立ても持ち合わせていなかった。

ロックウォーターのような企業の場合、むしろ、教科書どおりにBSCを作成したほうがよい。シニア・マネジャーのみならずミドル・マネジャーを巻き込みながら、BSCの導入を図るのである。以下に、BSCをつくるための典型的なプロジェクトの概略について紹介したい。

①準備

開発チームは、まず最高レベルのBSCを導入するのが適当と考えられるビジネス・ユニットを決める。一般的にBSCは、自社固有の顧客、流通チャネル、製造設備、財務指標を持っているビジネス・ユニットに導入するのが適当である。

②第一次インタビュー

各シニア・マネジャーに、BSCに関する説明資料と併せて、自社のビジョンや戦略に関する内部資料を配付する。BSC開発責任者（外部のコンサルタント、もしくは導入を指揮する執行役員）は、各シニア・マネジャーに九〇分程度のインタビューを実施し、戦略について、そしてBSCに取り入れるべき評価指標の試案について意見聴取する。同時に開発責任者は、大株主が各ビジネス・ユニットの財務業績にどのような期待を抱いているのか、また、大口顧客が上位のサプライヤーにどのようなサービスを期待しているのか、彼らに聞いてみるのもよいだろう。

③経営陣の第一次ワークショップ

経営陣は開発責任者と一緒に、BSCを作成するプロセスに踏み出す（図5-4「まず評価指標を戦略とリンクさせよ」を参照）。ワークショップが開催されている間、経営陣と開発責任者は、提示されたビジョンと戦略を記した文書のコンセンサスが得られるまで討議する。その後、彼らはビジョンと戦略の文書化作業から離れて、次のように自問自答する。「このビジョンと戦略どおりにいけば、『株主』『顧客』『社内プロセス』『イノベーション・成長・改善』において、どのような影響が生じるのか」。その際、議論に外部の視点を取り込むために、株主や顧客の代表者とのインタビュー・ビデオを観るのも効果的だ。

成功要因は何かを明らかにした後、戦略目標の評価指標を含んだ、BSCの試案を作成する。各分野に四つや五つ以上の評価指標が提案されるものだが――もちろんここで、提案された指標に優先順位をつけるための議論を交わすのもよいが――その数を絞り込むことはさほど重要ではない。

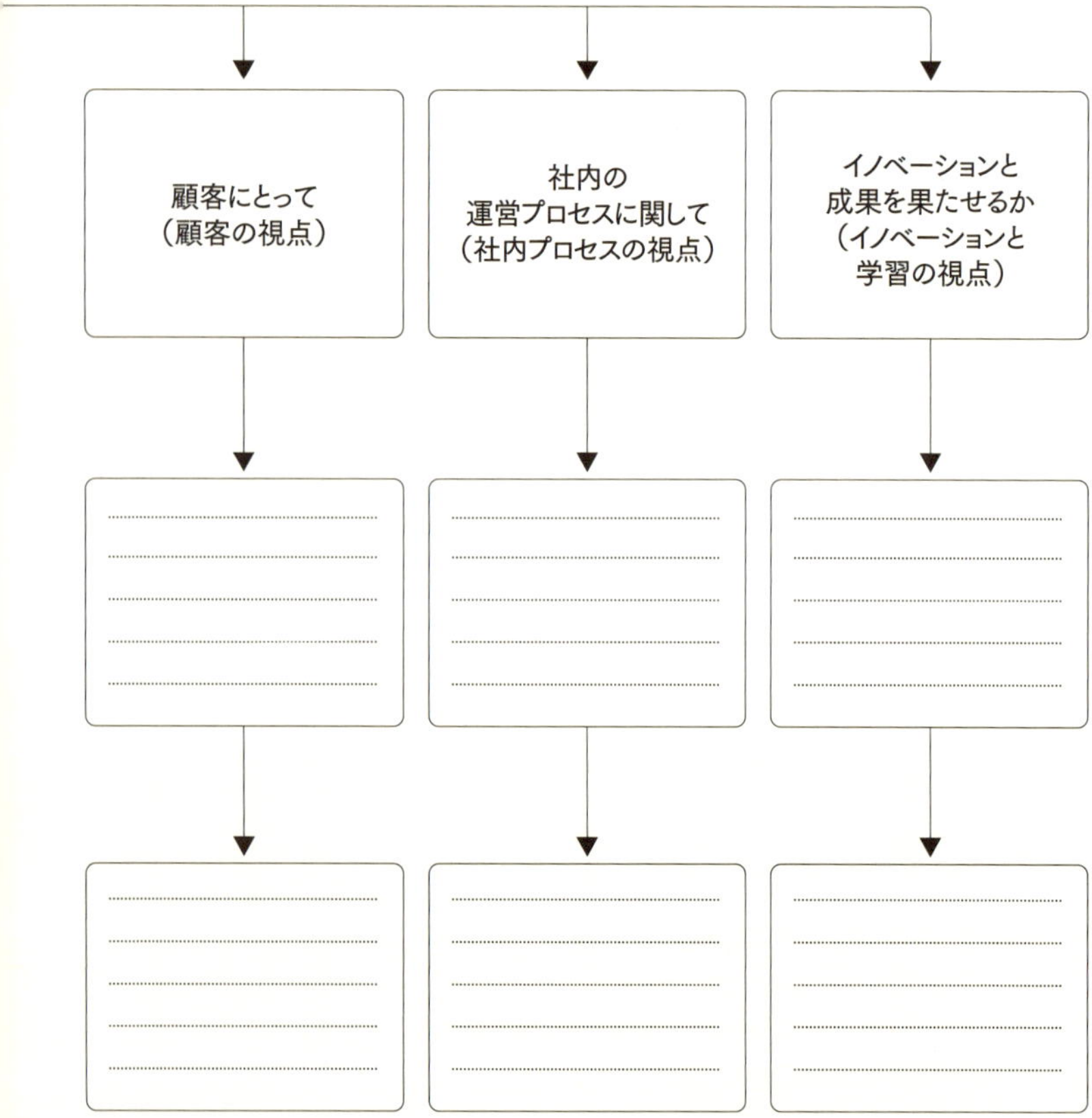
顧客にとって
（顧客の視点）
社内の
運営プロセスに関して
（社内プロセスの視点）
イノベーションと
成果を果たせるか
（イノベーションと
学習の視点）

図5-4｜まず評価指標を戦略とリンクさせよ

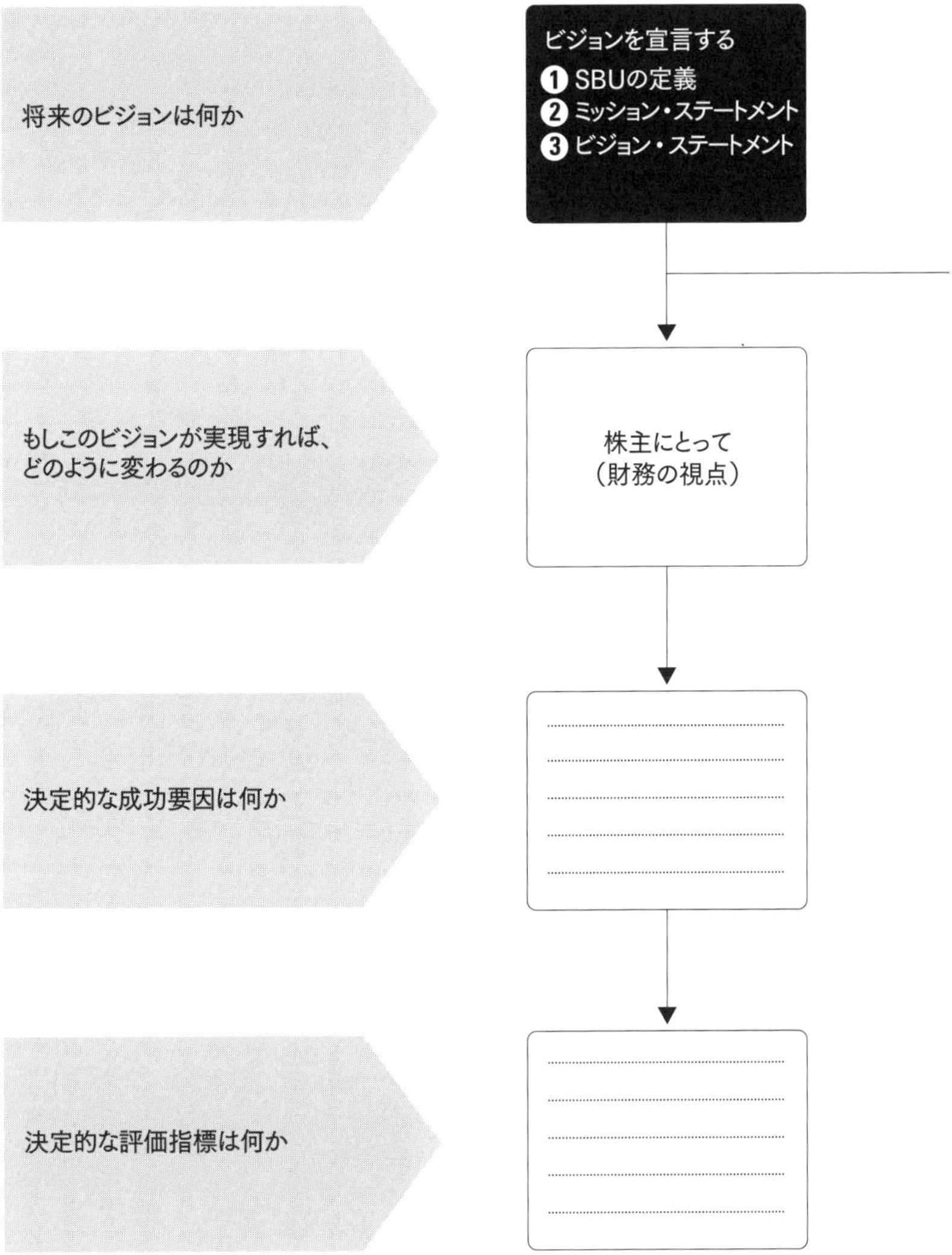

④第二次インタビュー

開発責任者は、経営陣とのワークショップから出された結果について再検討し、それを整理し、書面にまとめる。そして、各シニア・マネジャーにBSCの試案について再びインタビューを実施する。その際、開発責任者は、BSCを導入するに当たって想定される問題点について意見を求める。

⑤経営陣の第二次ワークショップ

経営陣、およびその配下にあるシニア・マネジャー、そして大勢のミドル・マネジャーを交えた二回目のワークショップを開催する。そこでは、ビジョンと戦略に関する文書、そしてBSCの試案について討議する。参加者をグループ分けし、それぞれに作業を課して、提案された評価指標のコメントを出させる。さらに、現在進行中の変革プログラムと評価指標とリンクさせ、実際の導入プランを立案させる。

また、ワークショップの最後には、参加者たちに、目標とする改善値を含めて、各評価指標の目標値の設定を依頼する。

⑥経営陣の第三次ワークショップ

経営陣は、以上の二回のワークショップで立案されたビジョン、目標と評価指標について最終のコンセンサスをまとめ上げる。その際、BSCの各評価指標の目標値を設定し、その目標を達成するための事前のアクション・プランを明確化するためのミーティングを開く。

この段階で、BSCを社員に徹底させること、BSCを企業の価値観に組み込むこと、BSCをサポートするような情報システムを開発することを含めたBSC導入計画について合意に達する必要がある。

⑦導入

ここで新たに組成されたチームは、評価指標をデータベースや情報システムと関連させたり、ＢＳＣを社内にあまねく周知させたり、ばらばらなビジネス・ユニットに副次的な評価指標を策定するようなＢＳＣ導入計画を策定する。このプロセスの副産物として、たとえば、ビジネス・ユニットの評価指標と、生産などの特定現場のそれとを結びつけた、いままでにない経営情報システムが開発されることもあるかもしれない。

⑧定期点検

経営陣がチェックするために、また各部課のマネジャーが議論するために、ＢＳＣの評価指標に関する情報を報告する者は、四半期もしくは月次でその報告書を作成する。ＢＳＣの各評価指標は、戦略計画、目標策定、資源配分プロセスの一環として、毎年見直すこととする。

投資家はBSC情報を重視するのか

何人かの経営者から「社外への報告にもBSCが利用できるのか」という質問を受けた。もしBSCが本当に長期的な業績に貢献するならば、BSCの情報は投資家たちにも重要なのではないだろうか。

しかし実のところ、投資家たちを喜ばすように簡単にBSCを加工できない。BSCは明確に定義され、戦略を持ったビジネス・ユニットや部門にのみ意義がある。大半の企業が、それぞれ異なった目的と戦略を有する部門に分かれており、これらの部門のBSCを足し合わせても企業全体のBSCと一致することはない。もしBSCが各ビジネス・ユニットに明確なビジョンを提供しても、指標化されているとはいえ、そこから得られる情報は、企業価値の大部分を競争相手にさらけ出してしまいかねない、きわめて重要な情報かもしれない。

より重要なのは、BSCが比較的最近開発されたものであるため、社外の関係者へのリポートの一つとして制度化する前に、社内で数年間はテストしたほうがよいだろう。仮にBSCが社外報告にも適していたにしても、現状では、投資家たちが財務リポート以上に戦略に関する報告に興味を示すとは思えない。ある企業の社長は、社外に身を置く投資家たちは、BSCの背景にある思想について懐疑的であることを知ったという。彼曰く「我々はBSCを、投資家よりも顧客との間で使うことが多い。投資家たちは長期的指標に懐疑的で、経験的に見てしばしば株価は、品質や社内プロセスに傾注することと逆相関であると我々に語る」。

とはいえ投資家たちも、たとえば新製品の成績について、カギとなる評価指標に注目するようになってきた。はたしてこれは、投資家たちも戦略思考ができるようになってきたことを示す兆候なのだろうか。

第6章

イノベーションの罠

ロザベス・モス・カンター

"Innovation : The Classic Traps,"
Harvard Business Review, November 2006.
邦訳「イノベーションの罠」
『DIAMONDハーバード・ビジネス・レビュー』2007年8月号。

ロザベス・モス・カンター
(Rosabeth Moss Kanter)
ハーバード・ビジネススクール（アーネスト L. アーバックル記念講座）教授。専攻は経営管理論。1989 年から 1992 年まで『ハーバード・ビジネス・レビュー』誌編集長を務めた。

イノベーション、その四つのうねり

企業の最優先課題として、イノベーションが再び脚光を浴びている。イノベーションはけっして一過性の流行ではなく、流行りすたりを繰り返しながら、経営者の平均在任期間とほぼ同じく六年ごとに、企業の成長要因として注目される。

しかし、「これからはイノベーションである」などと華々しく打ち上げておきながら、その後の施策が凡庸なために、尻すぼみに終わるケースがあまりに多い。その挙げ句、ひとたびコスト削減に傾くと、イノベーション・チームは人知れず解散となる。経営者が交代するたびに、新たなイノベーション志向が掲げられるが、やがてイノベーションの阻害要因という、古くて新しい難問に突き当たる。

過去二五年間にわたり、私は研究のかたわら、さまざまな企業に助言してきたが、その間、企業競争力の真価を問う、少なくとも四つの大きなうねりがイノベーション・ブームを巻き起こしてきた。

第一のうねりは、一九七〇年代末から八〇年代初頭にかけて世界的に起こった、情報化時代の幕開けである。それは、新たな産業が誕生する一方、既存の産業が崩壊の危機に見舞われた時代だった。ベンチャー企業や海外の競合企業が、既存企業のお家芸を脅かしたのである。

ITが鈍重なメインフレームから、一般消費者向けのデスクトップ製品へと進化を始め、小さなガレージから出発したアップルなどの企業が、シリコンバレーをアメリカのイノベーション基地へと変えた。

ＩＢＭはアップルのやり方を真似、社内の煩雑な制約を避けるため、フロリダ州ボカラトンにある薄汚れた施設でＰＣを開発した。

また、ソニーの〈ウォークマン〉やトヨタ自動車の乗用車など、品質に優れた日本製品は、その製品設計のみならず、その製造プロセスもイノベーションであった。ひるがえってこの新たな脅威は、日本企業以上のスピードで新しいアイデアを創出する仕組みを構築することを、アメリカ大企業に迫るものだった。こうして「ＴＱＭ」（総合的品質管理）への取り組みが始まった。

第二のうねりは、八〇年代末、Ｍ＆Ａブームによる事業再編圧力である。企業資産が十分活用されていないと見るや、それを解き放とうともくろむ買収グループが、「株主価値」という御旗の下、伝統的企業を攻撃した。ヨーロッパでは国営企業が民営化され、資本市場の圧力にさらされるようになったことで事業再編が進んだ。

一方、イノベーション活動を支える重要な要素として、ソフトウエアが徐々に脚光を浴び始める。そしてＩＴの戦略的価値が喧伝されるようになり、アメリカン航空の自動予約システム「ＳＡＢＲＥ《セーバー》」(Semi-Automated Booking and Reservation Environment) は独立事業として成功を収め、プロセス・イノベーションの手本としてあちこちで紹介された。

マイクロソフトのような巨大企業の台頭を許さず、おのれのアイデアと発明の対価を確実に懐に入れたいと望む企業は、次々に新規事業を立ち上げた。また、レバレッジド・バイアウト（ＬＢＯ：被買収企業の資産を担保に調達した資金でその企業を買収すること）やマネジメント・バイアウト（ＭＢＯ：経営陣による自社買収）、デリバティブ（派生金融商品）などの金融工学、銀行をほぼすべての金融業態と融合させる金融スーパーマーケットなど、一連の金融イノベーションが一大ブームを巻き起こした。

さらにグローバル製品が、この事業再編の時代の寵児となった。たとえばジレットは、八〇年代末に敵対的買収にさらされるが、これをどうにか阻止し、九五年、世界共通規格のひげそり〈センサー・エクセル〉を、大胆にも世界共通の宣伝コピーによって発売して大成功を収めた。

第三のうねりは、九〇年代のデジタル・ブームの時代である。この時期、WWWの将来性と脅威の前に、多くの既存企業が革命的なビジネスモデルを追い求めるようになる。これらブリック・アンド・モルタル企業は存亡の危機に瀕し、その多くが先を競ってウェブ事業を立ち上げた。

しかし、それらの大半がコア事業との関連性に乏しく、なかにはコア事業とカニバリゼーションを起こすものが少なからずあった。

また、多くの企業が顧客よりも資本市場に目を向け、将来の収益性が期待されれば、いまは売上げや利益がない企業でも大規模な資金を調達できるようになる。二〇〇〇年、アメリカン・オンライン（AOL）がタイムワーナーを買収してAOLタイムワーナーとなったが（二〇〇二年、元に戻されている）、イノベーションの創出どころか、価値の破壊へと向かっていった。

第四の、すなわち現在のイノベーションのうねりは、ドットコム・バブルの崩壊と世界的な景気後退から、一転して冷めた風潮のなかで始まった。つまり、買収の限界を認識し、ITに踊らされることを危惧し始めた企業が、再び有機的成長（買収に頼らない内部成長）に軸足を移したのである。

ゼネラル・エレクトリック（GE）やIBMなど、生き永らえた巨大企業は、全社的課題としてイノベーションに取り組むようになった。たとえばGEは、買収に頼らずに二桁成長を果たすことを公約している。

一方、IBMは、難しい社会問題に取り組むことで、自社が提供するITソリューションが必要とされ、しかもベスト・プラクティスを目指し、イノベーションを模索している。その好例が「ワールド・コミュニティ・グリッド」である。

IBMが開始したこの非営利事業では、数多のクライアント企業に眠っているコンピュータの空き容量を結集して破格の規模のデータ処理能力を確保し、エイズ研究者をはじめとする科学者たちに提供している。

現在のうねりでは、新たに芽生えつつあるニーズに応える特徴と機能を兼ね備えた新製品を開発することに主眼が置かれている。ほかに心を奪われていた企業が一時棚上げしていた顧客と消費者市場が、再び舞台の主役に返り咲いたといえよう。

企業が探し求めているのは、既存の事業領域を一変させるような一大新規事業ではなく、むしろ既存事業を強化してくれるものである。したがって、この時代を代表するイノベーションといえば、アップルの〈iPod〉であり、プロクター・アンド・ギャンブル（P&G）の床用掃除モップ〈スイッファー〉なのだ。

このうねりのなかで、新たな発想がもたらされた。たとえば、「既存企業であってもR&Dをアウトソーシングしたり、ベンチャー企業から学んだりすることができる」「新製品開発に当たって、消費財メーカーが社内のR&D部門だけでなく、社外の企画開発会社の知恵を拝借してもかまわない」という考え方が市民権を得た。そこには、複雑なライセンス契約がつきものであるバイオテクノロジーの台頭が一役買った。

もちろん、経済と地政学的な情勢の変化に応じて、イノベーション開発は変わってくる。これも言うまでもなく、イノベーションの対象は、技術、製品、プロセスから新規事業全体まで広範囲に及び、それぞれに求められる要件は千差万別である。

しかし、いかに環境が変化し、イノベーションの種類が異なろうとも、これまでのイノベーション熱を振り返る限り、いつも同じジレンマに直面してきた。すなわち、目先の成功に欠かせない既存事業からの売上げと、将来の成功に欠かせない新コンセプトの開発を両立させるのは難しいということである。

しかも、重要なイノベーションはえてして異なる業界で生まれ、既存企業にはどうにもならないことが多い。この相も変わらぬ現実が両者の溝をさらに深める一方、次代を牽引するコンセプトをいち早く見出そうと、企業をますます駆り立てる。以上、イノベーションのジレンマについて、さまざまな知見が生まれてきた背景には、このような理由があったのだ。

トム・ピーターズとロバート・ウォーターマンが著した『エクセレント・カンパニー』(注1)、拙著『ザ・チェンジ・マスターズ』(注2)、ギフォード・ピンチョーの『企業内起業家』(注3)は、イノベーションを起こしうる人々を官僚的な制約から解放し、アイデアの実現を支援することの重要性を指摘したものである。いずれも八〇年代におけるイノベーションのうねりを正当化する内容だった。

これらに続いて、既存事業を活用しつつ、同時に新規事業を探索することの難しさを実証する研究が数多く生まれた。たとえば、ハーバード・ビジネススクール教授のマイケル・タッシュマンとスタンフォード経営大学院教授のチャールズ・オライリーは、共著 *Winning Through Innovation*(注4) のなかで、「双面型組織(注5)」を増やすべきと訴えた。

また、拙著『巨大企業は復活できるか(注6)』は、強大な力を誇る社内のコア部門とイノベーション・チームの間に生じる緊張関係をどのように管理するかについて論じたものである。

さらに新しい研究成果として、ハーバード・ビジネススクール教授のクレイトン・クリステンセンは『イノベーションのジレンマ(注7)』のなかで、既存顧客の意見に耳を傾けていると、かえってブレークスルー・イノベーションを阻害しかねないと指摘した。

しかし、これほど多くの研究や文献があるにもかかわらず、経営者たちは、かつてイノベーションを骨抜きにした弱気や無知のままである。「さらなるイノベーションを」と言い放った経営者がその舌の根も乾かぬうちに、「前例はあるのか」と尋ねてくる。また、新しいアイデアを探し求めていると言いながら、提案される新しいアイデアを一つ残らず却下してしまう。

こうして、悪しき前例の轍を踏む。たとえば、現代企業が直面するジレンマは、八三年にハーバード・ビジネススクール教授のマルコム・ソールターらが『ハーバード・ビジネス・レビュー』誌に寄稿した「コーポレート・ベンチャー・キャピタルのジレンマ(注8)」のなかで、企業の無頓着さを警告したジレンマと何ら違いはない。すなわち、インテルやロイターなど特筆すべき一部の例外を除けば、新規事業部門はコア事業に貢献することはほとんどないのだ。

過去の記憶が薄れていくのは避けられない。しかし、過去の教訓を忘れてしまうことは避けられる。本稿は、イノベーションの罠に関する知識とその忘却を回避する方法について整理したものである。

戦略面の過ち：高すぎるハードルと狭すぎる視野

高価格と高マージンに釣られた経営者は、大ヒットをもたらすイノベーション、すなわち未来の〈iPod〉や〈バイアグラ〉、あるいは未来のトヨタ生産方式を探し求める。その過程において膨大な経営資源が投入されるが、そもそも大ヒットとはめったに当たらず、しかも予測不可能なものである。その間、キラー・テクノロジーを追い求めるあまり、一見すると小粒のチャンスをなおざりにしてしまう。また、大型プロジェクトの蚊帳の外に置かれた社員たちが、自分たちは軽んじられていると考えてしまうかもしれない。

一般的な大手消費財メーカーは長年にわたって、二年以内に数億規模の売上高に到達できないアイデアは却下し続けてきた。このような選別方式のせいで、既存路線と大差ない、およそイノベーティブとは言いがたいアイデアが優先され、昔ながらの市場調査や測定方法になじまないアイデアや、経験則から外れるアイデアへの投資は控えられてきた。

一九八〇年代と九〇年代、〈ハーゲンダッツ〉で有名なピルズベリー、シリアルやオート・ミールのクエーカー・オーツ、さらには、現代のイノベーター企業の一角を占めるP&Gに至るまで、大手消費財メーカーは、新製品を素早く開発・販売できる小企業からの攻勢にほとんど無防備だった。その結果、市場シェアが侵食されていった。

たとえば、新型トイレ洗剤でライバルの後塵を拝したP&Gだったが、悔しいことに、研究所ではすでに同様の技術開発が完了していた。先陣を切ったライバルが、支配的な市場シェアを獲得したのは言うまでもない。同様に、ピルズベリーとクエーカー・オーツも新コンセプト製品の発売競争に後れを取り、ついには業績不振に陥り、前者は二〇〇〇年にゼネラルミルズに、後者は二〇〇一年にペプシコに買収されてしまった。

タイムワーナーの雑誌部門、タイム・インクは長年、新雑誌の企画で後れを取っていた。というのも、それがどのような雑誌であろうと、創刊に当たって、同社の伝説的な成功例である『ピープル』誌や『スポーツ・イラストレーテッド』誌並みの成長を、経営陣が要求したためである。一九九二年にドン・ローガンがCEOに就任するまで、雑誌の創刊は皆無に等しかった。彼が新たなイノベーション戦略をタイムに持ち込んでからというもの、同社が企画または買収した雑誌は約一〇〇誌を数え、その結果、同社の売上高、キャッシュフロー、利益がいずれも劇的に改善した。

すべての新雑誌が大ヒットしたわけではない。しかし、同社はイノベーター企業に共通する教訓を学んでいた。つまり、「より多くの成功を望むならば、より多くの失敗に身をさらす覚悟が必要」なのである。

これと似た過ちが、製品至上主義とでも呼ぶべき行動に流れてしまうケースである。しかし実際には、改革の起爆剤となるようなアイデアは、えてして生産やマーケティングなどの職能分野で生まれやすい。

ある繊維メーカーの例を挙げよう。同社は手の込んだ織布を製造しているが、製造中に織糸が切れてしまうという問題にずっと悩んでいた。それが製品コストにはね返り、競争のうえでの弱点になっていた。ところがこのことを知ってか知らずか、経営陣は未知の新素材など、画期的な製品イノベーションのことばかり議論し続けていた。

このメーカーに新たに加わったのが、イノベーションには全社員からの提案が不可欠であるという考えの執行役員だった。変革について議論する会議の終了後、たたき上げのベテラン工員——移民の出身で、いまだになまりが強い——がこの新役員におずおずと近づき、糸切れをなくすアイデアを語った。半信半疑でこれを試してみたところ、効果てき面だった。くだんの新役員に「このアイデアをいったいどれくらい温めていたのですか」と尋ねられると、その工員はこう答えた。「三二年間です」

九〇年代、クエーカー・オーツの経営陣は、製法の小手先の変更を加えることばかり考えており、物流などの他分野に埋もれていた膨大なチャンスを見逃していた。たとえば、同社が買収した〈スナップル〉という飲料には、小規模ながら健康志向という人たちにアクセスできる可能性があったにもかかわらず、まったく利用されなかった。

一方、オーシャン・スプレー・クランベリーズが、P&Gやコカ・コーラなど、当時の国内屈指の飲料メーカーを出し抜き、アメリカ市場におけるテトラパック製紙ボトルの独占使用権を一年半にわたり獲得するという快挙を成し遂げた。オーシャン・スプレーはイノベーション戦略に優れており、たとえば、あらゆる分野のイノベーションを探索するため、社員ならだれでも参加できるアイデア・フォーラムを開催していた。紙ボトルは子どもたちと、子どもたちに弁当を用意する親の間でたちまちヒットし、オーシャン・スプレーの市場シェアは急上昇した。

アメリカ自動車業界ではその草創期に、金融サービスの一大イノベーションが生まれた。つまり、リテール金融の力を借りて、自動車の大量消費市場を開拓することに成功したのである。自動車はそれまで富裕層しか購入できなかったことを思い出してほしい。

また、インテルはマーケティングでブレークスルーを実現した。それは、コンピュータ・チップを、ポテトチップのように扱ったことである。インテルはハイテク企業であるため、イノベーションをR&D部門に任せ切りにしてもよかった。しかし、同社はあえて消費者に売り込み、コンピュータ・メーカーへの影響力を拡大させた。その結果、コンピュータ・メーカーは「インテル・インサイド」と書かれたラベルを、すべてのコンピュータに貼らざるをえなくなった。

メキシコに本社を置く世界的なセメント企業、セメックスは、放っておけばコモディティ化してしまう製品に何らかの付加価値を与えるイノベーションを求めて、ブレーンストーミングを活用している。セメントの袋にブランド名をつけたことも、技術を駆使してセメントをピザのように最短時間で顧客に届ける配送方式を導入したことも、すべてブレーンストーミングの賜物である。

またP&Gは、〈スイッファー〉や〈クレスト・ホワイトストリップス〉など、製品イノベーションで注目されている企業である。しかしその一方で、自社提供のテレビ・ドラマ用に双方向ウェブサイトを開設するなど、ニュー・メディア分野でのイノベーションにも取り組んでいる。同社の将来には、こちらの価値のほうが大きくなるかもしれない。

製品第一主義と厳しいノルマが度を越すと、もう一つ別の問題が生じる。つまり、このような組織では、せっかくのイノベーションのエネルギーも、くだらないプロジェクトに浪費されかねないのだ。それは、目先の売上げを追いかけるためのものであり、さまざまな部門を巻き込む割には、どこかで聞いたことのあるような中身だったりする。

あいにく、こうしたプロジェクトは長期的にはコスト増を招く。小さな成功を奨励することを怠ると、機会コストを被るおそれもある。くだらないプロジェクトにあれこれ投資しても、石ころだらけの地面に種をまくようなものだ。要するに、芽は出るかもしれないが、しっかり根づいて、花を咲かせたり、果実を実らせるまでには成長しない。

画期的なイノベーションと呼ぶことのできない、せいぜい製品にささやかな変更を施すだけのアイデアは、製品を増殖させるだけである。その結果、ブランド価値が希薄化したり、顧客を混乱させたり、社内プロセスの複雑性を増したりするおそれがある。クラフト・フーズは現在、スナック食品のまったくの新商品ではなく、大きさと風味を変えただけのものを十数種類も販売しているという問題を抱えているが、これはその典型的な例だろう。

プロセス面の過ち：厳しすぎる管理

第二の過ちは、プロセスのなかに潜んでいる。具体的には、既存事業と同じ計画立案、予算編成、業績評価という厳しい管理を通じて、イノベーションを縛ろうとする。しかし、イノベーション・プロセスはそもそも不確実なものであり、脱線したり、後戻りしたりと、想定外の事態は避けがたい。

新興企業のオーシャン・スプレーはアメリカの大手飲料メーカーから、紙製ボトルを使うチャンスを奪ったが、それは、その事業年度の資金配分をすでに終えていた大企業の側に、年度計画にはない契約を結ぶには、経営会議でパッケージング戦略について検討しなければならないという事情があったからである。

アライドシグナル（現ハネウェル・インターナショナル）は二〇〇〇年当時、通常の戦略立案プロセスと予算編成プロセスの範囲内で、インターネットを活用した新しい製品やサービスを開発できないものか、既存の事業部門に打診していた。CEOは各事業部門に対して、インターネット関連のイノベーションを生み出すアイデアを、四半期ごとに開かれる予算審議の場で提案するように指示した。

これらのイノベーション・プロジェクトは優先案件に指定されたものの、その業績評価基準は既存事業のそれと同じだった。また、追加資金がいっさい予算に盛り込まれていなかったため、イノベーションに取り組むマネジャーたちは、節約や社内流用によって、みずから資金源を見つけ出さなければならなかった。結局、持ち寄られたアイデアは、どのみち開発されたはずのアイデアに、少々手を加えた程度のものがほとんどだった。

業績評価とその基準は、イノベーションにおける「危険地帯」の一つである。伝統的な企業の経営陣は、プロジェクト計画を立てるだけでは飽き足らず、その計画を遵守するよう、マネジャーたちに要求する。たいていの場合、約束をみごと果たした社員には報奨が与えられるが、その結果、他の社員たちは臨機応変な変更に消極的になってしまう。ある防衛関連企業の例を見てみよう。その企業では、自分が約束した業績目標に届かなかった社員は、たとえそれを償って余りある別の成果を上げようとも低く評価されていた。それゆえ、社員たちは業績目標の水準を引き下げるようになり、結局、社員のやる気は低下し、イノベーションとは無縁の組織になってしまった。

一九九〇年代初頭、バンク・オブ・ボストン（現在はバンク・オブ・アメリカ傘下）が、ファースト・コミュニティ銀行（ＦＣＢ）という名前の新規事業部門を創設した。これは、都心部に特化し、包括的な銀行業務を展開するという初めての試みだった。何よりもまず顧客教育から始めなければならない市場であるうえに、まだ投資が必要な新規事業でもあり、顧客一人当たりの取引時間や収益性など、通常の業績評価指標はふさわしくない。この点についてリテール部門のマネジャーたちにわかってもらおうと、ＦＣＢの面々は説得に努めた。

ところが、マネジャーたちは「業績不振の支店は閉鎖すべし」と主張した。このイノベーションを軌道に乗せるため、ＦＣＢの上層部は、顧客満足度と顧客ロイヤルティに基づく独自の業績評価指標を考え出さなければならなかった。また、複数の支店を集約した業績を報告するために、新しい方法を工夫することも求められた。

親会社のバンク・オブ・ボストンから、収益性と重要性を兼ね備えた事業であることが認められるようになったのは、後にＦＣＢが一連の買収に乗り出してからのことである。

組織面の過ち：弱すぎる連携と強すぎる組織の壁

生まれたばかりの新規事業に、既存事業と同じプロセスを当てはめるのは危険だが、くわえて、企業文化や相反する重要課題との衝突を避けるには、これら新旧事業体の組織構造にも配慮しなければならない。より劇的な効果を求めるならば、コア部門とは別に新規部門を創設することになるが、その場合でも、新規部門はその所属部門への貢献が要求されがちである。ゼネラルモーターズ（GM）がサターン・コーポレーションを独立子会社として創設した時、その背後にはこれと同じ理屈が存在していた。

この子会社は、GMのルールを一時的に免除され、自動車の設計、生産、マーケティング、営業、顧客サービスのあらゆる面でイノベーションを実現することが期待された。そこで生まれた素晴らしいアイデアを、親会社が取り入れるという算段だった。ところが、無事新車発売に漕ぎ着けたサターンはGMに再統合されてしまい、その結果、イノベーションの多くが雲散霧消してしまった。

サターンが軌道に乗るまでの間、ゼロから立ち上げるサターン型プロジェクトよりも継続的改善を好むトヨタは、品質、顧客満足度、市場シェアの成長率で、依然としてGMを凌駕していた。

同様に、アメリカのチャーター・スクールは、親と教員、地域団体など州や学区の認可を受けて設けられた初等中等学校だが、教育にイノベーションを起こし、新たなモデルになることが期待され、公立学校制度上の諸規制を免除された。こうして、授業時間の延長、集中的な教科編成など、数々のイノベーティブな施策を導入した。しかし、学区内の他の学校の改革に波及効果があったかという点になると、確たる証拠はほとんどない。

いずれのケースも、新規部門と既存部門の連携がお粗末だったことに原因があった。事実、縦割り組織の場合、イノベーションのチャンスがめぐってきても、これを逸しやすい。事業の姿を一変させてしまうイノベーションは、既存の販売チャネルをまたぐものや、さまざまな既存能力を新たなかたちで結合させたものが多い。

ＣＢＳは世界最大の放送局であり、また世界最大のレコード会社を傘下に収めていた。にもかかわらず、ＣＢＳはミュージック・ビデオを考え出すことができず、ＭＴＶに先を越されてしまった。また、一九九〇年代末のジレットは、〈オーラルＢ〉の歯ブラシ部門、〈ブラウン〉の電化製品部門、〈デュラセル〉の電池部門を擁していたにもかかわらず、電池式電動歯ブラシの開発に後れを取ってしまった。

他業界の専門知識や他の技術的知識が使われているイノベーションの場合、見逃されたり、つぶされたりする可能性が高くなる。なぜなら、既存部門のマネジャーたちがその新しいアイデアの本質を理解できないばかりか、そのアイデアに脅威を感じてしまうからである。

九〇年代半ば、老舗の長距離電話会社の傘下でインターネット接続事業を担っていたＡＴ＆Ｔワールドネットは、これら二つの問題を足し合わせた致命的状況に直面した。個人向けサービス部門と法人向けサービス部門のマネジャーたちが、ＡＴ＆Ｔワールドネットをめぐって、独立した事業部として損益管理すべきか、それとも主に個人向け事業に特化して既存事業部に組み込むべきか、議論を戦わせていたのである。

個人向けサービス部門のマネジャーたちは、それが何であれ、手放すことに抵抗してきたが、今回は最終的に分離に合意した。その目的は、この発展途上の新規事業が官僚主義でつぶされるのを防ぐことであり、もはや新規投資を必要とせず、多額のキャッシュフローを生み出している成熟事業と比較されないようにすることにあった。

インターネット・サービス・プロバイダー（ＩＳＰ）の売上高や収益性は大して伸びないはずと、高をくっていた経営陣の関心はさほど高くなかった。ところが、事業に弾みがつき始めると、一転してＡＴ＆Ｔワールドネットに注目が集まるようになった。そのため個人向けサービス部門の社員たちは、このイノベーションがさらに発展してＶｏＩＰ《ボイップ》(注9)サービスを提供するようになれば、既存事業とカニバリゼーションを起こしかねないと危惧し始めた。

そこで、同部門はワールドネットを傘下に引き入れ、兵糧攻めを始めた。つまり、ワールドネットを、コア事業である固定長距離電話サービスを提供するためのプラットフォームとして利用し、しかも個人向け長距離電話事業と同じ業績評価指標によって評価し始めたのである。

その際、緊急課題となったのがプライシングだった。成長を促し、大量の加入者がもたらす規模の経済とネットワーク効果を実現するため、ワールドネットのサービスは低価格で設定されていた。しかし既存の事業部門では、例外なく損失を許されなかった。ここに組み込まれてしまった結果、価格は引き上げられ、ワールドネットの成長は止まってしまった。

これで、個人向けサービス部門のマネジャーは、ワールドネットを大規模投資に値しない、取るに足らない低成長事業と見なすようになった。こうして、インターネット接続とＶｏＩＰへの技術開発に経営資源は十分配分されず、その結果、ＡＴ＆Ｔが先陣を切れたかもしれない重要な通信イノベーションを封じ込めてしまった。

ＡＴ＆Ｔの場合、文化的衝突が対立に拍車をかけた。既存部門のマネジャーたちは、ベル・システム体制（地域電話会社八社とベル研究所）の下で長年勤務してきた社員たちだった。一方、ワールドネットのマネジャーたちはみな中途採用で、電話用語ではなくコンピュータ用語を駆使する専門技術者だったのである。

既存事業の一環として新規事業を立ち上げたとしても、新たなやりがいに没頭する層と屋台骨を一身に背負わされる層といった具合に、一つの組織に二種類の集団が生まれると、文化的衝突に発展してしまう。R&D部門だろうが、新規事業部門だろうが、イノベーションの推進責任者に任じられた社員たちは未来の創造者と見なされる。彼ら彼女らはルールやノルマに縛られることなく、ああでもないこうでもないとアイデアをもてあそんでいればよい。かたや、同僚たちは身を削る思いで、そして時にはもうすぐ時代遅れになるビジネスモデルを抱えた恐竜的存在と言われながら、これまでのルールを守り、ノルマを達成し、利益を上げることが求められる。

アロー・エレクトロニクス傘下の新しいインターネット事業、アロー・ドットコムが、既存部門の営業部門と同じビルで業務を開始したのは二〇〇〇年初頭のことだった。同じ場所で働いていること以外、両者に共通点はなかった。

アロー・ドットコムのメンバーは異分野から採用した新参者ばかりで、しかも若者が多く、服装のスタイルもまったく異なっていた。アロー・ドットコムは金をかけてデザイナーズ家具を購入し、新しいキッチンにも大金が投じられた。この豪華キッチンは、自分たちは週七日、一日二四時間体制で働いているからという理由で正当化されたという噂があった。インターネット経由の売上げが、自分たちの手数料を脅かしかねないという不安を感じていた営業スタッフたちは、ここに至って自分たちの事務所のみすぼらしさに気づき、あからさまに反旗をひるがえした。

両者間の関係が一触即発の状態になったことから、双方を分断するためのレンガ壁がビル内に築かれた。双方、争いに無駄な時間を費やし、同じ顧客を奪い合い――アロー・ドットコムも結局は新たな販売チャネルでしかない――顧客とのリレーションシップまで危うくなった。結局、CEOが事態の収拾に乗り出し、両者間の連携を図れるような組織構造に再編しなければならなかった。

スキル面の過ち：弱すぎるリーダーシップとつたないコミュニケーション

もう一つ、イノベーション活動における人間的側面を過小評価し、それゆえ過小投資に陥りやすいという過ちがある。

経営陣は、プロジェクト・リーダーに向いている人材ではなく、えてして、最高の技術者にイノベーションを任せてしまう。ところが、このような技術志向が強いマネジャーは、アイデアが何かの役に立つかどうかなど自明の理であると思い込み、外部とのコミュニケーションを怠りがちである。

また、チームの結束こそ、まだ生煮えのコンセプトを有用なイノベーションに進化させるうえで不可欠であるにもかかわらず、任務を優先するあまり、チーム内の結束を固めるチャンスを見逃してしまうこともある。対人関係力を無視して結成されたプロジェクト・チームでは、チーム全体の目標を設定することも、多彩なメンバーのさまざまな強みを活用することもままならない。また、このようなチームの場合、イノベーション活動にいそしむかたわら、まだ漠としており、文書化するのが難しい暗黙知を共有するためのコミュニケーションも容易ではない。

素晴らしいアイデアが触発されるような信頼関係や相互作用を、メンバー間に築き上げるには、それなりに時間がかかるものである。マサチューセッツ工科大学の研究者たちの調査によれば、R&Dチームの生産性を最大限に発揮させるには、少なくとも二年間は一緒に職場で働く必要があるという。ピルズベリーでは、新製品のアイデアが製品化するまでに、平均二年から二年二カ月かかることが判明した。ところが、社員が製品開発チームに在籍する期間は、平均一年半だった。同社がイノベーションで後れを取っていたのも、当然といえば当然である。

頻繁なローテーションのせいで新規事業のメンバーが何度も交代し、その結果、難しい課題に対処しづらくなり、結局、お手軽で、従来と大差ない解決策に甘んじてしまうこともある。一九八〇年代のハネウェルでは、新規事業チームの責任者を、任期満了を待たずに異動・昇進させることがよくあった。昇進は、応じるか拒むかの二者択一であるうえ、任務の難易度ではなく、任された資産の規模（新規事業は基本的に与えられる資産が小さい）に報酬が連動する仕組みだった。したがって、プロジェクトの途中で異動したほうが得であることは、献身的にイノベーションに取り組んでいる社員の目にも明らかだった。

要するに、ハネウェルは自社のイノベーション活動を、みずからの手で骨抜きにしていたことになる。この問題は、なぜ新規事業が失敗したのか、経営陣に報告する段になって初めて明るみに出た。しかし、技術偏重主義が災いし、当時の保守的なマネジャーたちが、チームワークやチームの継続性の価値に関する認識を改めるには至らなかった。

イノベーション・チームが外部とのコミュニケーションや人間関係をなおざりにしてしまうと、活動が行き詰まってしまう。九〇年代末、業績不振に苦しんでいたギャップは、製品ライン、店舗販売のコンセプト、業務運営において、何かイノベーションを生み出そうとして複数の部門横断プロジェクトを立ち上げた。

プロジェクト・チームのなかには、早々にタコツボ化してしまったところがあった。そのようなチームは、メンバーたちが前の職場と交流を断ってしまったために外部のアイデアを活用できなくなり、その提案に精彩を欠いていた。しかも、情報共有を怠ったため、もともと説得力が乏しい提案に賛同を取りつけるチャンスまで逃してしまった。

自分たちのアイデアを広めたければ、イノベーションの推進責任者は社内で孤立することを是が非でも避けなければならない。なぜなら、プロジェクトに援護射撃し、自分たちが出席していない会議では弁護に回り、普及や利用という次の段階では、生まれたてのイノベーションを支援してくれる支持者を増やさなければならないからである。

イノベーションを首尾よく受け入れてもらうための地ならしとして、イノベーション・チームがイノベーションの基本原理について単純明快な言葉で説明できなければならない。また、イノベーションに伴う混乱は十分管理できると請け合うことで、あらかじめ混乱を緩和しておくことも必要である。

周囲を理解に導くどころか、煙に巻いてしまうような専門技術者はそっぽを向かれるのがおちである。また、「イエス」と答えるよりも、「ノー」と返すほうが簡単なのが世の常である。秘密裏に動き、最後にアイデアの全容をいっきに開陳するようなやり方では、予期せぬ反対に見舞われ、それが原因でプロジェクトが頓挫してしまうこともある。

ティンバーランドの期待の新製品〈トラベルギア〉が発売に失敗したのは、既存事業のマネジャーたちとの人間関係やコミュニケーションに無頓着だったことが大きい。

〈トラベルギア〉の開発は、既存事業から独立して設けられた「インベンション・ファクトリー」という名称の開発チームが担当した。この製品は、さまざまなアウトドア活動に応じた部品を着脱できるようになっており、この靴が一足あれば旅行に出かけられる。しかもこの製品は、二〇〇五年に『ビジネスウィーク』誌のデザイン賞を受賞したほどのコンセプトだった。しかし、既存の事業部門のなかには、インベンション・ファクトリーの開発から外されたところもあり、そのような部門の営業担当者たちは〈トラベルギア〉の売り込みを拒んだのだった。

ティンバーランドとは対照的な例がある。ワシントン・ホスピタル・センターと、その親会社メッドスター・ヘルス向けに最先端のデジタル・ネットワークを開発したクレイグ・フェイエッド医師で、この成功例は人間的側面に傾注することの大切さを証明するものである。この事例では、少人数で構成されたプログラマーのグループがIT部門をあえて飛び出し、ER（救急）部門に参加して、ユーザー・フレンドリーなITシステムを設計した。これだけを見ても、開発者が利用者に密着していたことがわかる。

さらに、フェイエッド医師とパートナーのマーク・スミス医師は、院内の人脈を広げるべく、病院で開かれる多数の委員会に必ず出席するようにした。このように二人が人間関係に精力を注ぎ、かつ病院の共通目標に貢献したことが好ましい結果を生んだといえよう。つまり、二人の積極的な行動のおかげで、ITシステム（現在は「アジクシィ」と呼ばれている）への好意的なクチコミと支援が他部門にも広まり、その結果、時間が節約できたばかりか、人命も救われたのである。

イノベーション・チーム内に人間関係を大切にする文化が醸成されるかどうかは、企業文化に左右される。人間関係を重んじる文化ではなく、軽んじる文化の企業は、大きなつけを支払うはめになりかねない。

PC向けディスク・ドライブの有力メーカー、シーゲイト・テクノロジーは、九〇年代半ばから後半にかけて苦境に陥った。同社には当時、イノベーションを担当する設計センターが七カ所あったにもかかわらず、そのR&Dの生産性は業界で最低だった。これは、各センターが協力し合うのではなく、競い合っていたためだ。

何度か、統合の試みがなされたが、社員たちは妥協点を見出そうとせず、それぞれ自己擁護するだけだった。シーゲイトのミドル・マネジャーと技術者たちには、グループ間の交流を是とする行動規範などなく、むしろその正反対の規範に染まっていた。経営会議でわめき立てる社員には、その品行の悪さに「ドッグズ・ヘッド賞」が与えられていたほどだった。

製品にもプロセスにもイノベーションはなく、その結果、シーゲイトの市場シェアは低下し、顧客は不満を募らせ、売上高が落ち込んだ。技術環境が変化するなか、PCの売上高も顧客基盤も縮小するシーゲイトは、コモディティ・メーカーへと転落しかけていたのである。

新CEOのスティーブ・ルソーと新COOのビル・ワトキンスは、協力して経営に臨んだ。この新体制の下、経営陣を含めて、社員同士のつき合い方に関するマナーやルールづくりが進められた。

経営陣の意識が変わったのを見て、部門横断的なイノベーション組織として「コア・チーム」を立ち上げ、体系的な運営プロセスを構築した。そして、従来型の研修プログラムに加えて、ニュージーランドなどの遠隔地で実施される軍隊式の野外学習への参加などを通じて、社員たちにチームづくりの方法論を教え込んだ。コア・チームのリーダーには、技術的な能力に優れた社員ではなく、対人関係力に優れた社員が任命された。

コア・チームが、会社を市場リーダーの座へと復活させる劇的な製品イノベーションとプロセス・イノベーションを生み出したことで、業績が低迷し、会議は言い争いの場でしかなかった時代は終わった。そして新生シーゲイトは、〈ｉＰｏｄ〉や携帯電話など、さまざまな新型電子機器向けのイノベーションの開発に成功した。

イノベーションを成功させる処方箋

ブレークスルーとなるアイデアや製品、サービスをいかに追い求めても、以上で述べてきた過ちのいずれか、あるいはすべてのせいで頓挫してしまうおそれがある。ただし幸いなことに、過去に学ぶことで、イノベーションを成功させる方法を知ることができる。

「企業内起業家精神」という言葉があるが、これは必ずしも矛盾する表現ではない。成功に向けた四つの道を以下に紹介していこう。

1　戦略面の改善策：イノベーションを探索する範囲と活動領域を拡大させる

私が「イノベーションのピラミッド」と呼ぶ階層は三層に分かれているが、その各層に効果が及ぶようなイノベーション戦略を策定すべきである。

このピラミッドの最上層に属するのは、投資の大半を振り向けるべき数件の大型イノベーションである。その次の層は、中規模の有望アイデア群である。これらのアイデアを広げ、テストを担当するチームが中心になって取り組まれる。最下層は、まだ生煮えのアイデア、継続的改善による漸進的イノベーションからなる、言わばイノベーションの苗代である。

大型イノベーションには、小さな成功を牽引する作用があるため、ピラミッドの上から下へとその影響が波及していく。逆に、下から上に波及することもある。それは、偶然の産物として有名な3Mの〈ポスト・イット〉のように、ちょっとした工夫、改良だけで大きなイノベーションが生まれる場合である。

このピラミッドに基づいてイノベーションを検討することには、次のようなメリットがある。

まず、経営幹部用のイノベーション管理ツールとなる。現在検討中のアイデアについて評価した結果、その有効性が証明されて追加支援が必要であると判断されたアイデアに調整を加え、全社的な取り組みへと発展させることができる。

イノベーションは、全員参画の文化から生まれ、育っていくものだ。専任チームが大型プロジェクトを推進し、臨時チームが中規模のアイデアの展開を図り、残りの社員全員から提案を募る。実際、全社員がもれなくアイデアの提案者となり、プロジェクトの予備軍になれることは、ＩＢＭの事例が示している。

二〇〇六年七月、ＩＢＭは三日間にわたって、ウェブ上で「イノベーション・ジャム」なるものを開催した。このウェブ・フォーラムには、一〇四カ国から合計約一四万人の社員と顧客が参加し、約三万七〇〇〇件のアイデアが寄せられ、これに優先順位がつけられた。このおかげでＩＢＭは、膨大なアイデアの種を手に入れた。なお、大型のアイデアも混ざっていたが、大半は小粒だった。

実は、アイデアを幅広く募り、小さなアイデアをたくさん集められる企業のほうが、大きなアイデアを獲得できる可能性が高い。イノベーションを次々に生み出している企業は共通して試行回数が多く、これが成功のカギになっている。

二〇〇三年とその翌年、イノベーションに拍車をかけるために、ジレットはこのピラミッド型モデルを採用した。すると、増収や増益につながるイノベーションが、すべての職能部門と事業部門で次々に生まれてきた。そのなかには、電池式電動歯ブラシのような新製品もあれば、二〇〇六年に新発売された電池式の五枚歯ひげそり〈フュージョン〉のような新しいR&Dコンセプトもあった。また、シックの〈クアトロ〉を凌駕した〈マッハスリー・ターボ〉向けキャンペーンといった他社の攻勢を相殺するイノベーティブなマーケティング施策をはじめ、人材管理への新技術の導入なども含まれていた。

二〇〇四年三月に開催されたジレット初のイノベーション・フェアでは、すべての部門が思い思いの方法で、その年最高のアイデアを紹介した。法務部門は〈モノポリー〉で使われる「刑務所から釈放」のカードを配るというジョークを交えながら、ビジネス倫理について学習するｅラーニング研修を売り込んだ。

ちなみに、法務部門をイノベーションに取り組ませるのは名案である。イノベーションの推進責任者にすれば、迅速な特許申請サービスはもとより、規制面の障害を回避するための助力は必要不可欠だからだ。また、漸進的イノベーションや継続的改善を含めたイノベーション戦略には、社内全体に前向きな気持ちを醸成し、その結果、大きなブレークスルーによる改革を受け入れやすくする効果がある。

2 プロセス面の改善策：計画立案と管理システムの柔軟性を向上させる

計画スケジュールに縛られることなくイノベーション活動を活発化させるうえで、予想外のチャンスに備えて別勘定の資金をプールしておくのも一策である。こうしておけば、有望なアイデアを次の予算編成まで棚上げしたりすることも、イノベーションの推進責任者が売上高と利益で評価される既存部門に資金を無心したりすることもなくなる。

イギリスのＢＢＣでは、一九九〇年代後半、独裁的な経営と硬直的な管理の弊害のせいで、画期的な番組を制作する力が弱体化し、その結果、視聴率が低下した。当時は厳格な予算管理が敷かれており、ひとたび予算が決まると、予算計上されたもの以外の費用は認められなかった。

二〇〇〇年、新しいＣＥＯとＣＦＯが就任して、このルールを緩めると共に、イノベーションとなるアイデアを実現させる資金として、本社勘定の特別予算を確保することにした。この結果、官僚的なルールによって創造的なアイデアが妨げられてはならないことが確認された。

『ジ・オフィス』というコメディが数十年ぶりの大ヒットになったが、これは、そもそも教育番組向けだった予算を、ある新入社員が知らずに試作の制作に回したことで実現した偶然の産物だった。

ＩＢＭでは、このような臨機応変さがインフラとして組み込まれている。たとえば、先のイノベーション・ジャムから生まれた素晴らしいアイデアの資金として、通常の計画立案と予算編成プロセスとは別に、一億ドルのイノベーション・ファンドを創設した。こうしてボトムアップ型の提案活動を奨励している。

同社のイノベーションとテクノロジー担当エグゼクティブ・バイス・プレジデント、ニック・ドノフリオは次のように語っている。

「これほど大規模で、かくも多彩な顔ぶれの賢人たちを世界中の産業界から招き、いま直面している課題とチャンスについて議論したことなど、いまだかつてありません。相手企業が文字どおり扉をノックし、『あなたが温めている素晴らしいアイデアを教えてくれれば、その実現に向けて一緒に取り組みますよ』と申し出てくれているのです。見たこともないような市場を創出し、協力体制を生み出す絶好のチャンスです」

新たな資金配分モデルと協力体制が不可欠であることに加えて、社内要件の一部を免除することも、イノベーション・プロセスに欠かせない。何しろ既存事業と新規事業の間には、膨大な違いがあるのだ。たとえば、ＣＡＤ／ＣＡＭによって短時間で試作品を完成させるラピッド・プロトタイピングを使えば、試行錯誤による学習効果によってイノベーションに進捗が見られることがわかっている。

そうであれば、プロジェクトを見直し、追加資金を投入すべきタイミングは、四半期や一年といった固定的な周期ではなく、当該プロジェクトのリズムに合わせるべきであり、それは既存事業よりも速い時期で訪れるかもしれない。

また、ある種のプロジェクトでは、通常よりも我慢が必要になる可能性がある。たとえば、イノベーション・チームが予期せぬ障害にぶつかり、計画の再考を迫られた場合などだ。ただしその際も、状況に柔軟に対応できるかどうかがカギである。

3 組織面の改善策：イノベーション・チームと既存部門を緊密に連携させる

既存部門と同じ管理体制の下では、イノベーションは途中でつぶすことになる。そうならないように杓子定規な管理を緩める一方、イノベーション・チームと既存業務に携わる社員たちの連携を強化しなければならない。そのためにも、イノベーションの推進責任者と事業部門長が、定期的かつ建設的に話し合うことが望ましい。

イノベーション・チームの仕事の一つに「外部とのコミュニケーション」を加えるだけでなく、経営幹部が緊張や対立ではなく相互信頼を醸成するような話し合いの場を設けることが望まれる。そこでの目標は、やがて新規事業となるイノベーションを既存事業に再統合する際、カニバリゼーションを最小限に抑えつつ、相互学習の効果をできる限り高めることにある。そのためには、公式の会議のみならず、非公式の対話を奨励するのも一策である。スチールケースでは、そのような対話を促すため、社員同士が偶然出会える場としてデザイン・センターを建設した。

このほかにも、社内人脈を使って部門横断的に動き回り、リーダー的な役割を果たしている社員を見つけ出し、イノベーション・チームとの連携強化を奨励するという手も考えられる。

新規事業につながるブレークスルー・イノベーションを追求する一方で、既存部門に貢献する責任も忘れてはならないと、あらかじめイノベーション・チームのメンバーに告げておくのもよいだろう。このことをチームの行動方針に記したうえで、さまざまな部門の人たちとのインタラクションを奨励することも考えられる。たとえば、既存部門の社員にイノベーション・チームの仕事を一とおり経験させる、あるいはイノベーション活動を監督する諮問委員会を設置してもよい。

最初の名案があえなく失敗に終わったティンバーランドのインベンション・ファクトリーだったが、やがて既存部門と密接に連携して、たとえば内側に「スマートウール」を張ったスポーツ・シューズといった当初のイノベーション・ニーズに取り組み、同時にこれまでの事業を一変させてしまうようなブレークスルーを追求するようになった。

また、ターナー・ブロードキャスティング・システムの新製品開発チームは、独自の開発案件、既存の販売チャネルの強化、社外との提携、ベンチャー企業への投資など、複数の異なるプロジェクトを同時に進めている。

一方、PNCファイナンシャル・サービシズ・グループが創設した新製品グループは、プライシングや商品内容の変更など、既存事業向けの商品企画開発を監督するかたわら、投資ファンド向けに、ITを用いた新サービスや事務処理サービスを提供する新規事業を展開している。二〇〇五年、新商品の売上高は二一%増加し、売上高全体の四六%を占めるに至った。

職能や学際を超えて、問題解決を最優先に考えるチームづくりが可能な柔軟な組織では、部門間の連携がうまくいきやすい。

メディア・コングロマリットのパブリシスには、「ホリスティック・コミュニケーション・チーム」という組織があり、サーチ・アンド・サーチ、レオ・バーネット、パブリシス・ワールドワイドなど傘下の広告代理店や技術部門の枠を超えて連携を促すことで、社員たちが顧客とブランドに集中できるように努めている。

またノバルティスは、疾病の種類に基づいて組織編成することで、市場や顧客とR&D活動を直結させている。たとえば抗がん剤の〈グリベック〉のような先駆的なイノベーションを、いち早く市場に投入できたのもこのおかげである。

シーゲイトでは、部門横断的な「ファクトリー・オブ・ザ・フューチャー」(未来工場)のチームが驚異的なプロセス・イノベーションに成功したことで、前述のコア・チームが、広く活用されるようになった。

アライドシグナルでは、イノベーションを担当していた社員たちが、縦割り組織を超えて活動しなければチャンスをものにできないことにようやく気づいた。航空宇宙部門は、大手航空会社、中小航空会社、自家用機とチャーター機を扱う汎用航空会社ごとに担当が分かれていた。しかし、整備業務を外部委託しているか否かで担当分けしたほうが賢明であることがわかった。同部門でイノベーションを起こすには、これまでの縦割りではなく、横断的に連携する必要があった。

ウィリアムズ・ソノマがeコマースにイノベーションをもたらし、マルチ・チャネルの小売企業として成功できたのは、ウェブ開発の担当部門が自分たちの成果をうまく他部門と共有し、連携していったことが大きい。

CEOのハワード・レスターは当初、インターネット事業を社内業務から切り離すことを拒否していた。そこでまず、婚礼ギフトの申し込みにウェブを用いたところ、既存事業に新たな機能を付加するものであることがわかった。

このパイロット・プロジェクトが高い評価を得たことで、本社ビルのなかにeコマース部門が創設されることになった。このeコマース部門は独自路線を追求するのではなく、既存の販売チャネルと競合することなく強化させる道を選択した。

同部門の業績は、eコマースによる売上高だけでなく、既存の販売チャネルにおいてウェブの力を借りて上積みされた売上高も織り込まれて評価された。そこで、既存事業との連携をいっそう強化するため、各部門に無料で研修を申し出た。

4 スキル面の改善策：人間関係を重視するリーダーを選抜し、コラボレーションによってイノベーションを支援する文化を醸成する

プロジェクト・リーダーのスキル開発に長けた企業ほど、イノベーションの成功確率が高い。ウィリアムズ・ソノマがeコマースにいち早く成功し、利益にあずかることができたのも、一つには同社が人間的側面に慎重に配慮したからである。

同社のeコマース部門の初代担当バイス・プレジデントを務めたシェリー・ナンドケオライアは、I

Tの専門家ではなく、正しいチームづくりができるリーダーだった。人間関係を重視する彼は、他部門から引き抜いた社員と新規採用者による混成チームを編成した。前者には前の職場とのパイプ役を果たすこと、後者には新たなスキルを持ち込むことが期待された。

さらにナンドケオライアは、eコマース部門にアドバイスし、他部門との連携を図る全社横断的チームを創設した。また、業務部門との連携を改善するインテグレーター職を設け、これに人間関係を大切にすることで定評のあったパトリシア・スケリットを任命したのである。

これと同様の例を挙げよう。新しい商品やサービスを連鎖的に生み出すようなイノベーションに、えてしてミドル・マネジメントは反感を抱くものである。

ゲイル・スノーデンがこの反感の「地雷原」をかいくぐりながら、バンク・オブ・ボストン傘下のFCBのかじ取りに成功したのは、銀行業務のスキルではなく、リーダーシップ・スキルのおかげだった。有能な社員たちが互いに強い絆で結ばれ、ミッションに向かって一丸となって協力するチームを築いたからにほかならない。このチームはほどなく、バンク・オブ・ボストンのなかでも、憧れの職場に数えられるようになった。

彼女はミドル・マネジメント層に生じた緊張を緩和するために、自分に協力的な上層部との人間関係を強化し、自分のチームには特例扱いが必要な理由を繰り返し伝えた。他行の取り組みがもたついているなか、このチームは、彼女の創造性、ビジョン、チームワーク力、粘り強さのおかげで成功を収め、全国の模範となった。

IBMは、くだんのワールド・コミュニティ・グリッドを通じたグリッド・コンピューティングの実践など、大規模なイノベーションに成功してきたが、コラボレーションを奨励する企業文化の賜物といえる。CEOのサミュエル・パルミサーノは、何十万人ものIBM社員を巻き込み、IBMの価値観についてウェブ上で議論を戦わせた。また、エグゼクティブ・バイス・プレジデントのドノフリオは、全世界で九万人に上る技術系社員たちに、イノベーションを追求する共同体の一員であると自覚できるように努めている。

そして、コーポレート・コミュニティ・リレーションズ担当バイス・プレジデントのスタンリー・リトウは、ワールド・コミュニティ・グリッドの全社担当者として、このイノベーションを推進するために、事業部内や地域内でのパートナー探しに奔走した。

＊　＊　＊

既存企業が、イノベーション活動を頓挫させてしまう罠に陥るのを回避する方法は、次の四つである。

- 新しいアイデアを探す範囲を広げること
- 厳しすぎる管理と硬直した組織構造を緩めること
- イノベーションの推進責任者と既存事業の連携を改善すること
- コミュニケーションとコラボレーションのスキルを磨くこと

イノベーションは、企業の将来を創造するアイデアをもたらす。しかし、経営陣が真摯に過去に学ばない限り、イノベーションを求める旅は徒労に終わる運命にある。

活用（既存事業から得られる利益の最大化）と探求（新規事業の探索）のバランスを適切に図るには、組織の柔軟性と人間関係への配慮が欠かせない。これは、昔もいまも、そして将来においても不変の事実である。

イノベーションにまつわる教訓

イノベーションは企業成長における戦略的な要因であるが、持てはやされたり、なおざりにされたりと波がある。しかし、イノベーション・ブームが押し寄せるたびに、経営者は同じ過ちを犯してしまう。ほとんどの場合、経営者は既存の収入源の確保と、新たな収入源の育成を両立させるという、やっかいな綱渡りに苦労し、R&Dの段階でつまずいてしまう。しかし、「企業内起業家精神」という表現はけっして矛盾したものではない。経営陣が過去の経験に学ぶならば、活発なイノベーションを実現する道が開ける。

①戦略面の教訓

- ブレークスルー・イノベーションを生み出すようなアイデアばかりではない。小粒のイノベーションや漸進的なイノベーションも着実に積み上げれば、大きな利益へとつながる。
- 新製品開発だけを重視してはならない。マーケティング、生産、財務、物流など、職能分野でも、改革をもたらすアイデアが生まれる可能性がある。

・優れたイノベーションの推進責任者は「イノベーションのピラミッド」を活用している。このピラミッドの最上層に属するのは、投資の大半を振り向けるべき数件の大型イノベーションである。次の層は、まだテスト段階にある中規模の有望アイデア群である。最下層は、初期段階のアイデアや漸進的イノベーションからなる。アイデアや影響が広がっていく方向は、このピラミッドの下から上、上から下のどちらもありうる。

②組織面の教訓

・ルールに基づく管理を緩めると同時に、人間関係の面で、イノベーション活動とその他の事業活動の間の連携を緊密化すべきである。

・事業そのものを一変させてしまうようなイノベーションには、既存の販売チャネルにまたがるものや、さまざまな既存能力を新たなかたちで結合させたものが多い。

・一つの組織のなかに二種類の社員集団が生まれ、イノベーションの推進責任者に偏って別途給付や特権を与えたり、特例を認めたりしてしまうと、既存事業に携わっている社員たちは全力でイノベーションをつぶしにかかる。

③プロセス面の教訓

・厳しい管理はイノベーションを押しつぶしてしまう。既存事業と同じ計画立案、予算編成、業績評価を適用してしまうと、イノベーション活動の活力はそがれてしまう。

・イノベーションが計画どおりにいかないことを覚悟すべきである。臨機応変な行動よりも、業績目標を果たした社員だけに報奨を与えるような企業は、イノベーションを握りつぶし、駆逐してしまうだろう。

④スキル面の教訓

- 技術的なイノベーションであっても、対人関係能力とコミュニケーション能力に長けた、らつ腕リーダーが必要である。
- 社員育成に関する会社方針のせいで、目まぐるしいジョブ・ローテーションを求められようとも、成功するイノベーション・チームのメンバーたちは、一つのアイデアに専念している間、固い結束を守っているものである。
- イノベーションには「連携役」と呼ぶべき人物、つまり、既存部門や社外でパートナーを見つけるノウハウを備えたメンバーが欠かせない。共同作業を奨励するような企業文化では、この存在によって、イノベーション活動が活発化する。

【注】

（1）Robert H. Waterman Jr. and Thomas J. Peters, *In Search of Excellence*, Harpercollins, 1982. 邦訳は一九八三年、講談社より。また二〇〇三年、英治出版より復刻版が発刊されている。

（2）Rosabeth Moss Kanter, *The Change Masters, Innovations for Productivity in the American Corporation*, Simon & Schuster, 1984. 邦訳は一九八四年、二見書房より。

（3）Gifford Pinchot, *Intrapreneuring: Why You Don't Have to Leave the Corporation to Become an Entrepreneur*, Harpercollins, 1985. 邦訳は一九八九年、講談社より。

（4）Michael L. Tushman and Charles A. O'Reilly III, *Winning through Innovation: A Practical Guide to Leading Organizational Change and Renewal*, Harvard Business School Press, 2002.

（5）双面型組織の詳細については、Charles A. O'Reilly III and Michael L. Tushman, "The Ambidextrous Organization," HBR, Apr. 2004.（邦訳「『双面型』組織の構築」『DIAMONDハーバード・ビジネス・レビュー』二〇〇四年一一月号）を参照。

（6）Rosabeth Moss Kanter, *When Giants Learn to Dance: Mastering the Challenges of Strategy*, Management, & Careers in the 1990s, Simon & Schuster, 1989. 邦訳は一九九一年、ダイヤモンド社より。

（7）Clayton M. Christensen, *The Innovator's Dilemma: When New Technologies Cause Great Firms to Fail*, Harvard Business School Press, 1997. 邦訳は一九九九年、翔泳社より。なお、二〇〇〇年に増補改訂版が出されている（邦訳は二〇〇一年）。

（8）G. Felda Hardymon, Mark J. DeNino and Malcolm S. Salter, "When Corporate Venture Capital Doesn't Work," HBR, July-Aug. 1983. 邦訳は『ダイヤモンド・ハーバード・ビジネス』一九八三年九月号。

（9）VoIP（voice over internet protocol）とは、音声データを圧縮してパケット変換したうえでIPネットワークによってリアルタイムで伝送する技術。

第7章

企業変革の落とし穴

ジョン P. コッター

"Leading Change: Why Transformation Efforts Fail,"
Harvard Business Review, March-April 1995.
邦訳「企業変革の落とし穴」
『DIAMONDハーバード・ビジネス・レビュー』2002年10月号。

ジョン P. コッター
(John P. Kotter)
ハーバード・ビジネススクール（松下幸之助寄付講座）教授。33歳で教授となり、リーダーシップ論の研究者ならびにコンサルタントとして、ゼネラル・エレクトリック等の企業内大学でリーダーシップ教育の教鞭を執る。『企業変革の核心』（日経BP社）、『リーダーシップ論』『幸之助論』（ダイヤモンド社）、『ハーバード流企画実現力』（講談社）など著書多数。

一〇〇を超える変革事例からの教訓

私はここ一〇年間、より競争力の強い企業に生まれ変わろうとする一〇〇以上の企業を注目し続けてきた。大企業（フォード・モーター）もあれば、中小企業（ランドマーク・コミュニケーションズ）もあり、アメリカ企業（ゼネラルモーターズ）もあれば、他国の企業（ブリティッシュ・エアウェイズ）もある。また、倒産寸前の企業（イースタン航空）がある一方、高収益を上げている企業（ブリストル・マイヤーズ・スクイブ）もあった。

変革の呼び名も企業によってまちまちであった。「TQM」（トータル・クオリティ・マネジメント：総合的品質管理）、「リエンジニアリング」「リストラクチャリング」「組織再編」「組織風土改革」「企業再建」などである。ただし、その基本目標はほとんどにおいて共通している。すなわち「厳しさを増しつつある新しい競争環境に対応するために、ビジネスのやり方を抜本的に改革する」ことにほかならない。

このような企業変革を見事成功させた企業はごくわずかしかない。とはいえ、何の前進もなくまったくの失敗に終わってしまったという企業も少ない。つまり、ほとんどのケースが成功と失敗の中間にあるのだが、どれくらいの成功を収めたかと問えば、失敗に近い企業がほとんどである。これらの事例から得られた二つの教訓はまことに興味深い。今後の一〇年間、競争の激化が予想されるビジネス環境において、多くの企業の参考となろう。

- 変革プロセスはいくつかの段階を踏まなければならない（図「企業変革の8段階」を参照）。そして通常、最後までたどり着くには相当の時間がかかる。とはいえ、途中一部を省略してしまうと、「スピードアップできた」と錯覚することがあるが、けっして満足のいく成果を上げることはできない。
- どの段階であれ、致命的なミスを犯してしまうと、変革運動はその勢いがそがれる。これまでの成果は台無しとなり、決定的なダメージを被りかねない。ビジネス史において企業変革の経験は十分に蓄積されていないためか、非常に有能な人物であっても少なくとも一回は大きなミスを犯してしまう。

第一ステップの落とし穴：「変革は緊急課題である」ことが全社に徹底されない

変革を成功させるには、まず個人、あるいは社内グループが自社の競合状態、市場シェア、技術トレンド、財務状態などを徹底的に検討することから始めなければならない。たとえば、自社の屋台骨を支える特許が期限切れとなった場合に予想される売上げの落ち込みはどれくらいか、コア事業の最近五年間の利益は減少傾向にないか、あるいは、まだだれも目をつけていない新市場は存在するのかなどである。

次に、これらの情報、特に直面している危機、潜在的な危機、あるいは、タイムリーで大規模なビジネスチャンスなどについて、広範かつ効果的に社内に浸透させる方法を考える。この最初のステップは必要不可欠である。というのも、変革プログラムを立ち上げるだけでも、多くの社員の積極的な協力を

図｜企業変革の8段階

1 緊急課題であるという認識の徹底

- 市場分析を実施し、競合状態を把握する。
- 現在の危機的状況、今後表面化しうる問題、大きなチャンスを認識し、議論する。

2 強力な推進チームの結成

- 変革プログラムを率いる力のあるグループを結成する。
- 1つのチームとして活動するように促す。

3 ビジョンの策定

- 変革プログラムの方向性を示すビジョンや戦略を策定する。
- 策定したビジョン実現のための戦略を立てる。

4 ビジョンの伝達

- あらゆる手段を利用し、新しいビジョンや戦略を伝達する。
- 推進チームが手本となり新しい行動様式を伝授する。

5 社員のビジョン実現へのサポート

- 変革に立ちはだかる障害物を排除する。
- ビジョンの根本を揺るがすような制度や組織を変更する。
- リスクを恐れず、伝統にとらわれない考え方や行動を奨励する。

6 短期的成果を上げるための計画策定・実行

- 目に見える業績改善計画を策定する。
- 改善を実現する。
- 改善に貢献した社員を表彰し、報奨を支給する。

7 改善成果の定着とさらなる変革の実現

- 勝ち得た信頼を利用し、ビジョンに沿わない制度、組織、政策を改める。
- ビジョンを実現できる社員を採用し、昇進させ、育成する。
- 新しいプロジェクト、テーマやメンバーにより改革プロセスを再活性化する。

8 新しいアプローチを根づかせる

- 新しい行動様式と企業全体の成功の因果関係を明確にする。
- 新しいリーダーシップの育成と引き継ぎの方法を確立する。

必要とするからである。モチベーションのないところに協力は生まれてこない。これではせっかくの努力も水の泡になってしまう。

第二段階以降のステップと比較すると、第一ステップは案外簡単にできそうに思えるかもしれない。しかし、けっしてそうではない。私がこれまで見てきた企業だけでも、この段階でつまずいてしまうケースが過半数を占める。その失敗の原因は何だろう。

従来の幸せな職場環境から社員たちを引きずり出すのは、いかに骨が折れるものか、経営陣が十分に認識していなかったケースもあれば、「変革は喫緊の経営課題である」という認識は、すでに社員の間に十分浸透していると高をくくっていたケースもある。あるいは「いい加減、もう準備はいいだろう。さっさと先へ進もう」といった具合に、辛抱に欠ける企業もあった。

こんなケースも多い。経営陣がこのステップのマイナス要素ばかりに目が行ってしまい、尻込みし始めたのである。たとえば「中高年の社員は受け入れてくれないだろう」「モラールが下がるのではないか」「収拾のつかない事態に陥るかもしれない」「短期的には業績が落ち込む」「株価が下がってしまうかもしれない」「危機をもたらした張本人として自分たちがやり玉に挙げられるに違いない」といった具合なのだ。

経営陣がすくみ上がってしまうのは、たいていの場合、その多くは「管理者」であり、「指導者」と呼べる人材ではないことに起因している。管理者の使命は、リスクを最小化し、既存制度をうまく機能させながら維持することである。一方、変革を推し進めるには、新たな制度をつくり出さなければならず、当然強力なリーダーシップは必須である。真のリーダー人材を社内登用するか、もしくは外部から連れてこない限り、変革の第一段階はうまくいかない。

リーダーシップに長け、大規模な変革の必要性を認識している人物を新しいトップに迎えることができれば、変革プログラムは始動し、しかもうまく立ち上がる場合が多い。したがって、全社改革を成し遂げるにはCEO（最高経営責任者）がカギとなる。また、特定部門を変革するには、その長が要となる。このキーパーソンが、新しいリーダーでもなく、優秀なリーダーでもなく、あるいは過去に変革を成功させた者でもないという場合、第一段階は非常に困難なものとなろう。

第一段階において「業績が悪い」という事実はよし悪しといえる。よい面としては、赤字であれば社員の注意を変革に向けさせやすいという点が挙げられる。ただしその際、選択できる戦略の範囲は狭められる。逆に、業績が好調であれば、変革の必要性を社員に納得させるのに苦労するが、変革に注ぎ込める資金は潤沢である。

変革のキックオフが、好業績の時にせよ、業績不振の時にせよ、成功事例には共通点がある。それは変革推進チームのメンバーたちが、不愉快な事実、すなわち、新たなライバルの登場、利益率の悪化、市場シェアの縮小、売上げの伸び悩み、売上成長率の鈍化など、競争力の低下といったさまざまな業績指標について、いつでも忌憚なく議論できるよう配慮していたということである。

にもかかわらず、悪いニュースを持ってくる人物を目の敵にするというのは人類共通の性癖なのだろうか。経営陣、ことに部門の長が過去に変革を指揮した経験がない場合、歓迎できない情報の伝達は社外の人間に任せていることが多い。ウォールストリートのアナリスト、顧客、あるいはコンサルタントなどは、いずれもこのような役割にはもってこいである。

ヨーロッパの某大企業で以前CEOを務めていた人物の言葉を借りれば、とにかく肝心なのは「未開拓の領域に踏み込むよりも、現状を維持することのほうが危険は多い」と認識させることに尽きる。変革の成功例の一つに、社内グループが危機を意図的に演出していたケースがあった。たとえば、あるCEOは創業以来の大赤字を計画的に計上した。これによって、ウォールストリートに「変革は避けられない」という圧力をかけさせたのである。

また、ある部門長の場合、惨憺たる結果は承知のうえで、初の顧客満足度調査を実施し、その結果を公表した。表面的には、このような戦術は危険極まりないものと映るだろう。しかし、安全策を講じたところで依然危機は存在している。危機意識が十分に浸透しなければ、変革の成功は望むべくもなく、企業の将来は長期的にも危険なままである。

では、危機意識がどのくらい浸透していれば十分といえるのだろうか。私の経験では、経営幹部の七五％程度が「従来のままビジネスを進めていては絶対にだめである」と本気で考えている必要があるだろう。この数字が七五％以下では、変革プロセスの後半において、非常に深刻な問題が起きる可能性が高い。

第二ステップの落とし穴：変革推進チームのリーダーシップが不十分である

大がかりな変革プログラムでも、当初は一人ないし二人の体制でスタートすることが多い。成功例を見ると、その体制は時間が経つにつれて徐々に大規模な変革推進チームへと発展していく。ただし、変革の初期段階で最低限の人数が揃わない場合だと、その後に見るべき進展はない。

トップが積極的にサポートしない限り、大規模な変革は実現しえないとよく言われるが、ここで私が言わんとしているのは、そんな程度の話ではない。変革が成功する時は、会長に社長、あるいは本部長に加え、五人、一五人、あるいは、五〇人の社員が団結し、改革を通じて最高の業績を実現することを誓い合っているものだ。

ところで私の経験では、この変革推進チームに執行役員全員が参加していた例を知らない。というのは、少なくとも初めのうちは、彼らのなかに変革に賛同しない者が何人かいるからである。ただし、ほとんどの成功例において、その変革推進チームは相当強力なメンバーで構成されており、メンバーの職位、情報量、専門知識、評判や人間関係などは申し分ない。

組織の大小を問わず、変革プログラムが一年目くらいでは、変革推進チームの陣容はせいぜい三~五人足らずである。ただし、第三段階以降で長足の進歩を遂げるには、大企業の場合、二〇~五〇人程度に増員されている必要がある。グループの中心人物はだいたいシニア・マネジャーであるが、取締役、主要取引先の代表者、または影響力のある労働組合の執行委員まで加わっているケースもある。

変革推進チームには執行役員ではないメンバーもいるため、当然、通常の組織階層や命令系統を超えて活動することになる。ぎこちなく感じるかもしれないが、これが欠かせない。もし既存の組織階層でうまく機能しているならば、そもそも大規模な変革など必要ない。現行システムに問題があるからこそ、組織内の境界線、常識、慣習といったものを無視した活動が要求されているのである。

経営陣が変革の緊急性を十分に認識していれば、変革推進チームの結成はたやすい。もちろんそれだけでは不十分である。だれかが音頭を取ってチーム・メンバーをまとめ、自社の問題点やビジネスチャンスに関する認識を共有させ、必要最低限の信頼関係とコミュニケーションを築き上げなければならない。その際の常套手段は、会社から離れた場所で二、三日、合宿形式のミーティングを開くことである。五〜三五人までの幹部たちを、数カ月に何度かこのような合宿に参加させている例は数多い。

第二段階で失敗する企業の場合、変化を生み出す難しさをあなどっているため、強力な変革推進チームの重要性を見くびっていることが多い。また、経営陣にチームワークの経験が乏しいため、チームの重要性が軽視されていることもある。あるいは、要となる当該事業部門の長ではなく、人事部や品質管理部、経営企画部などのスタッフ部門の幹部がチームを率いてしまっている場合もある。その人がどれほどの逸材であり、いかに献身的であっても、当該部門からリーダーが出ない限り、グループが十二分の力を発揮することはありえない。

変革推進チームにリーダーシップが欠けていても、当座のところ、変革プログラムは進展を見せるものだ。しかし遅かれ早かれ、変革プログラムに抵抗する機運が高まり、頓挫してしまうことだろう。

第三ステップの落とし穴：ビジョンが見えない

これまで私が見てきた変革に成功した企業では、例外なく変革推進チームが、顧客や株主、社員に説明しやすく、かつアピールしやすい未来図を描いていた。

ビジョンとは、五カ年計画のような数字が羅列したものではなく、自社が進むべき方向性を明確に指し示したものである。その草案は、一人の社員が書く場合もあり、少なくとも初めはやや漠然とした内容であるのが普通である。とはいえ、三カ月、五カ月、一年と作業を進めるうちに、変革推進チームによる熟考に熟考を重ねた分析と理想が反映され、素晴らしい出来栄えのものになる。最終的には、そのビジョンを実現する戦略も策定される。

ヨーロッパのある中規模企業では、最終的にできあがったビジョンに提示されたコンセプトのうち、その三分の二が草案に盛り込まれていたものだった。この草案には、まず「国際化」というコンセプトが描かれており、また「特定分野でトップになる」という方向性も含まれていた。しかし「低付加価値事業からは撤退する」という方針については、数カ月にわたって議論を重ねて初めて打ち出されたものだった。そして、それが最終案の中核の一部を成すものとなった。

当意即妙なビジョンに欠けた変革プログラムは、紛らわしく、矛盾するプロジェクトが乱立しがちであり、その結果、誤った方向へ組織を導いたり、やみくもに直進させたりといった羽目になりかねない。確固たるビジョンが描かれていないと、経理部のリエンジニアリング・プロジェクトも、人事部の新しい多面評価システムも、工場の品質管理プログラムも、営業部門の組織風土改革プロジェクトも、全社的な結果へと結実しない。

変革の失敗例を見ると、たいてい、計画や方針、プログラムといった類が羅列されており、肝心のビジョンが欠けている。ある企業では、厚さ一〇センチにも及ぶ変革プログラム・マニュアルを社員に配付していた。気が遠くなるようなこの分厚い冊子のページをめくると、今後の手順、目標、方法、最終期限などについてこと細かく記載してあったが、このプログラムが導く先が何であるかについて明確かつ説得力あふれる記述はいっさい見当たらなかった。

当然のことながら、私が話を聞いた社員のほとんどが戸惑い、もしくは冷ややかな目で静観していた。この大仰なマニュアルは、彼らを結束させることも、変革を成し遂げようというやる気を引き出すこともなかった。それどころか、まったく逆の効果をもたらしてしまったのである。

また、経営陣がどの方向に進むべきか感覚的にわかっていても、それが錯綜していたり、あまりにあいまいだったりする場合もある。私が見てきた限り、そのようなケースでもさしたる成功は望めなかった。先日、ある中堅企業のある役員に「あなたはどのようなビジョンを持っているのか」と尋ねたところ、要領を得ない講義を三〇分も拝聴することになった。そこには、たしかに立派なビジョンの基本要素がないわけではなかったが、奥深く埋もれてしまっていた。

一つの目安を示したい。五分以内でビジョンを他の人に説明できない、あるいは相手から理解と関心を示す反応が得られないのであれば、変革プロセスの第三段階を完了したとはいえないのである。

第四ステップの落とし穴：社内コミュニケーションが絶対的に不足している

社内コミュニケーションの落とし穴については、次の三パターンがよく散見される。どれもありふれたものばかりである。

①変革推進チームが優れた変革ビジョンを作成したものの、たった一度説明会を開いただけ、あるいはたった一通の文書を配付しただけで、その内容を社員に伝え終えたとしてしまう。年間の社内コミュニケーション量から見れば、ほんの〇・〇〇〇一%だけしか時間を費やしていない。にもかかわらず、新しい方針を理解している社員がほとんどいないことを知って変革推進チームはがく然としてしまう。

②トップがそれ相応の時間を割いて社員に説明したつもりだったが、ほとんどが理解できていない。この場合も、ビジョンの説明に年間の社内コミュニケーション量のせいぜい〇・〇〇〇五%しか費やしていないのだから、当然と言えば当然である。

③社内報や説明会といったかたちでも、①や②以上の努力を傾けているが、有力役員の何人かが新しいビジョンと正反対の態度を取り続けている。その結果、社員たちの気持ちは次第に冷め始め、伝えられた内容にも疑心暗鬼が強まっていく。

何百、何千という人々が――多くの場合、短期的な犠牲を払ってでも――進んで協力してくれない限り、変革は不可能である。仮に社員が現状に満足していなくとも、変革は成功すると確信できない限り、自ら犠牲を払おうとはしない。信頼に足る十分なコミュニケーションなくして、彼ら彼女らの心や関心を集めることなどけっしてできない。

短期的な犠牲の中身が「人員削減」となると、第四段階は、困難を極めることだろう。リストラがビジョンに含まれている場合、ビジョンへの理解や支持を得るのは難しい。それゆえ、ビジョンを実現させるには、新たな成長の可能性を示唆すると同時に、解雇される社員全員にしかるべき待遇を確約することを謳うべきである。

コミュニケーション力に長けた執行役員の場合、日常業務のあらゆる面でビジョンに関するメッセージを巧みに織り込む。

たとえば、業務上の問題に関する解決策が定例会議に諮られた際などは、全社のビジネスシステムに適合するのか否かについて話す。また通常の人事考課の場面でも、その社員の行動がビジョンに貢献するのか、逆に不適当なのかについて説明する。ある部門の四半期の業績を検討する際も、ただ数字を追うだけでなく、その部門のマネジャーたちがいかに変革に貢献しているかに触れる。さらに、社内説明会などの質疑応答の場にでも、変革の目標に関連づけながら、社員からの質問に答える。

成功した変革運動を見てみると、ビジョンを広く知らしめるため、執行役員はありとあらゆるコミュニケーション手段を活用していた。たとえば、退屈でだれも読まなかった社内報をビジョンに関する記事だらけにしてリニューアルする。あるいは、形式的で時間ばかりかかっていた役員会議を、変革について意見を交わす議論の場へ改める。従来の管理者研修を思い切って廃止し、その代わりに業務上の課題や新しいビジョンを主眼にした研修に変更する。

この場合における基本原則は至ってシンプルである。つまり、思いつく限りのコミュニケーション手段を利用すること、それもさして重要視されていなかった情報メディアを活性化させることである。

さらに重要なことは、大規模な変革を成功させた企業の場合、執行役員たちが「歩く広告塔」となっていたことである。彼らは新しい企業文化のシンボルになろうと意識的に努めていた。これは生易しいことではない。

六〇歳になる一人の工場長について考えてみよう。それまでの四〇年間、顧客のことなど脳裏をかすめた経験など微塵もないのに、突然「顧客重視で行動せよ」と求めても土台無理な話である。しかし、そのような人が変わる様を私はこの目で見た。それも劇的な変わり方であった。

この場合、事態が切迫していたことが好都合となった。加えて、彼も変革推進チームの一員であり、また、ビジョン作成チームの一員であったことも幸いした。望ましい行動が何であるのか、あらゆるコミュニケーション手段を用いて伝えられたこともプラスに作用した。同僚や部下からのフィードバックのおかげで、自らの行動がビジョンにふさわしくない場合などは、そのことに気づくこともできた。

コミュニケーションは言葉と行動の両方が必要であり、特に行動は最も説得力あふれる手段となる。要するに、自分の言葉とは裏腹な行動を取る経営幹部こそ、変革をつぶしてしまう元凶なのである。

第五ステップの落とし穴：ビジョンの障害を放置してしまう

変革プログラムが成功に向かいつつある場合、段階が進むにつれて社員たちを巻き込み始める。社員たちはプログラムに勇気づけられ、自ら新しいアイデアを思いついたり、リーダーシップを発揮したりするようになる。このような行動は、ビジョンが指し示す方針から大きく外れてさえいなければ問題はない。それに、大勢の人が参加すればするほど成果は大きくなる。

変革推進チームが新たな方針を効果的に伝えられれば、ある程度は社員たちに新しい行動を起こさせることが可能である。しかし、コミュニケーションだけで事足りるわけではない。イノベーションを現実化させるには、障害を取り除くことも不可欠なのだ。

これはよくあることだが、ある社員が新しいビジョンを理解し、その実現に協力しようと思い立ったとしよう。しかし、その行く手には巨象が立ちはだかる。その象は、その当人の頭のなかにしか存在しないこともあり、この場合、障害と思えるものが実は幻であることを当人に納得させることが課題となる。

最も多いのは、障害物は実際に存在しているケースである。たとえば、組織構造が障害となる場合もある。職務規定が細分化されているため、生産性を向上させようという意欲が湧かなかったり、顧客について考えることすら難しかったりする時がある。また、成功報酬制や勤務査定制度があるために、新しいビジョンよりも、個人の利益を優先してしまうケースもある。

ただし最も厄介なのは、変革を拒み、全社の動きとはそぐわない要求を突きつけてくる管理職である。

ある企業では、社内広報を十分に展開したうえで変革プロセスを開始し、第四段階までは順調に進めてきた。ところが、同社最大の事業部を統括する執行役員がすべてを振り出しに戻すような行動を取ったために、変革は見事に覆されてしまった。彼は口では変革に賛成していたが、自らの行動を改めたり、部下の意識を変えようとしたりはしなかった。また、ビジョンが求めるような斬新なアイデアが提示されても、その発案者に報いることもなかった。明らかに人事制度が新ビジョンと齟齬をきたしているにもかかわらず、改定することはなかった。

彼の心境は複雑なものだったことは想像に難くない。自社がこれほどまで大規模な変革を必要としているとは思っていなかったばかりか、変革一つひとつが自らを脅かしていると感じていたことだろう。また、変革を推し進める一方、予算上の営業利益を達成するなど土台無理な話だとも思っていたはずである。

他の執行役員たちは改革推進派であったにもかかわらず、彼がボトルネックとなっていることに、何ら手立てを講じようとはしなかった。この原因もやはり複雑だった。この企業は過去このような難題に直面したことがなかったばかりか、なかには当の執行役員を恐れている者もいた。CEO自身も優秀な役員を失うことになるのではないかと危惧していた。

結末は悲惨であった。現場のマネジャーたちは、経営陣たちの意気込みは偽物だったと結論づけ、冷ややかな見方が社内に蔓延し、変革プログラムのすべては崩壊してしまった。

どんな組織でも、変革プロセスの前半では、すべての障害を排除するだけの勢いもエネルギーも、そして時間すら持ち合わせていない。それでも、重大な障害と対峙し、これを取り除かなければならない。それが人間の場合でも、泣いて馬謖《ばしょく》を斬らなければならないこともある。

ただし、その処分についても新しいビジョンに沿って公明正大に実施することが肝要である。しかし、処分という行動をためらってはいけない。社員のやる気を引き起こし、変革プログラムへの信頼を維持するためには是が非でも必要だからである。

第六ステップの落とし穴：計画的な短期的成果の欠如

変革が本物になるには時間がかかる。したがって、達成可能な短期目標を設定しておかないと、変革の勢いを失速させかねない。このまま行けば期待どおりの成果が得られると確信できる証拠を、一、二年の間に確認できなければ、ほとんどの人が遠い道程を歩き続けようとはしない。短期間で何らかの成果を上げられない場合、多くの人は投げ出したり、抵抗勢力についてしまったりする。

変革が順調に進んでいる場合、一年もしくは二年で品質に関する指標が向上し始め、最終利益の減少にも歯止めがかかる。新製品が成功することもあれば、市場シェアが拡大することもある。あるいは、生産性が格段に向上したり、顧客満足度が上昇したりするかもしれない。どのようなケースであれ、成果は目に見えて明らかなものであり、変革の反対派にあざけられるような主観的なものでもない。

短期的に成果を上げることと、短期間で成果を上げたいと願うことは別物である。後者は受動的であり、前者は能動的である。順調に進んだ変革を見ると、経営陣は業績が明らかに改善しうる手段を積極的に模索し、年度計画に目標を設定し、その目標の達成に貢献した社員を表彰したり、昇格させたり、また報奨を与えたりする。

一例を紹介しよう。アメリカのあるメーカーでは、変革プログラムを開始した二〇カ月ほどで、変革推進チームの発表した新製品が大成功を収めた。この新製品は、プログラムのスタートから六カ月経った時点で、複数の基準をクリアしていたため発売が決まったのである。その基準とは、比較的短期間に設計可能であり、市場に投入できること、新しいビジョンの信奉者である少数の面々で担当できること、売上げの伸びが期待できること、製品開発チームが組織を超えて作業しても実務上の問題を生じないことなどであった。つまり、これは計算ずくの計画だったのである。そしてこの成果によって変革プログラムの信頼性はいっきに高まった。

短期的な成果を求められ、不平を漏らすマネジャーも多い。とはいえ、変革を推進するうえでは、このようなプレッシャーがプラスに働くことがある。というのも、「大規模な変革は時間がかかる」ことが社員の間に広がると、変革が喫緊の課題であるという事実がなおざりにされやすい。そこで、短期的な成果を出すという責務を課すことで、緊急性を常に意識しつつも、ビジョンに磨きをかける努力が後押しされるのである。

第七ステップの落とし穴：早すぎる勝利宣言

経営者とすれば、数年にわたって懸命に努力した末、業績が改善したとだれもが認める段階が訪れれば、勝利宣言を発したいという衝動に駆られるのも無理からぬことである。

個々の成果を祝うのは結構だが、この段階で勝利を宣言してしまうと、いままでの努力が台無しになりかねない。さまざまな変化が企業文化に定着するには、少なくとも五〜一〇年は必要であり、そこに至るまでは新しいアプローチというものは脆く、後退の可能性をはらんでいる。

つい最近、私は「リエンジニアリング」というテーマの下に実行された一二社の変革プロセスについて観察してみた。このうち実に一〇社で、開始して二、三年後、最初の大プロジェクトが完了した時点で勝利宣言が出されていた。コンサルタントたちには、ねぎらいの言葉と共に高額な報酬が支払われた。しかし、変革プロジェクトの効果は、その後二年足らずで次第に影が薄くなっていった。一〇社のうちの二社に至っては、現在リエンジニアリングの痕跡すら見当たらないという有り様であった。

この二〇年間、大きなＴＱＭプロジェクトや組織再編などでも同様のことが繰り返されてきた。まず、変革の初期段階から何らかの問題をはらんでいるというのが典型である。つまり、緊急性への認識不足、変革推進チームの力量不足、ぼやけたビジョンなどである。そして、せっかくの変革の勢いに水を差すのが、先走った勝利宣言である。その結果、保守勢力が主導権を奪い返してしまうのである。

皮肉なことに、変革推進派と反対派が時期尚早の勝利を一緒に祝う場面も珍しくない。推進派は進歩の兆しが目に見えたことにすっかり舞い上がってしまう。一方の反対派は変革を阻止するチャンスと見抜き、喜ぶ。

祝勝会が終わると、反対者は「戦いは勝利のうちに終わったのだから、戦士諸君は自分の家に帰りなさい」と声をかける。すると、疲れ切った彼らは「自分たちは勝ったのだ」と思い込んでしまう。一度自分の家へ戻ってしまうと、彼らは再び戦艦へ乗り込もうとはなかなか思わない。ほどなく変革は座礁し、過去が再び忍び寄ってくるのである。

優れたチェンジ・リーダーは、勝利宣言の代わりに、短期間で結果を出したことによる信頼感を追い風に、より大きな問題へと立ち向かっていく。具体的には、ビジョンから逸脱しており、これまで放置されていた制度や組織に次の狙いを定める。だれが昇進し、どんな人材が登用され、社員がどのような教育を受けているかにも着目する。また、当初のプログラムよりも範囲を広げたプロジェクトにも取り組む。彼らは、変革プロジェクトに年単位の時間が必要であることを承知しているのである。

ここで、七年間にわたったある変革の成功例について触れてみたい。変化の度合いを年度ごとに点数化し、最低は一、最高は一〇とした。初年度は二、二年目は四、三年目は三、四年目は七、五年目は八、六年目は四、七年目は二という結果となった。ピークは五年目で、それは成果が目に見えるかたちで表れてから三年が経過した時点でもあった。

第八ステップの落とし穴：変革推進チームのリーダーシップが不十分である

会社を人間の身体に例えるならば、変革という血液が身体の隅々まで行き渡るようになって、初めて変革の成果が「我々の生き様」として定着したといえる。新しい行動様式が社内の規範や価値観として根を下ろさない限り、変革の圧力が弱まるや否や、廃れてしまう。

変革を企業風土として制度的に根づかせるには、次の二つの要素が特に重要である。

一つは、新しいアプローチや行動様式、考え方などが業績改善にどれくらい貢献しえたのか、社員に意図的にアピールしていくことである。業績改善との関連性の是非を社員任せにしてしまうと、とんでもない勘違いが起こってくることがある。

たとえば、ハリーというカリスマ的な上司の下で業績が改善した例では、社員はハリー流のやり方が功を奏したと考え、自分たちの顧客サービスの質や生産性が向上したことが成功要因だとは考えない。変革の因果関係を正しく理解させるには、やはり社内コミュニケーションが不可欠である。この点において、ある企業は驚くほど徹底していた。実際、その成果はてき面であった。同社では、経営会議で毎回時間を割いて、なぜ業績が向上したのかを話し合った。そして社内報で、変革によってどのように売上げが向上したのか、何度も何度も報じたのである。

第二の要素は、次世代の経営陣に新しい考え方がしっかり身につくよう、十分な時間をかけることである。また、昇格の基準が変わらないままでは、変革の効力は長続きしない。実際、トップの交代人事で、誤った後継者を選んだがために、一〇年にわたる変革の努力が水の泡になってしまうことは珍しくない。

取締役会が変革プロセスに参画していない場合、誤った選択に向かってしまう可能性は大きくなる。私が見たなかでは、少なくとも三つの企業でそのような事態が起こった。

変革の立役者が退任するに当たって、その後任として選ばれた人物は変革の反対者ではなかったが、変革の貢献者と呼べるほどでもなかった。取締役会は変革プロセスの細部まで理解していなかったため、自分たちの選択が正しくなかったことに気づかなかったのである。

また、退職する執行役員が変革を熟知している人物を後継者に推したという例もあれば、経験が浅いという理由で他の役員を説得し切れなかったという例もあった。

さらに別の二社では、よもや変革を中止するとは思わずに、取締役会が推す人物を後継者として考えもなく受け入れたCEOもいた。しかし、彼らの判断は間違っていた。二年も経たないうちに、どちらの企業でも変革の兆候は消え始めていた。

失敗を最小化することが成功のカギ

変革における落とし穴は、これら以外にもたくさんあるが、ここで挙げた八つはとりわけ無視できないものである。このような限られた紙幅では、すべて単純すぎる印象が残るかもしれない。事実、成功例にしてもその変革プロセスとは混乱極まる、驚きの連続である。

しかし、変革を成功させるべく人々を駆り立てるには単純明快なビジョンが必要であり、そのようなビジョンを掲げることができれば、その過程でミスを犯す確率を減らせるはずだ。どれだけミスを減らすことができるか、これが変革の成否を分けるカギにほかならない。

第8章

1960年度マッキンゼー賞受賞論文

マーケティング近視眼

セオドア・レビット

"Marketing Myopia,"
Harvard Business Review, July-August 1960.
邦訳「マーケティング近視眼」
『DIAMOND ハーバード・ビジネス・レビュー』2001年11月号。

セオドア・レビット
(Theodore Levitt)
元ハーバード・ビジネススクール名誉教授。1959年からハーバード・ビジネススクールの教壇に立ち、1985～1989年『ハーバード・ビジネス・レビュー』誌編集長を兼任。1960年代に「製造業のサービス事業化」「サービスの標準化」「顧客リレーションシップ」「アフター・マーケット」「無形資産の価値」の重要性を説く慧眼ぶりは、「マーケティング界のドラッカー」とも呼ばれるゆえんである。主な著書に『T.レビット　マーケティング論』(ダイヤモンド社)。

事業衰退の原因は経営の失敗にある

主要産業といわれるものなら、一度は成長産業だったことがある。いまは成長に沸いていても、衰退の兆候が顕著に認められる産業がある。成長の真っただなかにいると思われている産業が、実は成長を止めてしまっていることもある。

いずれの場合も成長が脅かされたり、鈍ったり、止まってしまったりする原因は、市場の飽和にあるのではない。経営に失敗したからである。失敗の原因は経営者にある。つまるところ、責任ある経営者とは、重要な目的と方針に対応できる経営者である。具体例を示そう。

鉄道会社のケース：鉄道が衰退したのは、旅客と貨物輸送の需要が減ったためではない。それらの需要は依然として増え続けている。鉄道が危機に見舞われているのは、鉄道以外の手段（自動車、トラック、航空機、さらには電話）に顧客を奪われたからでもない。鉄道会社自体がそうした需要を満たすことを放棄したからなのだ。鉄道会社は自社の事業を、輸送事業ではなく、鉄道事業と考えたために、顧客をほかへ追いやってしまったのである。事業の定義を誤った理由は、輸送を目的と考えず、鉄道を目的と考えたことにある。顧客中心ではなく、製品中心に考えてしまったのだ。

映画会社のケース：映画の都ハリウッドは、テレビの攻勢による破滅からかろうじて踏みとどまっている。現実には、すべての一流映画会社は、昔の面影が残らないほどの大変革を余儀なくされ、なかには、はやばやと消え去った会社もある。

映画会社が危機に陥ったのは、テレビの発達によるものではなく、「戦略的近視眼」のためである。鉄道会社と同じように、映画会社も事業の定義を誤ったのだ。映画産業をエンタテインメント産業と考えるべきだったのに、映画を制作する産業だと考えてしまったのである。映画という製品は、他のもので代替などできない特殊な商品だ――こう考えてしまうと、ばかげた自己満足が生まれる。映画制作者は、初めからテレビを脅威と見てしまった。ハリウッドはテレビの出現を自分たちのチャンス――エンタテインメント産業をさらに飛躍させてくれるチャンスとして、テレビを歓迎すべきだったのに、これを嘲笑し、拒否してしまった。

今日テレビは、狭い意味に定義されていた映画産業よりも巨大な産業である。ハリウッドが、製品中心（映画の制作）ではなくて、顧客中心（娯楽の提供）に考えていたら、財政的に苦しむこともなかっただろう。結局ハリウッドを救い、最近の再起をもたらしたのは、若手の脚本家、プロデューサー、監督たちである。彼らは、かつて古い体質の映画会社を打ちのめし、映画界の大物を動揺させながら、テレビ界で名を挙げてきた。

このほかにも、事業の目的を誤って定義したために将来が危ぶまれるようになった例がある。そのうちのいくつかは、後ほど詳しく議論し、苦境に追い込んだ原因について分析してみたい。ここでは、明らかにチャンスを逸した場合でも、顧客中心の経営を徹底すれば、成長産業であり続けることができることを示したい。

デュポンとコーニングは、長い間競合関係にあった。共にナイロンとガラスの製造に優れ、技術力が非常に高く、製品中心型の企業であることは間違いない。しかし、両社の成功は製品だけによるものではない。大昔のニューイングランドの織物会社ほど、製品中心で製品重視を打ち出していたところはなかったが、いまではその片鱗もなく消え失せてしまっている。

デュポンとコーニングの成功要因は、製品志向やR&D志向であると同時に、顧客志向に徹していたことにある。技術ノウハウを応用し、顧客を満足させるチャンスを常に探し続け、膨大な数の新製品を生み出し、ことごとく成功させてきた。顧客について鋭い目を配っていなかったら、新製品の大部分は的外れなものとなり、その販売方法も空回りしていたに違いない。

アルミニウム産業も成長を続けている。これは戦時中に設立された二つの企業のおかげである。カイザー・アルミニウムとレイノルズ・メタル（訳注：現アルコア）によって、顧客を満足させるまったく新しいアルミニウムの用途が開発されたのである。この二社が存在しなかったら、今日のアルミニウム総需要ははるかに少ないものになっていただろう。

経営の想像力と大胆さ

鉄道産業とアルミニウム産業を比べたり、映画産業とガラス産業を比較したりするのは愚かなことだと批判する人がいるかもしれない。アルミニウムやガラスはもともと生産素材で汎用性が高いのだから、鉄道や映画よりも成長の機会に恵まれていて当然だと。この考え方こそ、私が本稿で述べてきた失敗に陥らせた根本原因である。

産業や製品、あるいは技術ノウハウについて狭く定義してしまったがために、それらを十分花咲かせないままに衰退させてしまう。「鉄道産業」の場合、その意味は「輸送産業」でなければならない。輸送産業としてなら、鉄道にもまだまだ成長できるチャンスがある。鉄道による輸送だけに限定することはないからだ（もっとも、鉄道輸送は世間が考えているよりも、はるかに強力な輸送手段になりうると私は考えている）。

鉄道産業に欠けているものは、成長のチャンスではない。鉄道をここまで大きくした、経営的な想像力と大胆さなのである。ジャック・バーザン（哲学者。著作に『ダーウィン、マルクス、ヴァーグナー 知的遺産の批判』〈法政大学出版局〉など）のような素人でさえ、鉄道に欠けているものに気づいて、次のように述べている。「前世紀において最も進んだ物的社会的組織（鉄道）が、それを支えていた想像力を欠いたために、みじめで不名誉な地位に落ちていくのを見ると、慙愧《ざんき》に耐えない。いま鉄道に欠けているものは、創意と手腕によって生き残り、大衆を満足させようという会社の意思なのである（注1）」

忍び寄る陳腐化の影

主要産業といわれるもので、ある時期に「成長産業」という名称を与えられなかった産業など一つもない。どれを見ても、その強みは、明らかに製品の優秀さにあった。有力な代替品もありそうになかった。その製品自体が既存の製品を蹴落とす代替品として、圧倒的な力を見せたのである。ところが、このような花形産業にも、衰退の影が忍び寄ってくる。あまり注目されなかったケースについて、少々触れておきたい。

ドライクリーニング産業：かつてドライクリーニング産業は、前途洋々の成長産業であった。ウール衣料全盛の時代には、衣料を傷めず簡単に洗うには、結局ドライクリーニングしかないと考えられており、その活況は長く続いた。しかし、ブームが始まって三〇年経ったいま、ドライクリーニング産業は苦境に立たされている。そのライバルはどこから来たのだろうか。より優れたクリーニング法が生まれたのだろうか。そうではない。合成繊維と化学添加剤の登場で、ドライクリーニングの必要がなくなったのである。これはまだ序の口にすぎない。化学処理を行うドライクリーニングを徹底的に陳腐化させる強力な魔法使い――超音波クリーニングが、翼を伏せて、いつでも飛び立とうと身構えているからだ。

電力事業：電力にも代替品がなく、向かうところ敵なしに成長を続けると考えられている。白熱電球の登場によって、石油ランプの時代は終わった。電動モーターの汎用性、信頼性、操作性、どこでも容易に使用できる利便性によって、水車も蒸気エンジンも粉砕されてしまった。電力事業は目を見張るばかりの繁栄を続け、家庭はいまや電気器具の展示場のようだ。向かうところ敵なしであるのに加えて、成長が約束されており、電力事業に投資しない人間などいない。

しかしよく見直してみると、万事順調というわけではない。というのは、電力会社以外で燃料電池の開発を進めている会社があるからだ。この装置は各家庭の人目につかない場所に設置され、音も静かである。この燃料電池が普及すると、住環境の美観を損なっていた電線も姿を消すことになる。街路を不断に掘り返す工事や、台風時の停電もなくなるだろう。近い将来、太陽エネルギーの研究も、電力会社以外の企業によって進められるに違いない。

こう考えると、電力会社にライバルはいない、とだれが言えるだろう。現在、電力会社が独占企業であることに間違いはないが、将来、死滅の時を迎えてもおかしくない。これを避けるには、電力会社も、燃料電池、太陽エネルギー、その他の新しいエネルギー源の開発に努めなければならない。生き残りをかけて、現在の糧をみずから陳腐化させなければならないのである。

食料品店：昔、「街角の食料品店」と呼ばれ、かなり繁盛していた店舗があったことを、ほとんどの人は覚えていないだろう。スーパーマーケットの効率性がこのような食料品店を押しつぶしてしまったのである。

一九三〇年代、このスーパーマーケットの攻勢から何とか逃れられて存続できたのは、大規模食料品チェーン店だけであった。最初の本格的なスーパーマーケットは、三〇年にロングアイランド州ジャマイカで生まれた。三三年までには、カリフォルニア、オハイオ、ペンシルバニアその他の各州に広がっていった。ところが、既存の食料品チェーン店は尊大に構えたまま、スーパーマーケットの成長を無視した。その後、やっとその存在に気づいた時でさえ、「安売り屋」「荷馬車行商人」「素人商店経営」さらに「商人道徳のない一発屋」といった表現で嘲笑したのである。

当時、ある大規模チェーン店の経営者は次のように言った。「人々が何マイルもの遠方から食品を買いに来るなんて信じられない。チェーン店の行き届いたサービスには奥様たちもなじんでくれていて、それを犠牲にすることはありえない（注2）」

三六年になっても、全国食品卸商会議やニュージャージー州食品小売商協会は、スーパーマーケット恐れるに足りず、とばかりにこう宣言している。「スーパーマーケットは価格の安さを求めて来店する顧客に受けているのだから、市場規模は限られている。だから、周囲数マイルもの広い地域を商圏にしなければならない。商圏内に競合店が現れたら、互いに売上げが落ち、ついには大型倒産が起こるだろう。現在、売上げが伸びているのは、一つには物珍しさからだろう。消費者は、家の近くの便利な店がよいに決まっている。もし近所の食料品店が仕入先と協力し合って、コストに注意を払うと同時にサービスもさらに改善すれば、スーパーマーケットとの競争に耐え抜いて、やがて嵐も収まるだろう（注3）」

ところが、嵐は収まらなかった。食料品チェーン店が生き残るためには、みずからスーパーマーケット事業に進出せざるをえないことに気づいた。この意味することは何か。それは、食料品チェーンがいままでに街角の店の敷地や、独特の配送方法、マーチャンダイジング方式に投資してきた巨額の金がすべて無駄になるということなのだ。しかし、信念を貫く勇気を持ったいくつかの食料品チェーン店は、街角店の原理に固執した。彼らは誇りを捨てなかったが、無一文になってしまった。

成長産業など存在しない

記憶とは忘れ去られやすいものだ。たとえば今日、エレクトロニクス産業と化学工業を救世主と確信して歓迎している人たちが、急成長しつつあるこれら産業にも、やがて不吉の影が忍び寄るだろうと気づくことなどできるはずもない。

ある経営者などは——大変先見性に長けていたが——かつて近視眼にかかったことをすっかり忘れてしまっている。この経営者とは五〇年前に、ボストンに在住していた有名な百万長者である。彼は遺言状に「自分の全資産は永久に市電事業の株だけに投資すべし」と書いたがために、相続人たちを図らずも貧困に追いやってしまった。「市電は効率のよい都市交通機関であるから、永久に莫大な需要がある」という死後公表された彼の言葉は、ガソリン・スタンドの給油係としてやっと生活を支えている彼の遺産相続人にとって、何の慰めにもならない。

ところが、私がトップ・マネジメントを対象にたまたま実施した調査では、その半数が「自分の財産をエレクトロニクス産業に永久に投資させるとしても、相続人が困ることはない」と考えていた。そこで私がボストンの百万長者が市電事業に投資させた例を挙げると、口を揃えて「それは別の話だ!」と言った。はたして別の話なのだろうか。基本的には同じではなかろうか。

実は成長産業といったものは存在しないと私は確信している。成長のチャンスを創出し、それに投資できるよう組織を整え、適切に経営できる企業だけが成長できる。何の努力もなしに、自動的に上昇していくエスカレーターに乗っていると思っている企業は、必ず下降期に突入する。すでに死滅したか、死滅しつつある成長産業の歴史を調べてみると、急激な拡大の後に思いがけない衰退が訪れるといった、思い違いの繰り返しである。なぜこの繰り返しが起こるのか。そこには共通する四つの条件がある。

①人口は拡大し、さらに人々は豊かになり続けるから、間違いなく今後も成長すると確信している。
②当産業の主要製品を脅かすような代替品はあるはずがないと確信している。
③大量生産こそ絶対だと信じ、生産量の増加に伴って、急速に限界コストが低下するという利点を過信している。
④製品は周到に管理された科学実験によって、どんどん品質が改良され、生産コストを低下させるという先入観がある。

これら四つの条件の一つひとつについて、詳しく検討してみたい。できるだけ要点を明確にするために、三つの産業――石油、自動車、エレクトロニクス――なかでも、長い歴史を持ち、有為転変を繰り返してきた石油産業について、詳しく述べることにしよう。これら三つの産業は、評判もよく、慧眼の投資家たちの信頼も得ている。さらに経営者たちが、財務コントロールやR&D、管理者研修といった分野で進歩的な考え方を持っているとされる。もし、これらの産業でさえも陳腐化が忍び寄るとしたら、他の産業は言うまでもない。

人口増加という危うい神話

人口は増え続け、しかも人々が豊かになるので、利益は保証されているという確信はどの産業でも根強い。しかし、この確信ゆえに、未来への判断を鈍らせてしまう。消費者の数が増え続け、製品やサービスをどんどん買ってくれるとしたら、市場がだんだん先細りになる場合に比べれば、未来を安易に考えるのも無理はない。市場が拡大している時には、メーカーは真剣に思考したり、想像力を働かせたりはしない。問題があれば知的に反応することを思考だとするなら、問題がなければ思考は停止してしまう。もしひとりでに拡大する市場があるとしたら、どのようにして市場を拡大すべきかなどと真剣に考えたりしないだろう。

これについて興味深い事例がある。石油産業には、アメリカでいちばん古い成長産業という、輝かしい歴史がある。現在、その成長性を危ぶむ説もあるが、石油産業自体は楽観的な見方を取り続けている。とはいえ石油産業にも、他の産業と同じ基本的な変化が訪れているはずである。成長を続けることが難しくなっているばかりでなく、他の産業に比べると衰退産業と言わざるをえない現実がある。まだ人々は気づいていないが、二五年以内には、鉄道がいま直面しているような過去の栄光を懐かしむ立場に追い込まれるのではないだろうか。投資評価のＮＰＶ（正味現在価値）法の開発と応用、社員との関係や発展途上国との合弁事業などで見せたパイオニア的な業績にもかかわらず、自己満足と頑迷さとが、いかにチャンスを台無しにするかという、悲劇的な事例となってしまっているかもしれない。

増大する人口が望ましい結果につながると信じてきた産業、また同時に強力な代替品は存在しない素材製品を持っている産業の特徴とは何だろう。業界内の各社は既存の製品や販売方法を改良することで、他社よりも一歩先んじようと努力する。もちろん、顧客が製品特性だけで製品を比較するために、売上高が国の人口数と比例するというのであれば、この努力も意味があるだろう。

ジョン・D・ロックフェラーが中国へ石油ランプを無料で送って以来、石油産業は何一つ際立った需要創造の努力をしてこなかった、という事実を無視してはいけない。実際には、製品改良にさえ、これといった実績を残していないのである。ただ一つ最大の改良、テトラエチル鉛の開発も、石油産業以外──ゼネラルモーターズとデュポン──から生まれたものだ。石油産業の大きな貢献といえば、油田探査や採油、精製の技術くらいなものである。

つまり、石油産業の努力は石油の採掘と精製の効率改良にのみ向けられ、石油製品そのものの品質改良やマーケティングの改良に対しては、何もしてこなかったのだ。さらに、主要製品をガソリンというごく狭い範囲に限定しており、エネルギー、燃料、輸送用の資源という、幅広い定義をしなかった。その結果、次のようなことが起こった。

- ガソリンの品質についての大きな改良は、石油産業から生まれなかった。優れた代替燃料（後述する）の開発も、石油産業によるものではない。
- 自動車燃料のマーケティングを変革したのは小さな石油会社によるもので、この会社は石油の採掘や精製とは無縁だった。給油ポンプを多数設備したガソリン・スタンドを次々とつくり、広くて清潔な店舗レイアウト、スピーディで効率的なサービス、良質なガソリンの廉売に力を傾け、成功を収めた。

このように石油産業は難問を抱え込むことになった。いずれも石油産業以外から持ち込まれたものである。遅かれ早かれ、この産業にリスクを恐れない革新者や起業家が現れ、危機がもたらされることは間違いない。この危険性をもっとはっきり示そう。次に挙げる、経営者の多くが抱いている危険な確信に目を向けてみればわかる。これは最初の確信と密接な関連があるので、いま一度石油産業を例に取ることにする。

代替品が現れない製品はない

石油産業には、その主要製品であるガソリンに匹敵するような代替品はなく、しいて挙げればディーゼル燃料やジェット燃料など原油からの精製品だろう、と一般的に考えられている。

この考え方は、多分に希望的観測によるものだ。問題は、ほとんどの石油精製会社が膨大な量の原油を貯蔵していることにある。貯蔵原油に価値があるのは、原油を原材料とする製品の市場が存在している時だけだ――したがって、原油からつくられる自動車用燃料の競争優位は揺るがない、という確信が生まれたのである。

過去の歴史上の事実は、この確信が誤っていると教えている。にもかかわらず、この確信は根強い。歴史が証明しているように、石油はどんな目的にも長期間にわたって優れた製品であったことはない。それどころか、石油産業は成長産業であり続けたこともない。成長、成熟、衰退という通常のサイクルを経た事業の連続にすぎない。石油産業が生き延びてこられたのは、幸運が続き、陳腐化の底に落ち込むのを奇跡的に救ってくれたからだ。ちょうど使徒パウロが危機に陥った時に、土壇場で思いがけなく刑の執行が延期されたようなものである。主なエピソードだけを挙げていこう。

石油ランプの衰退：当初、原油は主に売薬として使われていた。薬としての人気がまだ続いているうちに、石油ランプが使われるようになり、需要は拡大した。石油ランプは世界中に普及するという予想から、需要の飛躍的な拡大が見込まれた。現在、ガソリンがこれと似た状況にある。世界中至るところでガソリンが必要になるという見通しは、はたして正しいのか。発展途上国の国民が一台ずつ車を持つ日は、いったいいつ訪れるのだろうか。

石油ランプの時代、それを改良するため、石油会社同士で競い合っていた。あるいはガス灯相手に競争していた。ちょうどその頃、突然信じがたいことが起こった。エジソンが、石油がいらない照明器具、白熱電球を発明したのである。もし当時、暖房用の石油需要が増えなかったら、エジソンの白熱電球が石油を完全に成長産業の座から引きずり降ろしていただろう。暖房以外では、機械の潤滑油くらいの用途しかなかったからである。

セントラル・ヒーティングの出現：その後再び危機に見舞われたが、石油産業は踏みとどまることができた。二つの大きなイノベーションが起こったのだが、そのどちらも石油産業から生まれたものではなかった。石炭を燃料とする家庭用セントラル・ヒーティング・システムの開発により、これまでの暖房機は陳腐化してしまった。石油産業があわてふためいているうちに、強力な救いの手が差し伸べられた——内燃機関の発明である。この発明もまた石油産業によるものではない。

内燃機関によるガソリンの膨大な需要は、一九二〇年代になって横ばいになり始めたが、セントラル・

オイル・ヒーティングの出現でまたしても奇跡的に救われた。前回と同様、この発明と開発を担ったのは石油産業ではない。この市場が衰えてきた時、航空機用のジェット燃料という戦時需要が救いの神として現れた。戦後は、民間航空の発達、鉄道のディーゼル化、乗用車およびトラックの爆発的な需要に支えられて、石油産業は高い成長を維持し続けた。

天然ガスの脅威：セントラル・オイル・ヒーティングについては、将来ブームになりそうだと最近言われ始めている。だがすでに、天然ガスとの激しい競争が始まっている。石油と競合するようになった天然ガスを所有しているのはほかならぬ石油会社だが、率先して天然ガスへの移行に取り組んでおらず、天然ガスを所有しているという特権を利用しようともしていない。天然ガスへの移行に取り組んでいるのは、新しく生まれたガス販売会社である。積極的に天然ガスを市場に売り込んでいる。当初、ガス販売会社は石油会社の警告を無視し、石油会社の抵抗を物ともせず、輝かしい新産業のスタートを切ったのである。

筋から言えば、天然ガスへの移行を主導すべきだったのは、もちろん石油会社である。彼らは、天然ガスを所有しているだけではない。天然ガスの処理、不純物の除去、使用法、そしてパイプラインの技術と配給に関する経験があるのも彼らだけなのである。暖房について最も理解しているのも、石油会社である。だが、天然ガスが暖房用石油と競合するという理由もあって、天然ガスの将来性を無視してしまったのである。

天然ガスへの移行は、最初、石油パイプライン会社の経営幹部によって始められた。ガス販売を上申したが、受け容れられなかったためいさぎよく退社し、天然ガス販売会社を発足させ、見事に成功させたのである。この成功が石油会社の頭痛のタネとなった後でも、彼らは天然ガスの販売に踏み切ろうとはしなかった。自分のものであったはずの何十億ドルもの事業は、他人の手に渡ってしまった。過去もそうであったように、石油産業は石油という特定製品、その貯蔵の価値だけに目を奪われていた。もちろん顧客の基本ニーズと嗜好については、ほとんど注意を払ってこなかった。

第二次世界大戦後の数年間は、無風状態だった。その直後には、旧来の製品ラインの需要が急速に拡大したため、未来はバラ色だった。一九五〇年には、国内需要の年間成長率を約六%と踏み、それは少なくとも七五年まで続くと予想した。(共産圏に対する)自由経済圏の原油埋蔵量と需要の割合が二〇対一であったにもかかわらず、アメリカではその割合が一〇対一と考えられていたこともあって、石油需要ブームが起こり、将来的な見通しもないまま、油田探しに狂奔し始めた。

五二年、中東で大油田が発見された。埋蔵量と需要の割合は、一挙に四二対一になった。もし、過去五年間の埋蔵量の平均増加率(年間三七〇億バレル)がこのまま続くとしたら、七〇年には四五対一になる。石油の過剰が明らかになったため、世界中で原油と石油製品の価格は軟化した。

幸運を呼び込む方法

今日、石油化学産業が急速な勢いで発展しているからといって、石油会社の経営者は安穏としてはいられない。石油化学工業もまた、大手石油会社が手掛けたものではないのだ。アメリカ全体の石油化学製品の生産高は、全石油製品の需要量の約二%にすぎない。石油化学工業は年間約一〇%成長すると見込まれているが、この程度では他の面での原油消費量の落ち込みをカバーできるものではない。石油化学製品は種類も多い。それぞれ成長しているとはしても、石炭など石油以外の基礎原料があることも忘れてはならない。そのうえプラスチックなどは、比較的少量の石油から大量に生産できる。石油プラントの効率性を考えると、最低一日五万バレルを精製しなくてはならないが、石油化学工業では、一日五〇〇〇バレルの石油消費が最大規模である。

石油は、過去においても常に成長産業であったわけではない。石油産業以外のイノベーションや開発に奇跡的に救われて、思い出したように成長したにすぎない。なぜ石油産業は成長路線をスムーズに歩めなかったか。優れた代替品が登場するおそれはないと業界が考えるたびに、石油は製品としての優位性を失い、陳腐化の道をたどらざるをえなかったからである。これまでのところ、ガソリンは自動車用燃料としては、この陳腐化の運命から逃れている。しかし、後述するように、ガソリンもまた、やがて瀕死の床に横たわるはずである。

以上の話のポイントを指摘すると、製品の陳腐化を免れる保証は何もないということだ。たとえ自社の製品研究では陳腐化が起こらなかったとしても、他社の技術開発によって陳腐化することもある。石油産業のように、特別な幸運に恵まれない限り、やがては赤字の泥沼に落ち込んでしまうことは目に見えている——ちょうど鉄道がそうだったように。馬車のムチ製造業がそうだったように。街角の食料品店がそうだったように。映画会社がそうだったように。そうした例は数え切れないほどある。

幸運に恵まれるには、みずからで幸運をつくり出すのが最良の方法だ。そのためには、事業を成功させる要因を知らなければならない。それを妨げる最大の敵の一つが大量生産である。

マーケティングは販売とは異なる

大量生産型の産業は、できる限り生産量を増やそうとする。生産量の増加に伴い、急速に製品の限界コストが低下する魅力には、どんな会社でも抗し切れるものではない。それがもたらす利益の増大は何よりも素晴らしい。したがって、企業努力は生産に集中し、その結果、マーケティングは軽視される。ジョン・ケネス・ガルブレイスはこれと逆の現象が起こると言う(注4)。生産量が膨大になるので、市場で処分するために懸命な努力がなされる、というのだ。彼によれば、騒がしいコマーシャルが流れたり、田園風景が広告で汚され、浪費としか思われない低俗な販促手法が取られたりするのは、このためだという。

ガルブレイスは一面の真理を突いているが、戦略的な面で過ちを犯している。大量生産が製品の「移動」に圧力をかける原因であることは間違いない。しかし通常、そこで強調されるのは販売であって、マーケティングではない。マーケティングは販売よりも高度で難しい機能なのに無視されるのだ。

マーケティングと販売は、字義以上に大きく異なる。販売は売り手のニーズに、マーケティングは買い手のニーズに重点が置かれている。販売は製品を現金に替えたいという売り手のニーズが中心だが、マーケティングは製品を創造し、配送し、最終的に消費させることによって、顧客のニーズを満足させようというアイデアが中心である。

産業によっては、大量生産の能力を最大限に利用したいという誘惑にかられ、何年もの間、経営トップが販売部門にはっぱをかけてきた。「製品をあますところなく売りまくれ。そうしないと利益が出なくなるぞ」

対照的に、真のマーケティング・マインドを持った企業は、消費者が買いたくなるような値打ちのある製品やサービスを創造しようとする。売ろうとするのは、製品やサービスそのものだけではない。それがどのようなかたちで、いつ、どのような状況下で、どのような取引条件により、どのように顧客に提供されるのか、ということも含めて、すべてを売ろうとするのだ。

最も重要なことは、企業が売ろうとするものが、売り手によって決まるのではなくて、買い手によって決まるという点である。売り手は買い手からの誘導によって動くのであり、売り手のマーケティング努力の成果が製品になる。けっしてその逆ではない。

大手メーカーの大量生産至上主義

ここまで述べたことは、事業運営の基本ルールとして守られているように聞こえるが、事実はまったく程遠い。ルールは守られるというよりも破られていると言ってよい。自動車産業を例に取ろう。自動車産業といえば、大量生産の代名詞といえ、その社会的影響力は最も大きい。顧客重視の姿勢が特に求められるので、毎年モデル・チェンジが必要になる。この過酷な要求を福に転じたのが自動車産業である。自動車メーカーは、年に数百万ドルを消費者調査に費やしている。しかし、新しく出現したコンパクトな小型車が発売初年度から大変な売れ行きを示している事実を見ると、こうした調査は、消費者の真のウオンツをつかめていなかったと言わざるをえない。小規模メーカーに数百万の顧客を奪われるまで、大手メーカーは、消費者が別の車を求めていることを理解しようとはしなかったのである。

長い間、消費者のウオンツとかけ離れた車しかつくれなかったのはなぜだろうか。消費者の嗜好の変化を調査が指摘できなかったのはなぜか。実際に小型車が売れるまで気づかなかったのである。事実が起こる前に今後何が起こるかを発見することこそ、消費者調査の目的ではないのか。

答えはこうだ。自動車メーカーは消費者のウオンツなど調査していなかったのである。前もって自動車メーカーが売り出そうと決めておいた車のうち、どれを消費者が好むのかを調査していたにすぎない。自動車メーカーは製品中心主義であって、顧客中心主義ではなかった。メーカーが満足させられる顧客ニーズであれば、その限りで製品は手直しする。それでメーカーの任務は完了すると考えたのである。時には、消費者のための金融に力を入れることもあったが、顧客が購入できるように配慮するというよりも、一台でも多く売ることが目的だった。

顧客のニーズが考慮されていないという例は書き切れないほどたくさんある。なかでも無視されてきたのが、販売の問題と自動車の修理・メインテナンス問題である。大手メーカーは、これらの問題は、二義的な重要性しか持たないと考えている。自動車産業の末端機関である小売店および修理サービス店は、メーカー組織の一部として経営もされていないし、コントロールもされていないのだから、それは明らかである。工場から出荷された後、自動車はけっして行き届いているとはいえないディーラーの手に委ねられる。

自動車メーカーの末端機関への無関心さを物語る事実を一つ挙げてみよう。修理サービスは販売を刺激し、利益獲得のチャンスでもあるが、シボレー七〇〇〇店のディーラーのうち、夜間の修理サービスを行っている店は五七店しかない。

消費者は、修理サービスについての不満を口にし、現行の販売体制の下で車を購入することには不安があると言っている。車の購入時や修理時の心配事は、おそらく三〇年前よりも深刻になっており、その数も増えているに違いない。それでも自動車メーカーは、不安に悩む消費者の声に耳を傾けず、消費者から指針を得ようともしていない。耳を傾けるとしても、生産中心という偏見のフィルターを通して解釈してしまうことだろう。マーケティングを、製造の後に続く必要な努力としか考えていないのだが、本来あるべき姿はその逆である。そう考える背景にあるのは、利益は低コストのフル生産でのみ生まれるといった偏狭な見方である。

ヘンリー・フォードはマーケティング第一主義

大量生産が利益を生むという考え方は、経営計画や戦略のなかに組み込まれてしかるべきである。だがそれは、顧客について真剣に考えた後のことである。この点こそ、ヘンリー・フォードの矛盾した行動から我々が学ぶべき教訓である。彼はある意味で、アメリカ史上、最も優れたマーケターであると同時に、最も非常識なマーケターだった。黒以外の色の車を販売しなかったという点では非常識だが、市場ニーズに適合した生産システムの設計をリードしたという点では優れている。

世間はきまってフォードを生産の天才としてほめるが、これは適切ではない。彼の本当の才能はマーケティングにあった。フォードの組立ラインによってコストが切り下げられたので売価が下がり、五〇〇ドルの車が何百万台も売れたのだ、といわれている。しかし事実は、フォードが一台五〇〇ドルの車なら何百万台も売れると考えたので、それを可能にする組立ラインを発明したのである。大量生産は、フォードの低価格の原因ではなく、結果なのだ。

フォードは繰り返しこの点を強調したが、生産中心主義の経営者たちは、彼の偉大な教訓に耳を貸そうとはしなかった。フォードがその経営哲学を簡潔に述べた文章を紹介しよう。

「当社のポリシーは、価格を引き下げ、事業を拡大し、製品を改良することである。価格の引き下げを第一に挙げたことに注意してほしい。当社は、コストが固定的だと考えたことはない。だから、さらに売上げが増えると確信するところまで、まず価格を引き下げる。その後で、その価格で経営が成り立つよう懸命に努力している。当社はコストで頭を痛めることはない。新しい価格が決められると、それにつれてコストを下げるからである。

コストを積み上げて価格を決めるという通常の方法は、狭い意味では科学的かもしれないが、広い意味では科学的ではない。なぜなら、いくら詳細にコストを計算しても、それに基づいた価格で製品が売れないとしたら、そのコスト計算は何の役にも立たないからである。コスト計算はだれでもするし、当社ももちろん詳細にコスト計算をしている。重要なことは、コストがどうあるべきかについては、だれにもわからないという事実なのだ。

それを発見する一つの方法は……まず価格を低いところに決め、その価格で経営が成り立つよう、全員が最も効率よく働かざるをえないようにすることだ。低い価格を定めれば、だれもがその価格で利益を捻出しようと努力する。このように追い込まれた状況のなかで、製造方法や販売方法について発見を重ねていくのであって、時間をかけてゆっくりと調査研究した結果ではない(注5)」

製品偏重主義の罠

生産にかかる限界コストさえ低くすると、なんとか利益が出るという考え方は大変な思い違いで、会社をだめにする。特に需要の拡大する成長企業では、マーケティングや顧客を重視しない傾向がある。このような狭量の偏見から生じるのは、成長ではなく衰退である。常に変化し続ける消費者ニーズや嗜好に対して、製品がうまく対応できなくなるに違いない。自社の既存製品しか目に入らないため、その製品が陳腐化しつつあることに気づかないのである。

その古典的な例が、馬車のムチ製造業だ。製品改良をいくら試みても、死の判決から逃れることはできなかった。しかし、馬車のムチ製造ではなく、輸送を事業ととらえていたら、生き残れていたかもしれない。存続に必要なこと、すなわち変革を試みていたかもしれない。輸送事業といかないまでも、動力源に対する刺激、あるいは触媒を提供する事業だと定義していたとしたら、ファン・ベルトかエア・クリーナーのメーカーとして生き残れたかもしれない。

いつの日か、石油産業も同じような古典的事例になるかもしれない。石油産業は、素晴らしいチャンスを他の産業に盗まれてきたので(たとえば、天然ガス、ミサイル燃料、ジェット・エンジン用潤滑油)、二度と同じ過ちは繰り返さないだろう、とだれもが考えているのではないか。

しかし、事実は違う。馬力の大きい自動車用に設計される燃料システムにおいて、画期的な開発がなされつつあるが、ほとんどが石油会社以外の企業によるものだ。石油産業は石油と結びついた幸福にうつつを抜かし、こうしたイノベーションを無視してしまっている。石油ランプが白熱電球に直面した時の話と同じである。現在石油産業は炭化水素燃料の改良を試みているくらいで、石油以外の原料であろうとなかろうと、ユーザーのニーズにいちばん適合した燃料を模索することなど、何ら試みていない。

石油産業以外で目下行われている開発の例をいくつか挙げてみよう。

- 一〇社以上で、エネルギー・システムの試作を進めており、これが完成すると従来の内燃機関に取って代わり、ガソリンの需要はなくなるだろう。これらシステムの優れた特徴は、燃料補給の際に作動を止める必要がないため、時間を無駄にしてイライラすることがなくなる点だ。システムのほとんどは、ガソリンを爆発させる方式ではなく、化学物質から直接電気エネルギーをつくり出す燃料電池である。水素や酸素など、石油から精製されるものとは違う化学物質が使われることが多い。
- ほかにも数社が大馬力の自動車用バッテリーを試作し始めている。そのうちの一社は、数社の電力会社と共同研究している航空機メーカーである。電力会社としては、電力消費の少ない深夜にバッテリーを充電させることで、ピーク時以外の発電能力を利用したいということだ。補聴器用の小型バッテリーに長い経験を持つ中規模エレクトロニクス・メーカーも、自動車メーカーと共同でバッテリーの開発に取り組んでいる。また、ロケット用に高出力で小型の動力貯蔵装置が必要なため、最近改良が進められているのが、大きな負荷や電流の乱れにも耐えられる、比較的小型のバッテリーである。これも実用化が近いと思われる。ゲルマニウム・ダイオードの応用や焼結した金属板を使ったバッテリー、そしてニッケル・カドミニウムの技術は、現在使用されているエネルギー源に革命をもたらすに違いない。

- 太陽エネルギー・システムも注目を集めつつある。ふだんは発言に慎重な大手自動車メーカーの経営者が最近、未来を予言して「太陽エネルギーで動く車が、一九八〇年までには普及するだろう」と述べた。ある石油会社の調査部長が私に語ったように、こうした動きは石油会社にとって、程度の違いはあるにしても、いずれも「注目すべき開発」である。

燃料電池を多少研究している企業はいくつかあるが、大部分の石油会社は、炭化水素を動力源とした装置に固執している。燃料電池やバッテリー、太陽エネルギーによる動力の研究に熱心に取り組んでいる企業は一社もない。ガソリン・エンジンの燃焼室の沈殿物を減らすといった平凡な研究にかけている費用の何分の一かでさえも、これらの重要分野には割いていないのである。

ある大手の総合石油会社が、最近、燃料電池の将来を予想して、次のように結論づけた。「燃料電池を熱心に研究している会社に言わせると、将来きっと成功するということだが、当社にしてみれば、燃料電池の影響がいつ頃、どれくらいの大きさで出てくるのか、あまりにも遠い将来のことなので、さっぱりわからない」

もちろん、「なぜ、石油会社が現在の事業とは違うことに取り組まなければならないのか」「燃料電池やバッテリーや太陽電池などは、現在の石油会社の製品ラインを無用にしてしまうのではないか」などといった疑問が出てくるかもしれない。答えはまさにそのとおり。だからこそ、石油会社はその競争相手より先に、これら新しい動力源の開発を進めなければならない。石油産業が消えてしまえば、石油会社は存在しえないからだ。

石油会社の経営者が、自社の事業はエネルギー産業であると考えれば、それは企業の存続に必要なことであるはずだ。ただし、エネルギー産業と自覚しただけでは十分ではない。従来と同じ製品中心主義の狭い考え方を捨てなければ、その自覚も無駄になる。石油会社は、石油を発見し、精製し、売るのが仕事ではなく、顧客のニーズを満たすことが仕事なのだ。輸送についてのニーズを十分に満たすのが仕事だと石油会社が正しく認識したならば、驚くほどの利益を生む成長を阻む障害は一つもないのである。

創造的破壊の重要性

「言うは易く、行うは難し」と言われるが、この考え方を突き詰めていくとどうなるかについて言及しておいたほうがよいだろう。まず、第一の出発点――顧客から始めよう。消費者が、ガソリンを買う場合のわずらわしさや手間を嫌っていることは間違いない。人々は実際にはガソリンを買っているのではない。ガソリンを見ることも、味わうことも、手で触れることも、よし悪しを知ることも、現実に試してみることもできないからだ。

では、何を買っているのかというと、自分の車を運転し続ける権利である。ガソリン・スタンドは、人々が自分の車を使用する代償として定期的に使用料を支払わせせられる徴税人のようなものである。つまり、ガソリン・スタンドはもともと嫌われ者なのである。なるべく嫌われないようにふるまったり、不愉快感を減らしたりすることはできても、好かれたり愉快な場所になったりすることはない。

つまり、人気を挽回したければ、ガソリン・スタンドをなくすしかないということだ。たとえ徴税人の人柄がよくても、徴税人を好きな人など一人もいない。たとえ美少年アドニスや魅惑的なビーナスから買うとしても、ガソリンといった目に見えない製品を、運転を中断してまで買いたいとは思わない。したがって、頻繁に燃料補給する必要がない代替品の開発に努めている企業は、イライラした消費者たちが差し伸べた腕のなかに飛び込めるのだ。これらの企業は必然的に成長の波に乗る。技術的により優れた、あるいはより高級な製品をつくり出すからではなく、顧客の強いニーズを満足させようとするからだ。しかも、その新しい燃料は有毒な臭気もなければ、空気汚染の心配もない。

石油会社が、顧客を満足させるには石油以外の動力システムが必要になるという論理を認めたとすると、消費効率の高い燃料(あるいは既存の燃料でも、消費者をイライラさせない給油方法)の開発に乗り出す以外に道がないことに気づくはずだ。かつて大規模食料品チェーン店がスーパーマーケット事業に参入し、真空管メーカーが半導体の製造に踏み切ったのと同じである。石油会社自体の将来のために、現在、高い利益を生んでいる資産を破壊しなければならなくなるだろう。いくら希望的観測によったところで、このような「創造的破壊」からは逃れられないだろう。

私がこの創造的破壊を強調するのは、経営者が旧来の考え方から抜け出す努力をしなければならないと考えるからである。現代は、一企業あるいは一産業が、みずからの事業目的を、フル生産の経済効率だけに置いたり、危険極まりない製品中心主義に偏ったりしやすい。経営者自身の考え方が定まらないと、経営は、どうしても製品やサービスを生産することに向かってしまい、なかなか顧客に満足を与える方向にはいかない。自社のセールスマンに向かって「製品を売りさばけ。そうでないと利益が出ないぞ」というほど底無しの泥沼にはまらないにしても、知らず知らずのうちに衰退の道を歩むことだろう。成長産業が次々とこの道をたどっていったのは、まさに自殺行為に等しい製品偏重主義に原因があったからだ。

R&Dに潜む危険な罠

会社の絶えざる成長を脅かす、もう一つの危険とは、トップ・マネジメントが技術の研究開発を進めさえすれば、利益は間違いないと思い込んでしまうことである。その例証として、新しい産業――エレクトロニクスをまず取り上げ、次に再び石油会社について考えてみたい。新しく取り上げる例と、すでに詳しく述べた例を比較することで、一つの危険な考え方が知らぬ間に広がっていることがわかるはずだ。

エレクトロニクス産業に属し、バラ色の未来が約束された新しい企業が直面する最大の危険とは何だろうか。R&Dに無関心なことではなく、あまりに注意を向けすぎるということである。急成長のエレクトロニクス会社がこれほどの地位に立てたのは、技術研究の賜物と強調しすぎることはまったくの的外れだ。エレクトロニクス会社が突然もてはやされるようになったのは、一般大衆がこの新しいアイデアに強い関心を示したためである。

エレクトロニクス会社の成功にはもう一つ原因がある。軍の助成金によって保証された市場があり、多くの場合、生産能力をはるかにしのぐ軍需があったためだ。言い換えると、これまでの発展は、ほとんどマーケティング努力なしにもたらされたものなのである。このようにエレクトロニクス産業は、優れた製品であれば自然に売れる、という幻想が生まれやすい条件の下で成長を続けている。

優れた製品を開発したことで成功した場合、経営者は製品を使ってくれる顧客よりも、製品のほうを重視するのは当然である。そして成長し続けるには、たえず製品の革新と改良を続けることだ、という信念が生まれる。この種の確信を強めこそすれ、けっして弱めさせない要因は、ほかにもたくさんある。

たとえば、エレクトロニクス製品は高度な技術によるものだから、経営者はエンジニアや研究者を特に重視する。そのため、マーケティングを犠牲にして、研究と生産にだけ重点を置く。企業の使命は、顧客のニーズを満足させることではなくて、製品を生産することだと考えてしまう。その結果、マーケティングは、製品の創造と生産という、第一義の仕事が完了した後にすべきことで、何か余分な二義的な活動という扱いを受けることとなる。

また、このように製品のR＆Dに偏りすぎること以外に、制御可能な変数のみ扱いたいという傾向がある。エンジニアや研究者は、機械、試験管、生産ライン、さらにはバランス・シートなどの具体的な物の世界に居心地よさを感じる。抽象の世界で性に合うものといえば、研究室でテストや操作ができるものか、そうでなければユークリッド公理のように自分の役に立つものである。つまり、エレクトロニクス会社の経営者たちが好む事業活動は、慎重な研究や実験、制御可能なもの——研究室や工場や文献で確かめられる、形のある実用的なものに限られるのだ。

そこには、見落とされているものがある。それは市場の実態である。消費者は、予測しがたく、種々雑多であり、気まぐれで、愚かで、先が読めず、強情で、やっかい極まりない。技術畑の経営者は口にこそ出さないものの、心の底ではそう考えているはずだ。それゆえ、自分たちに理解でき、統制できるもの、すなわち製品研究、エンジニアリング、生産にだけ努力を傾ける。製品の限界コストは生産高に応じて低下するのだから、生産はますますおもしろくなる。収益を上げるには工場をフル操業させる以外にはない、と考えてしまう。

今日、大半のエレクトロニクス会社が、科学、エンジニアリング、生産中心に固まっているのに、これほど繁盛しているのは、軍が開拓し、保証してくれた市場などの新分野に進出しているためだ。市場を発見するのではなく、満たさなければならないという恵まれた立場にいる。顧客がほしがるものを見つける必要はなく、顧客のほうからすすんで新しい需要を具体的に出してくれているのだ。経営コンサルタントに、顧客中心のマーケティングの必要性がない事業環境を設計するように依頼しても、これ以上の条件を考え出すことはできないだろう。

マーケティングは「じゃま者扱い」されている

科学や技術や大量生産に頼りすぎると、その大半の企業が横道にそれていく。その好例が石油会社である。消費者調査はある程度（あまり多くはないが）実施されているが、その目的は、石油会社の活動の改善に役立つ情報を得ることにある。たとえば、顧客が納得する広告テーマとか、もっと効果の上がるセールス・プロモーションとか、石油会社の市場シェアとか、ガソリン・スタンドや石油会社に対する好感度などである。どの石油会社を見渡しても、今後顧客を満足させる素材の基本特性とは何か、といった基本ニーズを調査しているところは見当たらない。

顧客と市場に関する根本的な質問など、まったく投げかけない。要するにマーケティングはじゃま者扱いされているのだ。問題はあるし無視できないという認識はあっても、真剣に考えたり、十分な注意を払ったりするほどのものではないと思っている。遠いサハラ砂漠の石油には熱中するが、そばにいる顧客には冷淡だ。どれほどマーケティングが無視されているかは、業界新聞の扱い方を見れば明白だ。

一九五九年発行の『アメリカ石油協会クオータリー』一〇〇周年記念号は、ペンシルバニア州タイタスビルでの油田発見を祝して、石油産業の偉大さを証言した二一の特集記事を載せている。このなかで、マーケティングの成果に触れた記事はたった一つしかなく、それもガソリン・スタンドの建物にどんな変化が見えるかを図入りで示しただけにすぎない。またこの号には、「ニュー・ホライズン」と名づけた特別コーナーがあって、石油がアメリカの未来にどんなに素晴らしい役割を演じているかを強調している。このコーナーに書かれていることは、どれもこれも楽観主義にあふれており、いつか石油にも強力な競合製品が出現するかもしれないといったことを、暗に匂わせたものすら見受けられない。

原子力エネルギーについて述べた記事にしても、その成功に石油産業がどのように役立つのかという項目を並べ立てた内容になっている。石油産業の現在の豊かさもやがては脅かされるかもしれない、といった懸念などみじんもうかがえない。また、石油を利用している既存顧客にもっと優れた新サービスの仕方を提供する「ニュー・ホライズン」が現れるといったことにも触れていない。

マーケティングをじゃま者扱いしている典型的な例はほかにもある。「エレクトロニクス革命の未来像」と題した短い特別記事のシリーズがこれであって、次のような見出しがついている。

- 油田探査とエレクトロニクス
- 採掘作業とエレクトロニクス
- 精製工程とエレクトロニクス
- パイプライン作業とエレクトロニクス

注目すべきは、石油産業の主要な機能は残らず挙がっているのに、マーケティングだけがないことだ。なぜだろうか。石油のマーケティングにエレクトロニクス革命は関係ないと信じられている（これが誤りなのは明白だ）のか、それとも編集者がマーケティングに触れるのを忘れたからだろう（こちらはありそうなことで、マーケティングをじゃま者扱いしていることをよく示している）。

石油産業における四つの機能分野を並べた順序を見ても、石油産業が顧客から遠く離れていることを告白しているようなものである。油田探査に始まり、精製工場からの送油で終わるのが石油産業と定義しているようだ。しかし実際には、石油産業であろうと製品に対する顧客ニーズから始まる、と私は考える。したがって、この最上位の顧客から、順々に重要性の低いものへと逆に進んで、最後に「油田探査」で終わるべきなのである。

発想を逆転させなければならない

産業活動とは、製品を生産するプロセスではなく、顧客を満足させるプロセスであることを、すべてのビジネスマンは理解しなければならない。顧客とそのニーズから始まるのであって、特許や原材料、販売スキルからではない。顧客ニーズを明らかにして顧客を満足させるには、何をいかに提供すべきか、と逆に進むべきである。さらに逆進して、顧客に少しでも多くの満足を与えられる製品を創造すべきである。顧客にすれば、この製品がどのように生産されているかということはどうでもよいことだ。したがって、製造方法、加工方法、そのほかの作業の具体的内容は、産業活動の重要事項とは見なされない。さらに逆に進んで最後に来るのが、生産に必要な原材料を見つけることなのである。

R&Dを重視する産業にとって皮肉なことは、経営の席に着いている科学者たちが組織全体のニーズや目的を定義する場合になると、まったく科学的でなくなる、という点である。彼らは、科学的方法における二つの基本的なルール――企業の課題は何かを突き止めて問題の定義をする、次にその問題を解くための仮説を立てる――を破る。彼らは研究室や製品実験といった勝手のわかるものについてだけ科学的なのだ。

顧客(そして彼らの心の底にあるニーズを満たすこと)が企業課題として考慮されないのは、顧客に問題はないと確信しているからではない。科学者として昇進してきたために、経営を逆の方向には進ませたくないからだ。彼らにすれば、マーケティングは傍流部門なのである。

私はこれらの産業で販売が無視されていると言っているのではない。繰り返しになるが、販売とマーケティングは違う。すでに述べたように、販売は企業の製品と顧客のキャッシュを交換するためのテクニックである。その交換によってどんな価値が生まれたかは関係ない。販売はマーケティングと異なり、顧客ニーズを発見し、創造し、触発し、満足させるといった一連の努力こそ事業活動のすべてである、という立場にはない。販売では、顧客とはどこか外側にいる見知らぬ人であり、うまい手を使えば、その小銭を吐き出させることができる相手にすぎないのだ。

技術志向の会社のなかには、このような販売にさえ、あまり大きな注意を払わないところがある。次々と新製品を発売しても販売が保証された市場があるために、市場とはどんなものかをまったく知らない。あたかも計画経済のなかにいるかのように、製品は工場から小売店に間違いなくひとりでに移動する、と考えている。製品にだけ目を向けてこれまで成功してきたものだから、過去のやり方が正しいと思い込んでいる。したがって、市場の上にあやしげな雲が集まり始めているのに気づかない。

顧客中心の企業となるために

つい七五年ほど前には、アメリカの鉄道産業は、抜け目のない証券市場から、絶対に間違いのない投資先と思われていた。ヨーロッパ各国の王室は、アメリカの鉄道産業に膨大な金を投資した。数千ドルをかき集めて鉄道株を買った人には、神の祝福として永遠の富が約束されたと考えられた。スピード、融通性、耐久性、経済性、さらに成長可能性から見て、鉄道に匹敵する輸送形態はなかったのである。

ジャック・バーザンが指摘したように、「一九世紀の終わり頃までは鉄道は社会制度そのものであり、人間のイメージそのものであり、伝統であり、栄誉の象徴であり、詩の源泉であり、少年期の願望の拠り所であり、最高の玩具であり、人生のエポックを記す荘厳な機械であった(注6)」。

自動車、トラック、航空機が出現した後でさえも、鉄道は、揺るぎない自信を持ち続けていた。いまから六〇年前に鉄道会社の経営者に向かって、「三〇年もすれば鉄道は活気を失って破滅の道をたどり、政府からの助成金を嘆願するようになるだろう」などと言おうものなら、頭がおかしいと思われたはずだ。そのような未来は考えもつかなかったからである。問題視したり質問したりするどころか、普通の人間にはそのようなことは考えつきもしなかった。そんな未来を思い描くなど、正気の沙汰ではなかった。ところが、現在では、そのとんでもないことが事実として受け入れられている。

たとえば、楽しげにマティーニを飲んでいる分別ある一〇〇人の市民を乗せて、重量一〇〇トンの金属物体が地上一万メートルの上空をスムーズに移動するといったアイデアも、いまや現実のものとなった。これらが鉄道産業に無残な一撃を加えたのである。

こうした不幸な運命を避けるために、企業はどうすればよいのだろうか。顧客中心に考えるとはどんなことなのだろうか。部分的かもしれないが、この質問への答えは、これまでに挙げた事例とその分析で明らかにしてきた。個々の産業についての詳細は、別の機会で示したいと思う。いずれにしても、顧客中心の企業となるには、単なる志や秘密の販売促進法が必要になることは間違いない。その際、どういう組織をつくり、どういうリーダーシップを取るか、といったより大きな課題に取り組まなければならない。ここでは、衰退の運命を避けるのに、一般的に何が不可欠なのかを提言するにとどめたい。

マーケティング・マインドの浸透とリーダーシップ

企業がその存続に必要なことを実行するのは当然である。市場の要求に応え、しかも素早く対応しなければならない。単に存続することを願うだけならば、それほど大志を抱く必要はない。路上生活者でさえ、何とかして生存できるものだ。堂々と生き続け、事業で成功を収めたいという衝動を持ち続ける秘訣は、成功という甘い香りに酔うのではなく、起業家の素晴らしさを心の底から実感することにある。

成功への情熱に駆り立てられた精力的なリーダーなくしては、どんな企業も、優れた業績を上げることはできない。リーダーは数多くの熱狂的なフォロワー（追随者）を引きつけるだけの、勇猛果敢なビジョンを掲げなければならない。ビジネスの世界で言えば、フォロワーとは顧客である。こうした顧客をつくり出すには、企業全体を顧客創造と顧客満足のための有機体であると見なさなければならない。

経営者の使命は、製品の生産にあるのではなく、顧客を創造できる価値を提供し、顧客満足を生み出すことにある。経営者はこの考え方（およびこれが意味し、要求するすべてのもの）を、組織の隅々まで継続的に広めていかなければならない。また、社員たちを興奮させ刺激させるような経営感覚も求められる。さもなければ、組織はバラバラな部分の集まりにすぎなくなり、一本化された目的意識や方向性が失われてしまうだろう。

つまり企業は、製品やサービスを生み出すためでなく、顧客の購買意欲を促し、その企業と取引したいと思わせるような活動をするためにある、と考えなければならないのである。またＣＥＯはこうした環境、こうした態度、こうした願望をつくり出すために大きな責任を負っている。経営姿勢、進むべき方向、目標を設定しなければならない。そのためにはＣＥＯ自身がどこへ進みたいのかを正確にわかっていなければならないし、企業全体が進むべき目標を十分に理解するよう、努めなければならない。これこそがリーダーシップの第一条件である。自分の進む目標がわからなければ、道は無数にあるために迷路に入り込んでしまう。

どの道でもかまわないのであれば、ＣＥＯはカバンをしまって魚釣りにでも出かければよい。もし、企業が進むべき目標を知らず、それに無頓着ならば、わざわざ教えてやる必要もない。やがてだれもが、その誤りに気づくはずである。

【注】

（1）Jacques Barzun, "Trains and the Mind of Man," *Holiday*, February 1960, p.21.

（2）詳細は以下を参照。M. M. Zimmerman, *The Supermarket: A Revolution in Distribution*, McGraw-Hill Book Company, Inc., 1955. p.48.

（3）同右。 pp. 45-47.

（4）John Kenneth Galbraith, *The Affluent Society*, Houghton Miffin Company, 1958. pp.146-147.

（5）Henry Ford, *My Life and Work*, Doublesday, Page & Company, 1923. pp.146-147.

（6）前掲（1）、p.20.

第9章

戦略の本質

マイケル E. ポーター

"What Is Strategy?,"
Harvard Business Review, November-December 1996.
邦訳「戦略の本質」
『DIAMONDハーバード・ビジネス・レビュー』2011年6月号。

マイケル E. ポーター
(Michael E. Porter)
ハーバード大学（ウィリアム・ローレンス司教記念講座）ユニバーシティ・プロフェッサー（同大学の全学部で授業を行う資格を有する）。「5つの競争要因」は世界的に名声を得る。近年では、事業活動と社会の結びつきに着目し「共通価値」（Shared Value）の概念を提唱。『ハーバード・ビジネス・レビュー』誌上でマッキンゼー賞を6度受賞している。『競争戦略論Ⅰ・Ⅱ』『競争優位の戦略』（ダイヤモンド社）ほか著作多数。

戦略は業務改善ではない

マネジャーたちは、およそ二〇年の間、新しいゲーム・ルールを学んできた。たとえば、競争や市場の変化に素早く対応できるよう臨機応変でなければならない。ベスト・プラクティスを実践すべくベンチマーキングを怠ってはならない。効率を高めるために積極的にアウトソーシングする。競争においてライバルの機先を制するためにコア・コンピタンスを育成する——。

ポジショニングは、かつては戦略の要とされてきたが、市場しかり技術の変化しかり、現在のような変動の時代にあっては、机上のものにすぎないと一蹴される。

新たな教えによれば、いかなる市場ポジションであろうと、すぐさまライバルにまねされてしまうため、競争優位も一時的にすぎないという。

このような考えは間違いとはいえないが、かと言って正しいわけでもなく、むしろ危険であり、多くの企業を共倒れの競争に向かわせている。

たしかに、規制緩和が進み、市場がグローバル化したことで、競争上の障壁は下がりつつある。また各社とも、よりスリムに、より俊敏になろうと、しかるべき努力を傾けているのも事実である。しかし、一部で「ハイパーコンペティション」(注1)と呼ばれるものは、みずから招いたものであり、競争にパラダイム・シフトが起こったからではない。

問題の本質は、戦略と「業務効果」（operational effectiveness）を区別していないことにある。

生産性や品質、スピードを追求したことで、数多くのツールと経営手法が登場した。たとえば、TQM（総合的品質管理）、ベンチマーキング、タイム・ベース競争、アウトソーシング、パートナリング、リエンジニアリング、チェンジ・マネジメント（変革活動）などである。

これらのおかげで、しばしば大幅な業務改善が実現したが、こうして得られた成果も持続的な収益力には結実せず、多くの企業が落胆した。これらのマネジメント・ツールは、少しずつ、また知らず知らずのうちに、戦略に取って代わるようになった。そして、経営陣があらゆる分野を改善するように号令をかけたことで、競争力を発揮しうるポジションから遠ざかっていった。

業務効果は必要条件だが十分条件ではない

あらゆる企業において、優れた業績の達成こそ究極の目標であり、そのためには戦略と業務効果の両方が欠かせない。ただし、どのように作用するかはそれぞれ異なる。

差別化を図り、これを維持・継続した場合のみ、ライバルに勝る業績が実現する。そのためには、顧客にこれまで以上の価値を提供する、これまでどおりの価値をより低コストで提供する、あるいはその両方によって提供する必要がある。その結果、提供する価値とコストの差し引きで、より高い売上げがもたらされる。すなわち、優れた価値を提供すれば平均単価を上げられる、また効率を高めれば平均単位コストを下げられる。

企業間でコストや価格に違いが生じるのは、つまるところ、客先に出向いたり、最終製品を組み立てたり、従業員を研修したりといった、製品やサービスの企画、生産、販売、配送に必要な活動ゆえである。

これらの活動には、言うまでもなくコストが伴う。そしてコスト優位は、ある種の活動を競合他社より効率的に行うことで実現される。同じく差別化は、どの活動を選択し、それらをどのように実行するかによって実現される。つまり、活動は競争優位の基本単位である。概して、優位性も劣位性も、その企業のあらゆる活動から生じるものであり、一部の活動からではない(注2)。

業務効果とは、類似の活動を競合他社より優れて実行することである。また、業務効果には、むろん業務効率が含まれるが、これだけではない。たとえば製品の欠陥を減らす、より優れた製品をより速く開発するなど、インプット(投入物)を有効活用する活動を意味する。対照的に、戦略ポジショニングは、競合他社とは「異なる」活動を行う、あるいは類似の活動を「異なる方法で」行うことである。

企業間における業務効果の違いは、広く散見される。インプットを他社よりも有効活用できる企業が存在するのは、たとえば無駄な作業をなくす、新しい技術を採用する、従業員を動機づける、ある種の活動や一連の活動を管理するコツを心得ているといった理由からである。

企業間で収益性が異なるのは、このような業務効果の違いが大きい。なぜならこれが、相対的なコスト・ポジションや差別化のレベルに直接影響を及ぼすからである。

一九八〇年代、日本企業は欧米企業に挑戦したが、その核心こそ業務効果の違いであった。業務効果

図9-1 業務効果と戦略ポジショニング

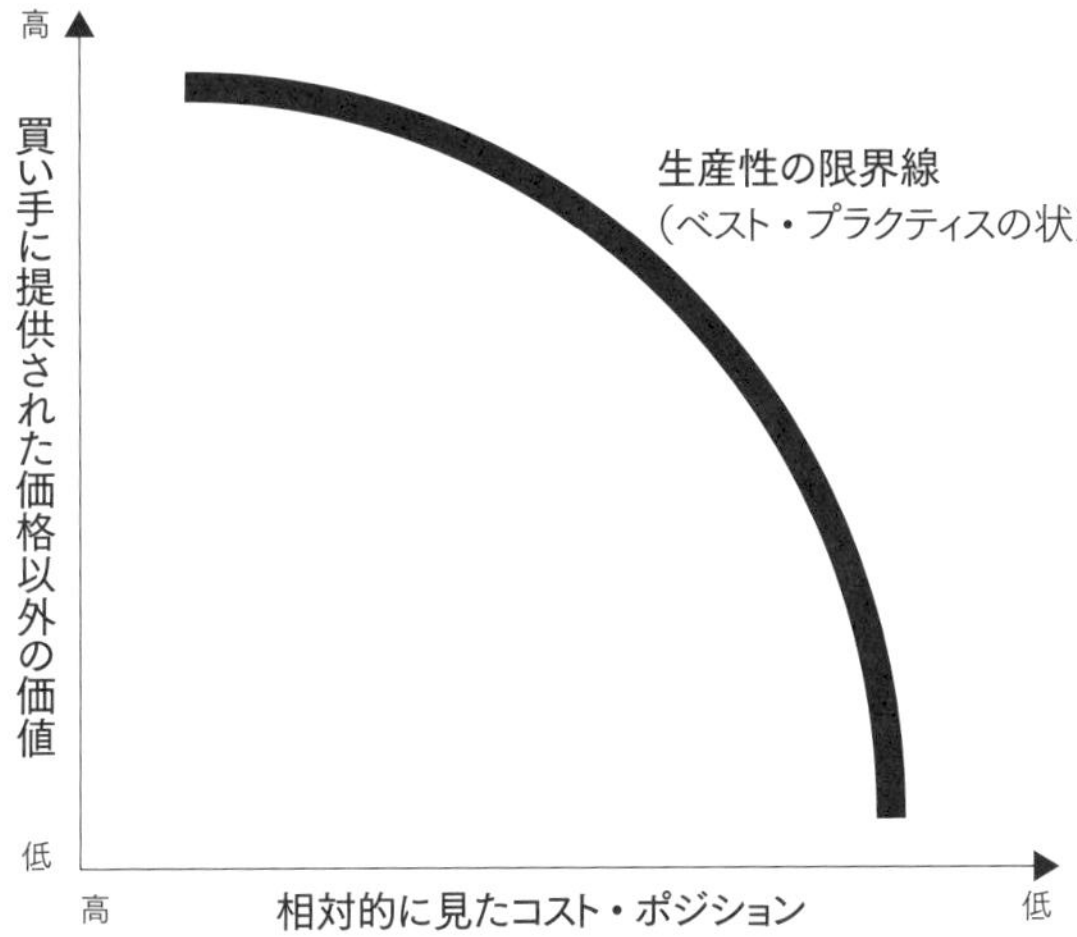

において、日本企業は欧米企業を大きくリードしており、低コストと高品質を同時に実現した。この点については、じっくり検討してみる価値がある。なぜなら、競争に関する近年の考え方は、ここを拠り所にしているからである。

ここで「生産性の限界線」(productivity frontier)について、ちょっと考えてみたい。これは、言わば「ある時点における既存のベスト・プラクティスすべての合計からなる曲線」である。言い換えると、「ある特定の製品やサービスを提供する企業が、一定のコストの下で利用しうる最高の技術、最高のスキル、最高の経営手法、最高の資材を使用することで生み出しうる最大価値」である(図9－1「業務効果と戦略ポジショニング」を参照)。

生産性の限界線は、個々の活動はもちろん、たとえば受注処理や製造など、複数の活動が関連する活動グループ、企業の活動すべてにも適用できる。業務効果を向上させると、生産性の限界線に近づいていく。そのためには、たとえば設備投資、異質な人材、新たな経営手法などが必要かもしれない。

新しい技術やマネジメント手法が開発される、あるいは新たなインプットが利用できるようになると、生産性の限界線はだんだん外側へ移動していく。

ラップトップ・コンピュータや携帯通信端末、インターネット、〈ロータスノーツ〉などのソフトウエアのおかげで、営業業務における生産性の限界線は再定義され、営業活動と受注処理やアフターサービスなどの活動と連携できる可能性も、大きく高まった。同様に、リーン生産——一連の複数の活動から構成される——によって、製造の生産性と資産の活用度が劇的に向上した。

少なくともここ一〇年間、マネジャーの頭は業務効果の改善のことでいっぱいだった。TQMやタイム・ベース競争、ベンチマーキングなどに取り組み、活動のやり方を変え、それによって無駄を排除し、顧客満足度を高め、ベスト・プラクティスを実現しようとした。

生産性の限界線が外側に移動すれば、これに遅れまいとして、マネジャーたちは、継続的改善、エンパワーメント、チェンジ・マネジメント、学習する組織などを取り入れてきた。

また、アウトソーシングやバーチャル・コーポレーションが人気なのは、「個々の活動すべてについて、それぞれを専業としている企業と同じくらい生産的に実施することなど不可能に近い」という考え方が広がっていることを示している。

生産性の限界線に近づくにつれて、多くの場合、さまざまな次元でパフォーマンスが同時に改善される。八〇年代、製品ラインの切り替えという日本企業の手法を導入したメーカーは、低コストと差別化の両方を手にした。欠陥とコストは間違いなくトレード・オフであると信じられていたが、業務効果の低さゆえの幻想であったことが判明した。そしてマネジャーたちは、このような偽りのトレード・オフを認めなくなった。

高収益を実現するには、業務効果を継続的に向上させることが欠かせない。しかし通常、十分とはいえない。業務効果を基礎として長きにわたり競争を制してきた企業などほとんどないばかりか、ライバルの機先を制することも日に日に難しくなっている。その最大の理由は、ベスト・プラクティスはあっという間に広まることである。

競合他社は、経営手法や新技術、インプットの改善、顧客ニーズにより的確に応える方法など、どれもすぐさま模倣できる。最も一般的な解決策——これはさまざまな状況で利用できる——もあっという間に広まる。コンサルタントたちの後押しも手伝って、業務効果の改善手法はいっそう増殖していった。

業務効果をめぐる競争によって、生産性の限界線は外側に移動し、あらゆる企業が底上げされる。ただしこのような競争により、業務効果は間違いなく改善されるが、その代わりどこの企業も似たり寄ったりになる。市場規模五〇億ドル超といわれるアメリカ印刷業界について考えてみたい。

この業界の主要企業といえば、RRドネリー・アンド・サンズ・カンパニー、ケベコア、ワールド・カラー・プレス、ビッグ・フラワー・プレス・ホールディングがあり、各社がっぷり四つに組んでおり、あらゆる種類の顧客に対応し、同じ印刷技術（グラビア印刷やオフセット印刷など）を提供し、同じ最新機器に大規模投資をし、印刷のスピードを上げ、そして従業員を削減している。

しかし、生産性の向上による成果は、優れた収益力に結実することなく、顧客や印刷機のサプライヤーなどに流れていった。業界リーダーのドネリー・アンド・サンズでさえ、その利益率は八〇年代には七%以上だったが、九五年には四・六%以下に下降した。さまざまな業界で、このパターンが繰り返されている。新しい競争を編み出した日本企業ですら、利益率の低さに悩まされ続けている（囲み「ほとんどの日本企業に戦略がない」を参照）。

業務効果の向上だけでは不十分である第二の理由は、競争の収れん（さまざまなやり方で競争していたが、次第に同質化していくこと）である。これは、静かに進行し、察知するのが難しい。ベンチマーキングが流行れば、各社とも似通ってくる。効率的なサード・パーティに一部の活動をアウトソーシングすれば——多くの場合、他社もアウトソーシングしている——これらの活動は同じようなものになっていく。

品質、サイクル・タイム、サプライヤーとの関係などの改善について、競合同士が互いに模倣し合えば、戦略が収れんし、競争は勝者のいないレースとなり、どこの企業も同じ道をたどることになる。業務効果のみを基礎とした競争は、互いにダメージを被り、競争を制限しない限り、やがて消耗戦に発展する。

近年、買収による業界再編が盛んだが、業務効果をめぐる競争という文脈から考えると、腑に落ちる。業績アップへのプレッシャーを受けながらも、戦略的なビジョンがない企業は、他社を買収する以外、名案が浮かんでこない。自立自衛を続けている企業も、その多くが他社より長生きしたにすぎず、真の優位性を備えていたわけではない。

この一〇年で業務効果は飛躍的に向上したが、その後、多くの企業が利益減に直面している。継続的改善は、マネジャーたちの頭に刻みつけられている。しかし、そのツールのせいで、無意識のうちに横並びと同質化へ向かっていった。

そして業務効果は、次第に戦略の代わりになっていった。その結果が、ゼロサム競争であり、価格の据え置きや引き下げであり、コストへの圧力だった。また、このコスト圧力のせいで、長期投資を諦めることになった。

独自の活動なくして真の戦略はつくれない

競争戦略とは、他社と異なる存在になることである。あえて異なる活動を選択することで、価値を独自に組み合わせ、これを提供できる。

サウスウエスト航空は、中都市の空港と大都市の二次的空港という短距離の二点間を結ぶサービスを低コストで提供している。大空港を使わず、また長距離は飛ばない。同社の顧客には、ビジネス客、家族連れ、学生などがいる。サウスウエストの便の多さと価格の安さに、価格感度の高い旅客が集まってくる。彼ら彼女らは、サウスウエストがなければ、バスか自動車を利用するだろう。またサウスウエストは、他の路線ではフル・サービスの航空会社を利用する、利便性を重視する旅客にも選ばれている。

サウスウエストの顧客に関する戦略ポジショニングについて、次のようにいわれる。「サウスウエストは、価格や利便性にうるさい旅客を対象としている」。しかし、戦略の本質は活動にある。すなわち、活動のやり方が競合他社と異なるか、活動そのものが異なる場合である。さもなくば、戦略は、競争の最中でかけ声倒れに終わるマーケティング・スローガンと何ら変わらない。

フル・サービスを提供する航空会社は、A地点からB地点まで、それがどこであろうと、乗客を運ぶようになっている。たくさんの目的地を用意しており、乗り継ぎ便を利用する旅客も対象としているため、主要空港を中心とした「ハブ・アンド・スポーク・システム」を採用している。快適な乗り心地にこだわる旅客には、ファースト・クラスやビジネス・クラスといったサービスを提供する。乗り継ぎが必要な乗客のために、運航スケジュールを調整し、手荷物を預かり、これを次の飛行機まで運ぶ。長時間乗り続ける乗客もいるため、食事も提供する。

対照的に、サウスウエストは、独特の路線で利便性の高いサービスを低価格で提供するために、あらゆる活動を特別仕立てにしている。

ゲートでのターンアラウンド時間（折り返し準備時間）はわずか一五分で、これにより、サウスウエストの飛行時間は競合他社よりも長く、また、飛行機の数が少なくてもたくさんの便を飛ばすことができる。

サウスウエストは、機内食も出さなければ、座席指定もない。手荷物を乗り継ぎの飛行機に運ぶこともしなければ、ファースト・クラスなどのサービスも提供しない。ゲートでの自動発券によって、顧客は旅行代理店を使わなくなり、サウスウエストも手数料を支払わなくて済む。機種を〈ボーイング737〉に統一したことで、メインテナンスの効率も高まる。

サウスウエストは、独自にしつらえた活動システムに基づいて、破天荒で得がたい戦略ポジションを獲得している（図9-2「サウスウエスト航空の活動システム・マップ」を参照）。フル・サービスの航空会社が、サウスウエストが運航している同じ路線で、同じように便利で安いサービスを提供するのはまず無理だろう。

イケアは一九四三年、スウェーデンのエルムフルト――本社はオランダにある――で創業された家具小売りで、現在はグローバルに事業を展開している。同社の戦略ポジショニングも明快である。

イケアが狙う顧客は、低価格でデザインのよい家具を求める若い世代である。このマーケティング・コンセプトを戦略ポジショニングへ昇華させたのは、これを可能たらしめる型破りな活動である。サウスウエスト同様、イケアも競合他社とは異なる方法によって、これらの活動に取り組んできた（図9-3「イケアの活動システム・マップ」を参照）。

典型的な家具店を思い浮かべてほしい。ショールームには、製品の見本が展示されている。店内の一角には、二五種類のソファが並んでいる。別の場所では、五種類のダイニング・テーブルが置いてある。しかしこれらの製品は、顧客のために用意されたものの一部にすぎない。布地の見本帳や木材の板見本は数十種類あり、またデザインもあれこれ選べるため、顧客には何千という選択肢がある。

販売員は通常、顧客に店内を案内し、質問に答え、何を選べばよいのか迷っている顧客の手助けをする。顧客が選び終えると、その注文は外部のメーカーに伝えられる。注文した家具は、運がよければ、六～八週間くらいで顧客の元に届くだろう。

このバリューチェーンは、オーダーメードとサービスに力点を置いたもので、コストは高くつく。

対照的にイケアは、価格とサービスのトレード・オフ、すなわち価格が安ければサービスが悪くてもかまわない顧客を対象としている。

販売員が店内を案内する代わりに、イケアは、わかりやすい店内展示を用意し、セルフサービスを採用した。外部のメーカーに頼るのではなく、同社の戦略ポジショニングにふさわしい、低価格でモジュール式の組み立て家具をみずからデザインした。

イケアは広大な店舗を使って、販売する家具のすべてを、まるで部屋に置かれているように展示する。したがって顧客は、どれとどれを一緒に置くかなどをイメージするために店員に頼る必要もない。

家具を展示しているショールームの隣には倉庫があり、箱詰めされた製品が積まれている。顧客はそ

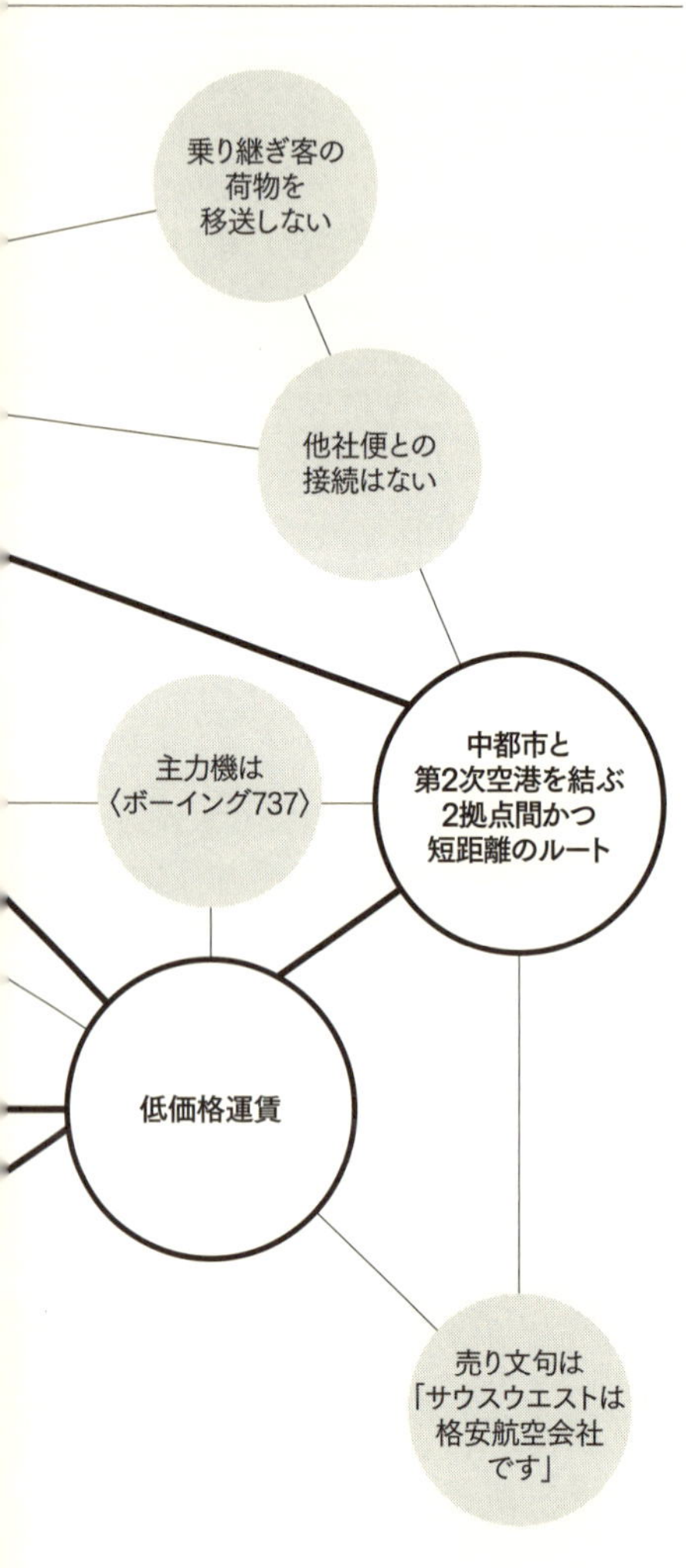

図9-2 | サウスウエスト航空の活動システム・マップ

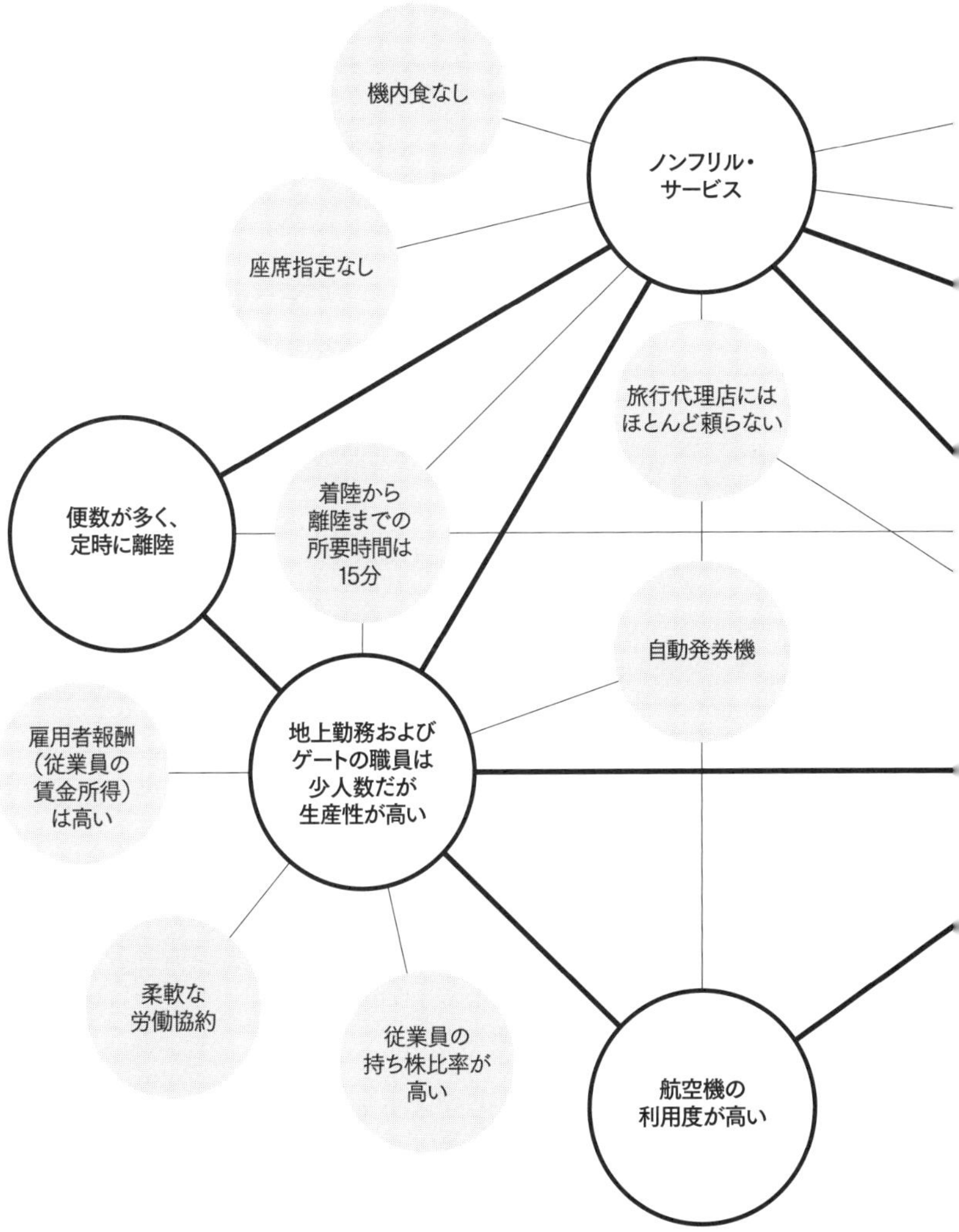

こに行き、自分で製品を選んで運ぶことになっている。イケアでは、自動車用ルーフ・ラックも販売しており、これは次に来店した時に返品できる。

この低価格のポジションは、顧客のセルフサービスに負うところが大きいが、その一方でイケアは、他社が提供しないサービスを提供している。その一つが店内の託児所で、遅くまで営業している。

これらのサービスは、同社の顧客固有のニーズに応えたものである。彼ら彼女はまだ若く、また裕福でもなく、しかも幼い子どもを抱えている可能性が高く（しかしベビー・シッターを雇ってはいない）、生活のために働いているため、遅い時間に買い物をする必要がある。

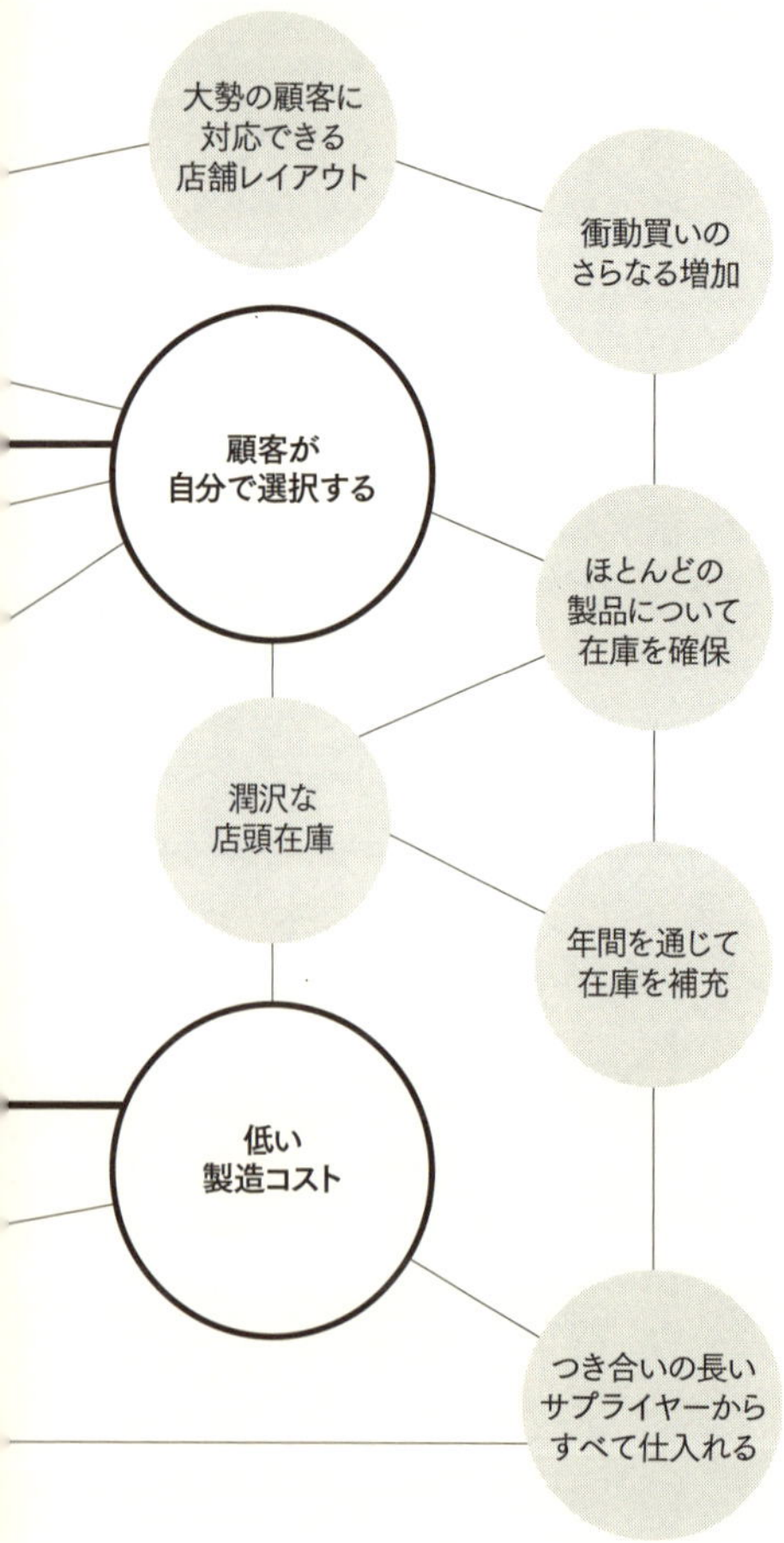

図9-3 イケアの活動システム・マップ

企業は、戦略ポジションを実現するためにふさわしい活動を用意する。活動システム・マップは、これら一連の活動において、戦略ポジションがどれくらい考慮されているかを示すものである。ここではイケアの例を挙げよう。

戦略ポジションがはっきりしている企業では、いくつかの「高次元の戦略テーマ」が見つかると同時に、これらと密接に結びついた一群の活動によって実現されている。

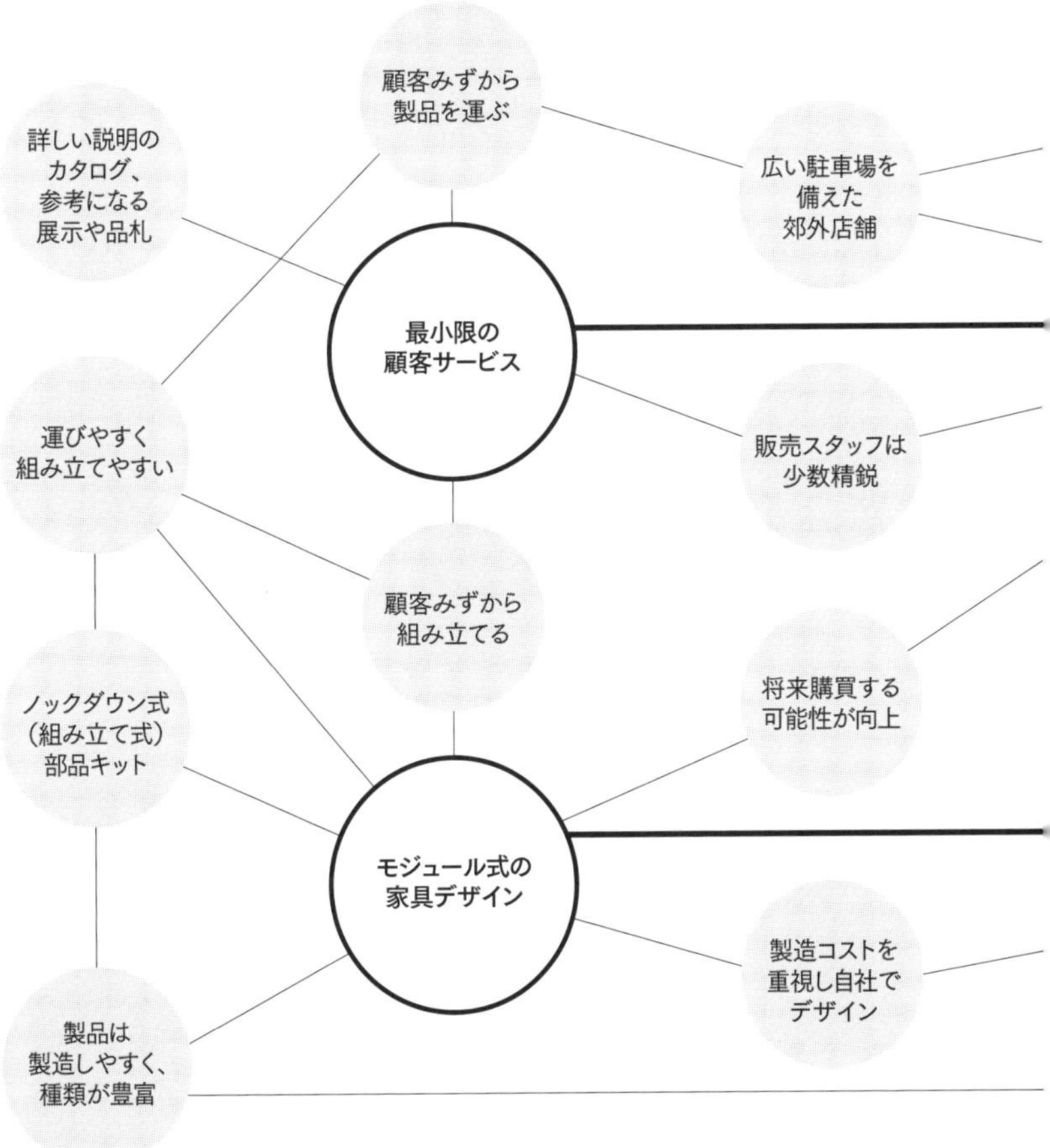

三種類の戦略ポジショニング

戦略ポジションは、三種類に分けられる。これらは相互排他的ではなく、重なる場合が多い。

1 バラエティ・ベース・ポジショニング

これは、ある業界の製品やサービスの一部を提供することでポジショニングするものである。私はこう呼んでいる。なぜなら、顧客セグメントではなく、さまざまな種類の製品やサービスから選択し、それに基づいてポジショニングするからである。

バラエティ・ベース・ポジショニングは、さまざまな活動を通じて、業界内で最も優れた製品やサービスを提供できる場合、経済的に正当化しうる。

ジフィー・ルーブ・インターナショナルは、自動車用オイルに特化しており、修理やメインテナンスなどのサービスは提供していない（本稿執筆当時）。そのバリューチェーンは、さまざまなサービスを提供する修理工場よりも、スピードと低価格を可能にしている。多くの顧客がここに魅力を感じて、オイル交換はその専門家であるジフィ・ルーブのところに行き、ほかのサービスは他社に任せるといった具合に、（ワン・ストップ・サービスではなく）場合分けをして購買している。

投資信託業界のリーダー企業、バンガード・グループもバラエティ・ベース・ポジショニングの一例である。同社は、一般的な株式と債券、マネー・マーケット・ファンド（ＭＭＦ：公社債を中心とした投資信託）など、運用成績が予測しやすく、かかる費用が最も少ないものを主に扱っている。

バンガードの投資方針は、相対的に高い運用益を毎年出すことであり、大儲けできる可能性があっても、あえてこれに背を向ける。そのため、インデックス・ファンドで有名である。また、金利先物取引をしたり、利ざやの薄い株式を買ったりはしない。

同社のファンド・マネジャーたちは、積極的に売買することはほとんどなく、それによってコストが抑えられる。くわえて、短期売買を控えるよう、顧客に釘を差す。取引頻度が増えれば費用もかさむし、ファンド・マネジャーも新たに資金を用意したり買い戻し資金をさらに積み上げたりするために、売買を増やさざるをえなくなる。

バンガードは、販売チャネル、顧客サービス、マーケティングについても、低コストをモットーとしている。たいていの投資家が、そのポートフォリオにバンガードの投信を入れており、予想利回りの高いものやある分野に特化したものは他社から購入している。

ある種のサービスは、優れたバリューチェーンの賜物であり、バンガードやジフィー・ルーブのサービスを利用する人たちはこのバリューチェーンに魅力を感じている。バラエティ・ベース・ポジショニングは、さまざまな顧客に広く対応できるが、多くの場合、これらの顧客が抱えているニーズの一部だけに対応するものでもある。

これは、ある顧客グループのニーズのほとんど、あるいはすべてに対応するもので、私はこう呼んでいる。あるセグメントの顧客をターゲティングするという伝統的な考え方に近い。

このポジショニングが必要になるのは、ニーズがさまざまに異なる顧客グループが存在する時で、これらのニーズに応えるにはそれにふさわしい活動を組み合わせるのが最善と考えられる時である。

価格感度が比較的高い顧客グループのなかでも、求める製品がそれぞれ異なれば、必要な情報量やサービス、サポートもそれぞれ異なる。イケアの顧客は、このような顧客グループの典型である。同社は、ターゲット顧客のインテリアに関するニーズの一部だけでなく、すべてに応えようとする。

同じ顧客でも、そのニーズが状況によって、あるいは取引の種類によって変わってくる場合、ニーズ・ベース・ポジショニングの変化形が必要になる。同じ人でも、出張の時と家族旅行の時ではニーズが異なるかもしれない。また、缶を購入する企業、たとえば飲料品メーカーなどは、いつもの業者から仕入れる場合と他の業者から仕入れる場合では、えてしてニーズが違うものである。

顧客ニーズの観点から自社事業について考える場合、ほとんどのマネジャーが直感的に想像するのではなかろうか。しかし、ニーズ・ベース・ポジショニングで重要な要素はけっして直感的なものではなく、しばしば見過ごされる。

ニーズが異なるからこそ、有益なポジショニングが見つかるが、そのニーズを満たすには各活動の組み合わせも異なっていなければならない。そうでなければ、あらゆるライバルが同じニーズに応え、ポジショニングに関する独自性も価値も存在しないことになる。

プライベート・バンキング業界を見てみると、たとえばベッセマー・トラスト・カンパニーが対象としている顧客は、投資可能な資産が最低五〇〇〇万ドルで、所有資産を維持しつつ富を増やしたいと考えている人々である。

ベッセマーでは、ベテランのアカウント・マネジャー（顧客担当者）一人が一四の顧客を担当し、個別のサービスを提供できるよう、その活動を組み立ててきた。顧客とのミーティングは、オフィスではなく、たとえば顧客の牧場やヨットの上で行われることが多い。同社はまた、さまざまなサービスをカスタマイズして提供している。投資はもとより、動産や不動産、石油やガスへの投資、競走馬や航空機なども管理する。

プライベート・バンキングでは、主要製品はローンであることが多いが、ベッセマーの顧客がローンを必要とすることはめったになく、取引残高や売上げのなかのごく一部を占める程度である。ベッセマーでは、アカウント・マネジャーに高額な報酬を支払い、営業コストに占める人件費の割合も非常に高い。しかし、対象顧客を棲み分けたことで、そのＲＯＥ（株主資本利益率）は、プライベート・バンキング業界のなかで最高といわれる。

一方、シティバンクのプライベート・バンキング部門は、二五万ドル以上の資産を有する顧客を対象としている。ベッセマーの顧客とは対照的に、彼ら彼女らは、住宅ローンから資金調達まで、ローンの利便性を重視する。

同行のアカウント・マネジャーは、つまるところ融資担当である。顧客がローン以外のサービスを必要とすれば、これらアカウント・マネジャーは、シティバンクの専門家と引き合わせ、あらかじめパッケージ化された商品を提供する。シティバンクの活動システムは、ベッセマーほどの特別仕様ではなく、アカウント・マネジャー一人で一二五人の顧客を担当できる。顧客とのミーティングは、オフィスで半年に一回、しかも大口顧客のみを対象としている。

ベッセマーとシティバンクはそれぞれ、プライベート・バンキング業界の異なる顧客グループのニーズに応じて、各活動を調整してきた。どちらのバリューチェーンも、確実に利益を上げつつ、これら二つの顧客グループのニーズを同時に満たすことはできない。

3 アクセス・ベース・ポジショニング

このポジショニングの基盤となるのは、アクセスの方法の違いによって顧客をセグメンテーションすることである。ニーズは他の顧客と同じでも、どのように各活動を組み合わせれば、顧客をアプローチできるか、その方法が異なる場合がある。

なおアクセスの方法は、顧客の所在地や規模、また顧客に最も効果的にアプローチするために通常とは異なる活動システムを必要とする「何か」によって決まる。先の二つのポジショニングに比べて、アクセス・ベース・セグメンテーションは一般的でないばかりか、あまり理解もされていない。

カーマイク・シネマズは、人口二〇万人以下の都市や街だけで映画館を運営している。大都市と同じ入場料は取れない小規模市場で、カーマイクはどのように稼いでいるのだろうか。その秘密は、無駄という無駄を排除した、各活動の原価構造にある。

小都市の住人であるカーマイクの顧客たちは、標準化された低コストのシネマ・コンプレックス（同じ施設内に複数のスクリーンがある映画館）、つまり大都市の映画館に比べて、スクリーンの数が少なく、上映技術がそれほど優れていなくても気にしない。同社独自の情報システムとマネジメント・プロセスを導入したことで、運営スタッフの必要性をなくし、支配人が一人いれば事足りるようになった。

またカーマイクは、集中購買、（その地の利による）低い家賃と人件費、二％という本社間接費（業界平均では五％）のおかげで、他社よりも優位にある。また、狭い地域社会で商売していることで、非凡な個人技といえるマーケティングが可能になる。支配人は常連客とツーカーで、映画館に来てくれるよう個人的に頼むことができる。

地元唯一でなくとも、地元一の映画館——地元の高校のアメフト部と競合することが多い——になることで、カーマイクは、上映したい映画を確保できると同時に、配給でも好条件を引き出せる。

地方の顧客と都市部の顧客における違いは、活動が異なるアクセスの一例といえる。そのほか、多数の顧客ではなく少数の顧客を、あるいは人口密度の低い地域ではなく高い地域の顧客を対象とした場合、これら二つのグループが同じニーズを持っていても、マーケティング、受注処理、ロジスティックス、販売後のアフターサービスなどを最も効果的に組み合わせる方法も違ってくるだろう。

ポジショニングは、ニッチ市場をあぶり出すだけではない。何を起点にするかによって、ポジショニングは広くもなれば、狭くもなる。イケアのように焦点を絞った企業は、一部の顧客の特殊なニーズに狙いを定め、それにふさわしいかたちに各活動を設計する。

このように焦点を絞った企業は、ライバルが対象をより広くし、過剰なサービス（したがって高価格）を受けている顧客グループ、あるいはおざなりな扱い（したがって低価格）を受けている顧客グループを成長源としている。

たとえばバンガードやデルタ航空など、対象が広い企業は、さまざまな顧客にサービスを提供し、共通のニーズに応えられるように各活動を設計している。これらの企業は、特殊な顧客グループの特殊なニーズについては、部分的に対応するか、無視する。

バラエティ・ベースであろうと、ニーズ・ベースであろうと、アクセス・ベースであろうと、またこれらの組み合わせであろうと、ポジショニングには、それぞれにふさわしい活動群を整えることが不可欠である。なぜなら、ポジショニングは「供給側《サプライサイド》の違い」の関数、すなわち活動の違いの関数だからである。

しかし必ずしも、「需要側《デマンドサイド》の違い」、つまり顧客の違いの関数というわけではない。特にバラエティ・ベース・ポジショニングとアクセス・ベース・ポジショニングは、顧客の違いにいっさい影響されない。実際には、製品やサービスの種類やアクセスの方法が異なると、顧客ニーズの違いが生じる。たとえば、カーマイクの顧客たちは小都市の住人であり、その嗜好、すなわち彼ら彼女らのニーズゆえに、もっぱらコメディやウェスタン、アクション映画、ファミリー映画が上映される。カーマイクは、NC-17（No One 17 and Under Admitted：一七歳以下は入場禁止）指定の映画はけっして上映しない。ポジショニングを定義することで、本題である「戦略とは何か」の答えについて議論できる。

戦略は、独自性と価値の高いポジションを創造することであり、ポジションには活動の違いが伴う。唯一にして理想のポジションなるものがあるならば、戦略は無用である。企業に求められることは至極明快である。ポジションを発見し、これを最初に手に入れることである。

戦略ポジショニングの本質は、競合他社とは異なる活動を選択することである。ある活動群と同じ活動を行うことが、あらゆる種類《バラエティ》の製品やサービスを生み出し、あらゆるニーズを満たし、あらゆる顧客にアクセスする最善の方法であるとすれば、他社はすぐさまこれを踏襲すればよく、また、業務効果によって業績は決まることだろう。

戦略ポジションにはトレード・オフが不可欠

しかし、独自のポジションを選択するだけでは、持続的優位は保証されない。高い価値が得られるポジションならば、ライバルがまねしようとすることだろう。その方法は、次の二つのうちのどちらかである。

第一の方法は、みずからを好業績企業と重ね合わせるように、ポジショニングし直す（リポジショニング）ことである。たとえば、百貨店のＪＣペニー・カンパニーはかつて、シアーズ・ローバック（現シアーズ）とそっくりだったが、リポジショニングによって高所得者向けに最新流行の非耐久消費財を販売するようになった。

第二の方法で、よく見られる模倣の種類は、両天秤をかける（ストラドリング）ことである。このような企業は、既存のポジションを維持しながら、うまくいっているポジションのいいとこ取りをする。こうして、従来からの各活動に新しい特徴やサービス、技術を追加する。

なるほど、どのような市場ポジションであろうと、ライバルはこれを模倣できるとする説がある。航空業界は、これを検証する格好の事例といえる。どの企業も、他の航空会社の活動をほとんど模倣できるように見える。実際、同じ飛行機を購入したり、ゲートを借りたり、他社の機内食や発券手続き、手荷物サービスなどをまねしたりできる。

コンチネンタル航空は、サウスウエストがうまくやっている様子を見て、両天秤をかけることにした。フル・サービスを提供する航空会社としてのポジションを維持しながら、サウスウエストに倣って、二点間ルートを多数用意した。同社はこのサービスをコンチネンタル・ライト（一九九三年に設立されたが、九五年に閉鎖）と名づけた。機内食もファースト・クラスもないが、とにかく便数を増やし、運賃を下げ、ゲートでのターンアラウンド時間を短縮した。

コンチネンタルは、これ以外のルートではフル・サービスを続けたため、引き続き旅行代理店やさまざまな機種を利用し、荷物の預かりや座席指定などのサービスを提供した。

しかし、戦略ポジションは、他のポジションとの間にトレード・オフが存在しなければ持続しない。ある活動とある活動が相容れない時、トレード・オフが生じる。

トレード・オフとは、手っ取り早く言えば、あるものを増やすと、必ず別のものが減ることである。航空会社の場合、機内食を出すかどうかの選択がある。出すならば、コストが上がり、ゲートでのターンアラウンド時間も長くなる。一方、出さないという選択も可能である。しかし、両方いっぺんにはできない。もしもそうすれば、とんでもない非効率が生じる。

トレード・オフのために選択する必要が生じるが、トレード・オフのおかげでリポジショニングする企業や両天秤にかける企業からわが身を守ることができる。石鹸のニュートロジーナ（九四年にジョンソン・エンド・ジョンソンが買収）について考えてみよう。

ニュートロジーナは、バラエティ・ベース・ポジショニングを取っており、「肌にやさしい」、pH《ペーハー》バランスを考えた低刺激石鹸を基本としている。同社は、皮膚科医を回る大規模な営業部門を擁しており、そのマーケティング戦略は石鹸メーカーというより製薬会社のそれに近い。医学専門誌に広告を出し、医者にダイレクト・メールを送り、医学関連のカンファレンスに参加し、スキンケア・インスティテュートという研究所を抱え、ここでR&Dに取り組む。

このポジショニングを強化するために、ニュートロジーナは当初、流通経路は薬局に限定し、価格競争を回避した。また、くずれやすい石鹸用の型打ち（型に押しつけて成形すること）のために、製造プロセスに時間と資金を傾けた。

このポジショニングを選択するに当たり、ニュートロジーナは、たいていの消費者が石鹸に求める、体臭を防止・除去するデオドラントや皮膚軟化剤などを使わなかった。スーパーマーケットで販売したり値下げなどのプロモーションを展開したりすれば大量販売も可能だったが、あえて背を向けた。理想の石鹸をつくるために、生産効率の犠牲も辞さなかった。

そもそものポジショニングにおいて、ニュートロジーナは、このようなトレード・オフを築き上げ、またこのトレード・オフのおかげで、同社は模倣者から守られたといえる。

トレード・オフが生じる理由は三つある。

第一の理由は、イメージや評判の一貫性が損なわれた場合である。ある価値を提供することで知られている企業が、別の種類の価値を提供すれば、あるいは相容れないものを並行して売ろうとすれば、信用を失い、顧客を混乱させ、かつての評判までも傷つけてしまうだろう。

たとえば、石鹸の〈アイボリー〉のポジションは、普段に使う廉価な石鹸の定番であり、ニュートロジーナの高級かつ医学的な評価の高いイメージに一からつくり直すのは至難の業であろう。市場規模の大きい業界の場合、イメージを刷新するには、一般的に数千万ドル、時には数億ドルかかり、これが模倣への一大障壁になっている。

第二の理由はさらに重要なもので、トレード・オフが活動そのものから生じる場合である。

他社とは異なるポジション（これにふさわしい活動に調整することを伴う）を選択すれば、製品の仕様、設備、従業員の行動、スキル、マネジメント・システムも変わってくる。

トレード・オフは、ある意味、機械や人間、システムの柔軟性の欠如を物語っていることが多い。イケアがコストを下げるために各活動を調整し、組み立てや配送を顧客の手に委ねれば、より高いレベルのサービスを求める顧客の満足度は低くなるだろう。

トレード・オフは、もっと身近なものかもしれない。一般的に、ある活動が過剰あるいは不足していると、価値が破壊される。

たとえば、ある営業担当者が、ある顧客には高いレベルのサポートを提供していたが、別の顧客には何もできなかったとする。すると、この営業担当者の能力は（そして、彼もしくは彼女のコストの一部分も）、この二番目の顧客においては無意味なものだったといえる。

しかし、活動の種類を限定すれば、生産性を向上できる可能性がある。高次元のサポートを常に提供することで、この営業担当者の学習効率が高まり、営業活動の範囲が広がる。

第三に、社内の調整と統制が限界に達すると、トレード・オフが生じる。

競争の方法が二とおりあり、どちらかを選択した場合、シニア・マネジャーは組織上の優先順位を明らかにしたといえる。対照的に、あらゆる顧客にあらゆることを提供しようとする企業では、社員たちは具体的なフレームワークがないまま日々の業務上の判断を下すことになるため、社内のあちこちで混乱が生じかねない。

ポジショニングのトレード・オフは、競争にはつきものであり、そして戦略の本質である。トレード・オフゆえに選択の必要性が生じ、自社が提供するものをあえて制限する。また、リポジショニングや両天秤にブレーキをかける。なぜなら、これらのアプローチは、自社の戦略を蝕み、既存の活動の価値を下げるからである。

トレード・オフのために、コンチネンタル・ライトは結局離陸できなかった。数億ドルを失い、CEOは解任された。飛行機の出発が遅れ、そのせいでハブ空港は混雑し、しかも乗り継ぎ客が荷物を運び出すため、ゲートでのターンアラウンドもたついた。便の遅延や運休により、一日に一〇〇〇件もの苦情が寄せられた。

コンチネンタル・ライトには価格競争するだけの余力はなく、くわえて旅行代理店に標準的な手数料を支払うこともままならなかった。とはいえ、親会社のコンチネンタルは、代理店なしではフル・サービス事業を続けられない。そこで、すべての便の手数料を一律引き下げた。

これと同じく、運賃がはるかに安いコンチネンタル・ライトの旅客に同じマイレージ・サービスを提供する余裕もなかった。やむなくもう一度マイレージ・サービス全体でマイル基準を一律引き下げた。その結果招かれたのが、旅行代理店とフル・サービスの顧客の怒りであった。

コンチネンタルは、同時に二つの方法で競争しようとした。一部のルートでは低コストを、それ以外のルートではフル・サービスを試み、この両天秤のツケは高くついた。

これら二つのポジションの間にトレード・オフがなければ、コンチネンタルは成功していたかもしれない。とはいえ、トレード・オフが存在しないということは、一面では危険であり、たられぱの話は頭のなかから消し去るべきである。

質というものは無料では得られない。サウスウエストの利便性という、ある種の質の高さは、たまたま低コストで成り立っている。なぜなら、あれほど便の数を増やせるのは、短時間のターンアラウンドや自動発券など、さまざま作業を低コストで行っているからである。しかし、航空会社の質に関する別の側面、たとえば座席指定、機内食、手荷物の移送などは、その提供にコストがかかる。

一般的に、コストと品質という偽りのトレード・オフが生じるのは、主に重複や無駄があったり、統制がおざなりだったり、正確さに欠けていたり、調整が不十分だったりする時である。

コストと差別化を同時に改善できるのは、その企業が生産性の限界線から大きく後れを取っている時か、限界線が外側に移動している時だけである。また限界線上にある時、言い換えれば、その企業がべスト・プラクティスを実現している時には、コストと差別化がまさしくトレード・オフになる（囲み「基本戦略を再考する」を参照）。

本田技研工業（ホンダ）とトヨタ自動車はここ一〇年ほど、生産性で優位に立っていたが、その後限界線に達した。

一九九五年、高くなった自動車価格に異議を唱える顧客が増えてきたことで、ホンダは、いくつかの特長を削ぎ落すことが低価格車をつくる唯一の方法であると思い至った。アメリカでは、顧客に気づかれないことを祈りつつ、〈シビック〉の後輪のディスク・ブレーキを低コストのドラム・ブレーキに変更し、また後部座席の布地を安いものに変えた。

トヨタは、日本でいちばん売れている〈カローラ〉のバージョンを、バンパーを塗装せず、より低コストの座席を使って発売した。トヨタの場合、顧客はそっぽを向き、このニュー・モデルは早々に引っ込められた。

ここ一〇年間、業務効果を大幅に向上させるなかで、マネジャーたちは「トレード・オフは解消することが望ましい」という考え方を身につけてきた。しかし、トレード・オフがなければ、持続的優位は獲得できない。また、その場にとどまるにはますます速く走り続けなければならない。

「戦略とは何か」という問いに立ち返るに当たって、トレード・オフを理解することで、我々はその答えに新たな側面を見出した。戦略とは、競争においてトレード・オフをつくることなのである。

戦略の本質とは、「何をやらないか」を選択することである。トレード・オフがなければ、選択する必要はなく、したがって戦略も無用である。優れたアイデアは、どのようなものであれ、すぐさま模倣できるだろうし、またされるだろう。この場合もやはり、繰り返すが、業績は業務効果に左右されることになる。

「適合性」によって競争優位と持続可能性が強化される

どのポジショニングを選択するかによって、どのような活動を行うのか、各活動をどのように組み合わせるのか、またどのように関連させるのかが決まる。業務効果とは、個々の活動や機能を優れて実施することにまつわるものだが、戦略とは、さまざまな活動を結びつけることに関するものである。

サウスウエストは、ゲートでのターンアラウンド時間を短縮したことで、便の数を増やし、一機当たりの活用度を高めた。これは、高い利便性と低コストというポジショニングに不可欠である。それにしても、サウスウエストはどのようにやっているのだろうか。

ゲートや地上業務を担当する職員たちに高給を支払っていることも、その答えの一部といえる。そして、ターンアラウンド作業において彼ら彼女らの生産性が高いのは、労働協約が柔軟な内容であることも大いに関係している。

とはいえ、何より重要な部分は、サウスウエストはどのように他の活動を行っているのかにある。同社では、他社のターンアラウンド時間を長引かせている活動、すなわち、機内食、座席指定、乗り継ぎ客の手荷物の移送をしない。また、遅延の原因となる混雑を避けるため、利用空港やルートを選んでいる。ルートとその距離を厳しく制限することで、一機種――すべて〈ボーイング737〉である――に統一することができた。

正解は「すべて」である。サウスウエストの戦略は、各活動を一つのシステムにまとめ、その全体を包含したものであり、単なる部分の寄せ集めではない。同社の競争優位の源は、どのように各活動を適合させ、どのように強化させるのか、その方法にある。

この「適合性《フィット》」によって、各活動が最強度でつながった強力なバリューチェーンが生まれ、これが模倣者への障壁となる。

サウスウエストでも、優れた戦略を有する企業と同じく、各活動が相互に補完し、真の経済価値を創出している。たとえば、ある活動のコストを下げられるのは、他の活動がそのように作用するからである。同様に、ある活動によって顧客にもたらされる価値が高まるのも、他の活動がその活動を強化しているからである。このように戦略上の適合性から、競争優位と非凡な収益性が生み出される。

適合性の種類

職能間の方針が適合していることの重要性は、戦略において古くから考えられてきたことの一つである。しかし経営課題においては、次第にほかのものに取って代わられてきた（囲み「戦略に関する二つの見解」を参照）。

そして、企業を全体として見るよりも、マネジャーは、コア・コンピタンス、最重要資源《クリティカル・リソース》、KSFなどに注目するようになった。

しかし実際には、適合性は、多くが認識している以上に、競争優位の核をなす構成要素なのである。適合性が重要なのは、個々の活動が相互に影響することが多いからである。たとえば、その企業の製品が優れた技術を備えており、マーケティングにおいて顧客をしっかりサポートすることが強調されている場合、営業部門が有能であれば、優位性はいっそう高まるであろう。

多品種少量生産ができる生産ラインの価値がより高まるのは、完成品在庫を最小化できる在庫システムと受注処理システムが組み合わさった時、また営業プロセスが特注生産について説明し、その受注を増やすように設計されている時、あるいは製品の種類が豊富で顧客の特殊ニーズにも対応可能であることを宣伝できる時である。

このような補完性は、戦略におおむね共通するものである。活動間の適合性には、多くの企業に適用できる基本的なものもあるが、どのような適合性が最も価値が高いかは、戦略によって変わる。それは、適合性がポジションの独自性を高め、トレード・オフを増幅させるからである。(注3)

適合性には三種類ある。なお、これら三つは重なり合う部分がある。

第一の適合性は、ある活動（あるいは機能）と戦略全体の間における「単純明快な一貫性」(simple consistency)である。

たとえばバンガードでは、あらゆる活動を低コスト戦略に連動させている（図9-4「バンガードの活動システム・マップ」を参照)。ポートフォリオの入れ替えを最小限にとどめているため、高給のファンド・マネジャーは必要ない。みずから組成した投信をみずから直販しているため、仲介業者に手数料を支払わなくて済む。広告も極力控え、PRとクチコミに頼っている。なお、コストの節約度が従業員のボーナスに反映される。

一貫性があるからこそ、活動の競争優位は積み上がり、陳腐化したり相殺されたりすることもない。また一貫性ゆえに、顧客、従業員、株主たちに、戦略をわかりやすく伝えられる。そして一貫性のおかげで、社内が一丸となり、戦略を実行しやすい。

第二の適合性は、「各活動が相互に補強する」(activities are reinforcing) 場合に起こる。ニュートロジーナは、宿泊客のために皮膚科医推薦の石鹸を使いたいと考えている高級ホテルに売り込む。ホテル側は、他社の石鹸にはホテル名を入れるように求めるが、ニュートロジーナにはそのパッケージの使用を特別に認めている。高級ホテルに宿泊してニュートロジーナの石鹸を使えば、後日それを薬局で買い求めたり、医師にその石鹸について尋ねたりする可能性が高まる。

こうして、対医療機関と対ホテルへのマーケティングは互いに補強し、マーケティング・コストも全体として低下する。

別の例として、文具のビックを紹介しよう。同社は、よくある廉価なペンを、種類を限定して販売している。ほぼすべての主要顧客――小売店向け、業務用、販促ノベルティ用、景品用――に向けて、ほぼすべての流通チャネルを利用している。

競合他社も、バラエティ・ベース・ポジショニングの下、広範な顧客層を相手にしているが、ビックも同じく、多くに共通するニーズ（安物だが、ペンとして最低限の条件を満たしている）を強調し、広範囲を網羅するマーケティング手法（大規模な営業部門と大量のテレビCM）を用いる。

ビックでは、たとえば、製品では製造しやすいデザインを追求し、工場ではコスト削減を徹底し、購買では原材料費を最小限に抑え、部品が高くつく時は必ず内製化するなど、ほぼすべての活動にわたって一貫性を追求し、その恩恵に浴している。

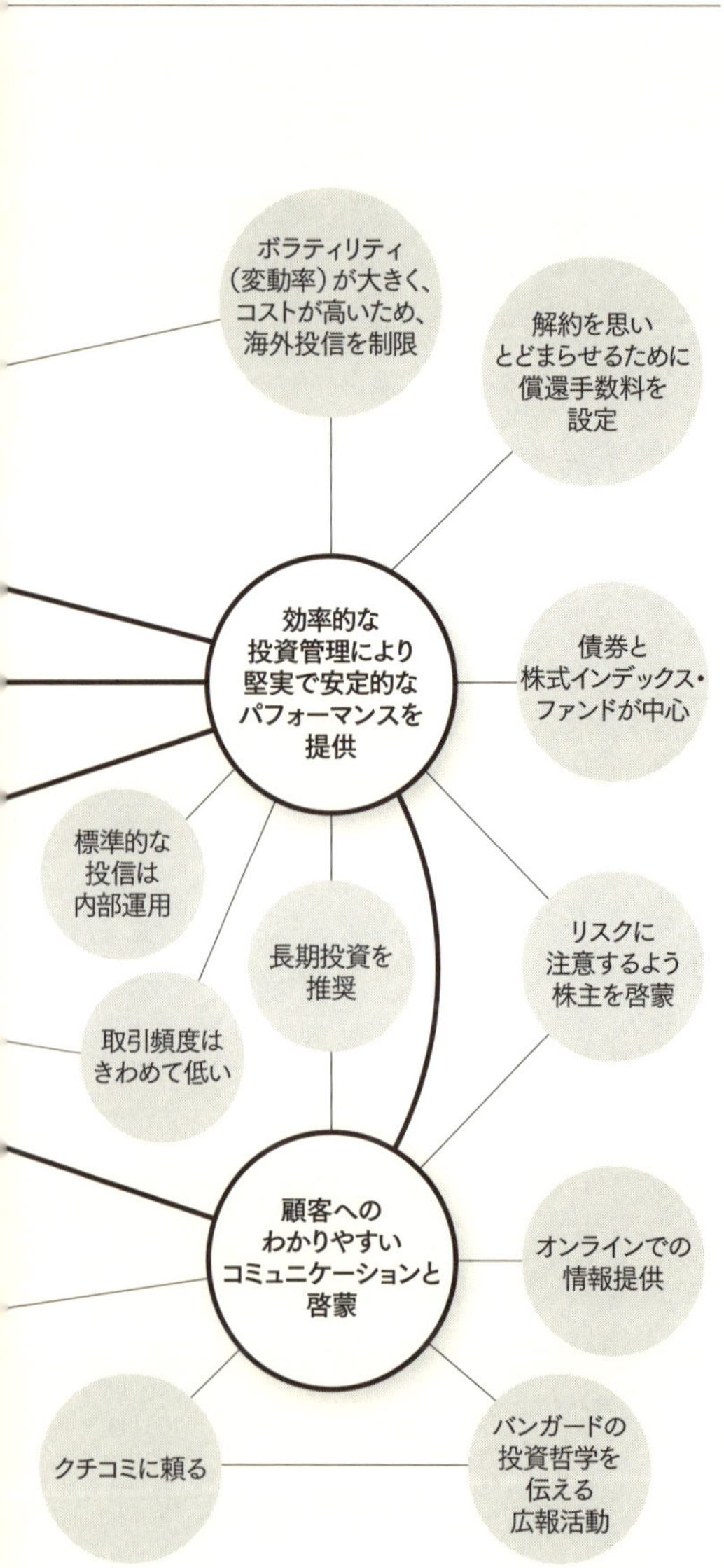

図9-4 ｜バンガードの活動システム・マップ

活動システム・マップは、戦略との適合性を検証し、これを強化するうえで効果的といえる。そのプロセスを進めるには、以下のように自問する必要がある。

第1に、「各活動は、総合的に見たポジショニング、すなわち製品の幅、対応するニーズ、アクセスする顧客のタイプと齟齬を来していないか」である。あわせて、各活動の責任者に、「社内の他の活動によって、あなたの活動のパフォーマンスはどれくらい改善あるいは毀損されているか」を尋ねる。第2に、「それぞれの活動を相互に強化させる方法はあるか」を問う。そして最後の質問は「ある活動を変えると、他の活動をやる必要がなくなるか」である。

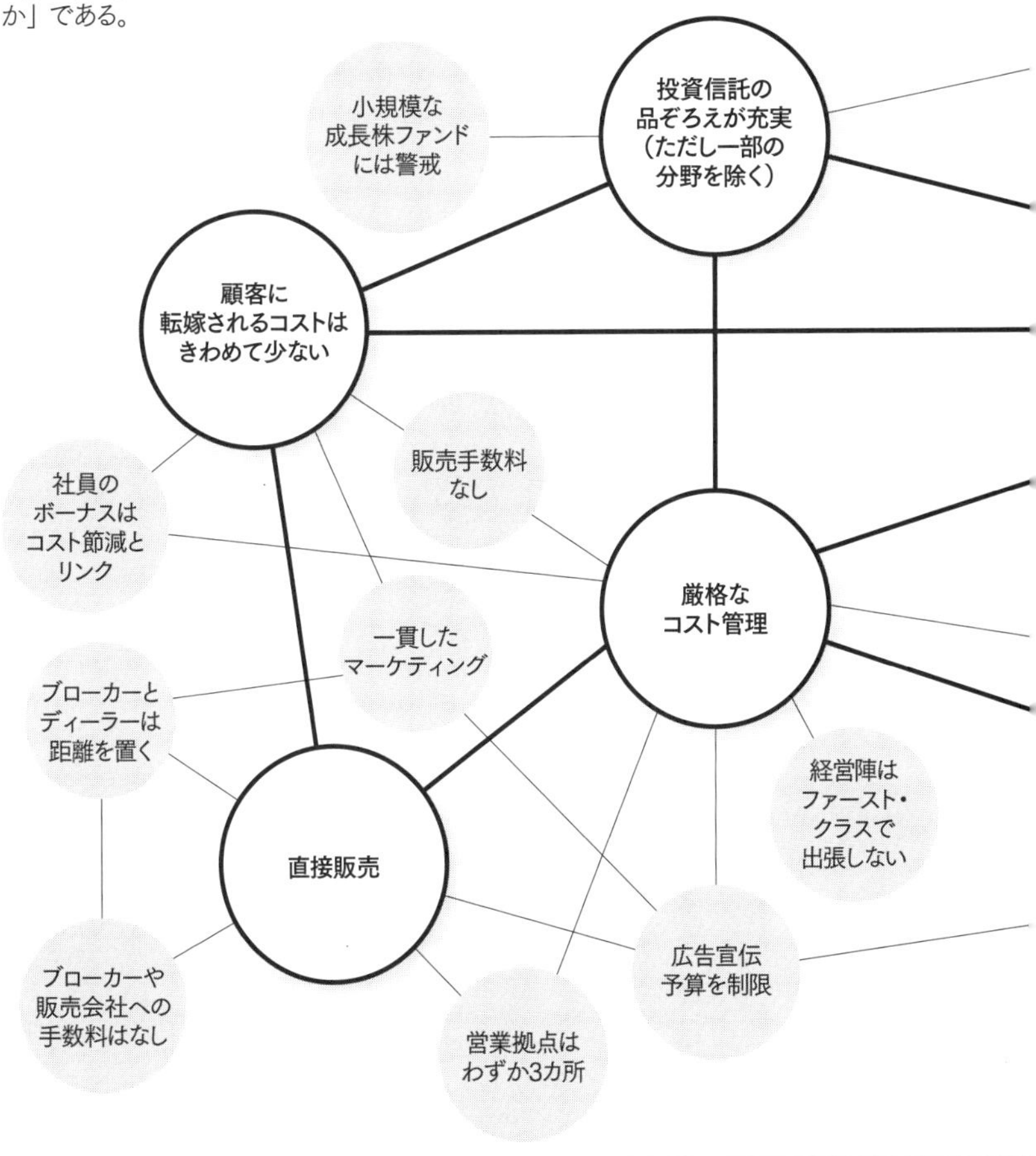

ただしビックでは、第一の単純明快な一貫性を超えて、各活動が相互に補強している。同社は、衝動買いを促すために、たとえば小売店の店頭に展示したり、パッケージを頻繁に変更したりしている。小売店での販売には、大規模な営業部門が必要だが、ビックのそれは業界一の規模で、競合他社よりも長けている。

さらに、このような店頭活動、大量のテレビCM、パッケージの変更を組み合わせることで、これらの活動を単独で実施した場合よりも、衝動買いをより増やすことが可能になる。

第三の適合性は、活動間の相互補強を超えるもので、私は「労力の最適化」（optimization of effort）と呼んでいる。

SPA（アパレル製造小売り）の元祖ギャップは、店でほしい商品が必ず買えることこそ戦略の要であると考えた。すべての商品を店先にそろえるには、店舗在庫を置くと同時に、倉庫から補充する必要がある。

そこでギャップは、定番商品を三つの倉庫からほぼ毎日補充することで、労力を最適化している。その結果、大量の店舗在庫を抱えずに済む。補充に重点を置いているのは、同社が定番商品を比較的少ない色数で展開するというマーチャンダイジング戦略にこだわっているからである。

同規模の小売業の在庫回転率は年三〜四回だが、ギャップのそれは七・五回である。さらに、この迅速な補充のおかげで、六〜八週間という短いモデル・チェンジのサイクルを低コストで実現できる。(注4)

労力の最適化の最たる基本形は、冗長性を排除し無駄を最小化するために、活動間での調整や情報交換を行うことである。ただし、それよりも高次元の最適化もある。

たとえば、ある製品デザインを選択することで、アフターサービスをなくすことが可能になったり、顧客にそのようなサービス活動を処理させたりもできる。同様に、サプライヤーや流通チャネルを調整すれば、最終顧客の啓蒙といった活動の必要性もなくなる。

以上三つの適合性すべてにおいて、個々の部分ではなく、全体が重要である。競争優位は、「活動システム全体」に起因している。実際、活動間の適合性によって、コストが大幅に低下したり、差別化がいっそう強化されたりする。

競争における各活動の価値——または、それに関連したスキルやコンピテンシー、経営資源など——は、システムや戦略から切り離すことができない。したがって、企業競争に関して、そこでの成功を、個々の強み、コア・コンピタンス、最重要資源などによって説明しようとすると、間違いにつながる可能性が高い。強みについて列挙してみれば、それらはさまざまな職能部門にわたるものであり、ある強みは他の強みと関係している。

そこで、さまざまな活動に関わるテーマ、たとえば低コスト、顧客サービスにおける特殊なアイデア、提供する価値に関する特殊な概念から考えることが有益である。これらのテーマは、各活動が緊密に連携し合う「組織」において具体化される。

適合性と持続性

活動間の適合性は、競争優位だけでなく持続可能性においても、その基礎となるものである。

競合他社にすれば、相互に関連している活動システムを完璧に模倣するのは、営業部門のある手法をまねたり、同様のプロセス技術を導入したり、製品に同じ特徴を取り入れたりするより、ずっと難しいだろう。活動システムに基づくポジションは、個々の活動に基づくポジションよりも、はるかに持続可能性が高い。

次の簡単な計算について考えてみたい。いかなる活動でも、競合他社がそれを完璧に模倣できる確率は一より小さい。活動システム全体を模倣すれば、〇・九×〇・九＝〇・八一、また〇・九×〇・九×〇・九×〇・九＝〇・六六といった具合に、確率はいっきに下がり、まったく非現実的である。

既存企業がリポジショニングや両天秤を試みようとすれば、多くの活動を設計し直さなければならない。新規参入者は、ライバルである既存企業が直面するようなトレード・オフに遭遇することはないが、それでも模倣するには大きな障壁が立ちはだかる。

ある企業のポジションが、第二もしくは第三の適合性による活動システムに基づくものならば、その優位性はいっそう持続性が増すだろう。そのような活動システムは、その本来の性質により、外部から解明するのは通常難しく、したがって模倣が難しい。たとえライバルが、どのように各活動が相互に関連しているのか、活動システムの内部を明らかにしても、それを再現するのは難しいだろう。

事実、適合性を実現するのは難しい。なぜなら、複数の部門にまたがる意思決定や行動を統合する必要があるからだ。活動システム全体を完璧に模倣しようとしても、一部の活動しかまねできず、全体を再現できないため、得られるものはほとんどない。業績は、上がるどころか、下がる可能性すらある。サウスウエストを模倣しようとしたコンチネンタル・ライトの悲劇を思い出してほしい。

最後に、活動間の適合性があると、業務効果の改善への圧力やインセンティブが生まれ、これにより模倣はますます難しくなる。適合性が存在するということは、ある活動のパフォーマンスが低いと、他の活動もうまくいかなくなるという意味である。その結果、弱みが露呈し、ライバルから目をつけられやすくなる。

反対に、ある活動が改善されれば、他の活動にも好影響が及ぶともいえる。活動間の適合性が高い企業は、ライバルから狙われにくい。戦略とその実行に優れていると、優位性のみならず、模倣を阻む障壁が高まる。

各活動が相互に補完している場合、競合他社がこれを模倣しようとしても、システム全体を同じにできない限り、得られるものはほとんどない。このような状況では、「二人勝ち」の競争になりやすい。

業界一の活動システムを構築した企業、たとえばトイザらスは、チャイルド・ワールド（一九九二年破綻）やライオネル・レジャー（九三年破綻）など戦略が似通ったライバルに大きく水を開け、勝利した。既存のポジションを踏襲して二番手や三番手の模倣者になるよりも、多くの場合、新たな戦略ポジションを見つけるほうが賢明といえる（**囲み**「新たなポジションを見出すには」を参照）。

最も発展性の高いポジションは、活動システムがライバルのそれと相容れないものである。なぜなら、そこにトレード・オフが存在するからである。そして、個々の活動をどのように構成し、どのように統合するかは、戦略ポジショニング次第である。

活動システムの視点から戦略を考えると、組織構造、各システムや各プロセスがなぜ戦略に従うべきなのか、その理由がはっきりする。このことを裏返せば、戦略に従って組織を調整すれば、補完性もより実現しやすくなり、持続可能性にも貢献する。

戦略ポジショニングは、立案から見直しまでという一回のサイクルではなく、どうやら一〇年もしくは一〇年超の期間で考える必要がありそうだ。一つのポジショニングを継続することで、各活動や活動間の適合性が改善され、それにより組織として戦略にふさわしい能力やスキルが得られる。また、その企業らしさも強化される。

反対に、ポジショニングを頻繁に変更すると、コスト高になる。各活動を再構成しなければならないだけでなく、システム全体についても再調整しなければならないからである。また、戦略が振り子のように揺れていると、これに対応できない活動も出てくる。

戦略を何度も変えたり、最初のポジションがはっきりしなかったりすると、横並びに走ったり、あるいは各活動が重複して構成されたり、職能間に一貫性がなかったり、組織内に不和が生じたりする。

戦略とは何か。もう、この問いへの答えを出せるだろう。戦略とは、企業の活動間の適合性をつくり出すことである。戦略が奏功するかどうかは、いくつかではなく、どれくらい多くのことをやるか、そしてそれらをいかに統合するかによる。

活動間に適合性がなければ、メリハリの効いた戦略もない。ましてや持続可能性など望むべくもない。そして、マネジャーは各職能を監督するという単純な仕事に戻り、組織の相対的な業績は業務効果に左右されることになる。

戦略を再発見する

なぜこんなに多くの企業に戦略がないのか。なぜマネジャーは戦略を選択しないのか。またどうして以前に立案した戦略を、ありきたりなもの、あるいはあいまいなものにしてしまうのか。

選択の欠如

戦略への脅威は、技術進歩や他社動向など、社外から生じる、と一般的には考えられている。たしかに外部における変化も問題だが、戦略をより脅かすものは実は社内にある。健全な戦略も、競争についての間違った見方、組織の機能不全、そしてとりわけ成長への欲求によって、腰砕けになっていく。

戦略を選択する必要性について、マネジャーたちは混乱している。大半の企業が、生産性の限界線におよそ届かないところで経営している時は、トレード・オフは考えなくてよいように思える。したがって、順調に成果を上げている企業は、成果が上がっていないライバルを、あらゆる面に一斉攻撃をかけるべきかに見える。

有名な経営評論家から「トレード・オフについて考える必要はない」と聞かされ、マネジャーたちは「トレード・オフを考えるなど、弱点があることを示すようなものだ」と、強気の姿勢を見せるようになった。しかし、ハイパーコンペティションが起こるという予測があると、これにたじろぎ、競合他社をそっくりまねしようとする。また、企業変革の視点から考えるよう説かれると、あらゆる新技術を追いかけてしまう（囲み「新しい業界や技術が登場した時」を参照）。

業務効果の追求は、わかりやすく、すぐやれるところが魅力である。ここ一〇年ほど、マネジャーたちは、可視化と定量化できるかたちで業績を改善するように要求されてきた。業務効果を改善するプログラムが優れた収益性につながるかについては判然としないが、前よりよくなることは間違いない。ビジネス書やコンサルタントのせいで、他社が何をしているのかという情報が氾濫し、ベスト・プラクティスを求める心理に拍車がかかった。このように業務効果を競うレースに参加したことで、なぜ戦略が必要なのか、多くのマネジャーがわからなくなっている。

戦略の選択を回避したり、またあいまいにしたりする理由は、ほかにもある。業界内の常識はしばしば払拭しがたく、同質化競争に陥りやすい。「顧客第一主義《カスタマー・フォーカス》」を誤解して、あらゆる顧客に対応し、流通チャネルから上がってくる要求すべてに応えなければならないと考えるマネジャーもいる。これを「柔軟性を失いたくないからである」とうそぶく人もいる。

組織の実態も、戦略の足かせになる。トレード・オフはやっかいであり、間違った選択を下して責められるより、何も選択しないほうが賢明な場合もある。一種の群集行動から、各社まねし合う。それは、ライバルは自分たちの知らないことを知っていると思い込んでいるからである。

新たに権限委譲された社員たちは、改善できるところをもれなく探し出そうと必死になるが、えてして大局観がなかったり、トレード・オフを認識する観点が欠けていたりする。評価の高いマネジャーや社員を失望させたくないために、戦略の選択に躊躇する場合がある。

成長の罠

さまざまな理由のなかで、戦略を機能不全に陥らせる最大のものは、おそらく成長への欲求であろう。トレード・オフや何らかの制約は、成長を阻害するものに見える。たとえば、ある顧客グループにはサービスを提供するが、それ以外は対象外とした場合、売上げはいずれ伸び悩むものと思われるし、また実際どこかで頭打ちになる。低価格を訴え、広範を対象とした戦略では、製品の特徴やサービスに敏感な顧客からの売上げが減る。また差別化戦略では、価格感度の高い顧客からの売上げが減る。

マネジャーたちはいつも、これらの制約を少しずつでも減らしたいと思っており、それゆえ戦略ポジションをあいまいにしていく。最終的には、成長への圧力、あるいは対象市場のまぎれもない飽和により、製品ラインを拡大したり、新たな特徴を追加したり、ライバルの評判のサービスをまねしたり、プロセスを同じにしてみたり、時には買収に走り、ポジションを広く取る。

メイタグ（二〇〇六年にワールプールが買収）は長年にわたり、信頼性と耐久性の高い洗濯機と乾燥機を製造し、後に食器洗浄機もつくるようになったが、ここに集中することで成功の基盤を築いた。ところが、あらゆる種類の製品を販売するというアイデアが、業界内の常識として台頭してきた。業界の成長の遅さ、そして幅広い製品を扱う家電メーカーとの競争が懸念された。メイタグは、製品ラインを拡大してほしいと、販売店から迫られただけでなく、顧客からもそう求められた。

そこで、冷蔵庫に調理用器具と、その製品ラインを拡大した。ブランド名には〈メイタグ〉、そして買収した〈ジェン・エアー〉〈ハードウィック〉〈ストーブ〉〈フーバー〉〈アドミラル〉〈マジック・シェフ〉などを用い、しかしそのポジションはバラバラであった。

メイタグは大きく成長を遂げ、一九八五年の売上高は六億八四〇〇万ドルだったが、最高を記録した九四年は三四億ドルになった。しかし、ROS（売上高利益率）は低下した。七〇年代から八〇年代は八～一二％の間にあったが、八九～九五年は平均一％以下だった。コスト削減により、九六年以降、この値が改善する可能性もある。しかし、メイタグの収益性の基盤は、いまでも洗濯機であり、食器洗浄機である。

ニュートロジーナも、同じ罠にはまってしまったのかもしれない。九〇年代初頭、アメリカ国内の販路を広げ、ウォルマート・ストアーズなどの量販店でも販売するようになった。〈ニュートロジーナ〉というブランド名の下、アイメーク・リムーバーやシャンプーなど、さまざまな製品に進出していった。これらの製品はニュートロジーナ独自のものではなく、同社のイメージは希薄化し、ついには価格プロモーションを始めるようになった。

成長を追求するなかで妥協し、一貫性が損なわれると、自社独自の製品や対象顧客によって築いてきた競争優位が崩れてしまう。さまざまな方法を並行させて競争しようとすると、混乱を招き、組織内のモチベーションと基軸が失われる。

利益は落ちるが、売上げが伸びているため、間違っていないように思える。マネジャーたちは取捨選択ができず、いっそうの拡大に着手し、そして妥協する。各社とも、お互いをまねし続け、どうにもならなくなってようやくこのサイクルが止まり、合併あるいは当初のポジションに戻るための事業縮小という結末を迎える。

利益ある成長

ここ一〇年間、リストラクチャリングやコスト削減が続いたが、いまでは多くの企業が成長に目を向け始めている。成長に注力すると、しばしば独自性があいまいになり、妥協を生み、適合性を低下させ、ついには競争優位が弱体化していく。実際、成長の追求によって戦略は蝕まれる。

では、戦略を維持し強化する成長策とは、いかなるものだろうか。大まかに申し上げれば、戦略ポジションを掘り下げることに集中し、拡大したり妥協したりしないことである。

その一策として、戦略の延長線上、すなわち競合他社が見出しえない、あるいは単独ではコスト高となる製品やサービスを提供するために、既存の活動システムを活用することが考えられる。言い換えれば、次のように自問するとよい。「自社の相互補完的な活動を踏まえると、どのような活動、どのような製品特性、どのような競争のやり方が可能であり、またコストがかからないか」

ポジションを掘り下げるとは、活動をより特徴的なものにし、適合性を高め、理解のある顧客に向けてより的確に戦略を伝えることにほかならない。しかし多くの企業が、精査や戦略とのすり合わせを怠ったまま、人気の機能、あるいは製品やサービスに飛びつくという安易な成長策に走る。また、自分たちでは大した価値を提供できない顧客や市場を新たなターゲットとする。

成長可能性は高いが、独自性に欠ける分野に専念するよりも、優位な分野において、さまざまなニーズを奥底まで掘り下げ、さまざまな種類の製品やサービスを提供したほうが、成長スピードも速く、収益性も高いことが多い。

いまや全米最大の映画館チェーンとなったカーマイクの場合、ひたすら小さな市場に専念してきたことが急成長の理由である。同社は、買収した一部に大都市の映画館があっても即売却してしまう。

グローバル化することで、多くの場合、戦略を曲げることなく成長を実現できる。何しろ大規模な市場が開かれており、焦点が絞られた戦略には打ってつけである。また、国内で事業を拡大するよりグローバルに拡大したほうが、自社ならではのポジションや自社らしさを活用したり強化したりしやすい。

業界内で事業を拡大して成長を目指すならば、独立した部門をいくつかつくり、それぞれに異なるブランド名を冠し、独自の活動を行わせるとよい。これが戦略へのリスクを最も抑えられる方法の一つである。

メイタグは、まさしくこの問題で苦しんだ。一方で、高級ブランドと廉価ブランドを戦略ポジションが異なる部門として分割した。その一方で、クリティカル・マス（閾値）を確保するために、全ブランドを傘下に収める家電会社を設立した。しかし、設計、製造、配送、顧客サービスを共用すれば、均質化は避けられない。ある部門が異なるポジションと異なる製品で競争しようとした場合、何らかの妥協はやむをえないだろう。

リーダーシップの役割

明確な戦略を考案する、そのように立案し直す際（囲み「独自性の核を発見し、戦略を取り戻す」を参照）、組織的な問題が障害になることが多く、そのような場合、リーダーシップがカギを握る。

組織内に選択やトレード・オフを嫌う反対勢力が多数いる状況にあっては、これらに対抗し、戦略を正しい方向へと導く明確かつ知的なフレームワークが必要である。またそれ以上に、率先して選択を下す、強力なリーダーの存在が欠かせない。

多くの企業において、リーダーシップは、業務改善の調整、取引や交渉といった仕事へおとしめてしまった。しかし、リーダーの役割はそれよりも広範で、はるかに重要である。

ゼネラル・マネジャーの仕事は、個々の職能を管理する以上のものである。その核となるのは戦略である。すなわち、自社ならではのポジションを定義し、これを伝え、トレード・オフを生み出し、活動間に適合性をつくり出す――。

リーダーは、組織を集中させて自社の独自性を守る一方、どのような顧客ニーズや業界の変化に対応すべきかを判断する規律を示さなければならない。下位のマネジャーには、このような視点がなく、戦略を貫くという信念もない。しかも、妥協する、トレード・オフをなくそうとする、競合他社を模倣するといったプレッシャーが常に存在する。したがって、リーダーの仕事の一つが、組織メンバーに戦略について教えることであり、そして「ノー」と言うことである。

戦略は、「何をすべきか」のみならず、これと同じくらい重要である「何をすべきでないか」を示す。実際、制約を設けることはリーダーの役割の一つである。どの顧客グループに向けて、どの製品を提供し、どのニーズに対応するかを決めるのが、戦略立案の基本である。

しかし、それ以外の顧客やニーズには対応しない、ある種類の特徴またはサービスは不要であると決定することも戦略の基本である。それゆえ戦略には、明確な規律とコミュニケーションが要求される。社員たちは、個々の活動あるいは日常業務上の判断におけるトレード・オフゆえに生じる選択に対処しなければならないが、そのためのガイドとなるよう、戦略をわかりやすく伝えることが重要である。

業務効果の向上は、経営上不可欠な部分とはいえ、それは戦略ではない。両者を混同してしまうと、無意識のうちに競争に関する考え方が退化し、その結果、多くの業界において競争の収れんが招かれた。それはだれのためにもならないばかりか、回避可能である。

業務効果と戦略は、明確に区別されなければならない。どちらも重要だが、そもそも別物である。

業務効果においてやるべきことは、トレード・オフが存在しないところでは、もれなく継続的改善を推進することである。これを怠ると、いかに優れた戦略を有する企業であろうと、脆さが生じる。業務効果においては、不断の改革に取り組み、柔軟性を確保し、ベスト・プラクティスの実践にひたすら努めることが望ましい。

一方、戦略においては、独自のポジションを定義し、まごうかたなきトレード・オフをつくり出し、適合性を強化するのが正しい。そのためには、自社のポジションを強化・拡大する方法をたえず模索する必要がある。戦略には、規律と継続性が求められる。そして、排除すべきはよそ見と妥協である。

戦略の継続とは、競争を固定的に認識するという意味ではない。業務効果を継続的に向上し、生産性の限界線を右側へ押し広げて、かつ活動間の適合性を強化しながら、独自性の拡充にたえず努めなければならない。実際、戦略を継続することにより、組織の継続的改善の効果を高めるべきである。

業界に大きな構造的変化が起こった時には、戦略を変更する必要があるかもしれない。事実、新しい戦略ポジションは業界構造の変化から生まれてくることが多く、また過去に縛られない新規参入者のほうが、たやすく新しいポジションを見出すものである。

とはいえ、新たなポジションを取捨選択するに当たっては、新たなトレード・オフを発見し、かつ新しい相互補完的な活動システムをテコに持続的優位を構築する能力を身につける必要がある。

ほとんどの日本企業に戦略がない*

日本企業は一九七〇年代および八〇年代、TQMや継続的改善といった慣行を真っ先に取り入れ、業務効果の領域において世界的革命を起こした。その結果、日本製造業は長きにわたって、コストと品質の両方で優位性を享受してきた。しかし日本企業が、本稿で論じるような戦略ポジションを明確に確立したことはめったになかった。ソニー、キヤノン、セガなど、戦略ポジションを築いた日本企業もあるが、どちらかといえば例外である。

ほとんどの日本企業は、互いにまねし、押し合いへし合いをしている。各社とも、ほぼあらゆる種類の製品、機能、サービスを提供しており、またあらゆる流通チャネルに対応し、どこの工場も同じようにつくられている。

このような日本流の競争については、その危険性が理解され始めている。八〇年代、欧米のライバルたちは生産性の限界線からはほど遠く、このままずっとコストと品質の両面で勝ち続けられるように思えた。実際、日本企業各社は、自国経済の拡大とグローバル市場への進出によって成長を果たした。彼らの勢いを止めることは、およそできそうになかった。しかし、業務効果の差が縮まってくると、日本企業は次第に自縄自縛に苦しみ始めた。

もし、業績を悪化させ、共倒れを招きかねない戦いから逃れようというのであらば、日本企業は戦略を学ばなければならない。そのためには、打破しがたい文化的障壁を乗り越える必要がある。

日本はコンセンサスを重視することで知られ、また企業では、個人間の違いを強調するより、むしろ調整する傾向が強い。かたや、戦略には厳しい選択が求められる。日本人には、顧客から出されたニーズすべてに応えるために全力を尽くすという、サービスの伝統が深く染みついている。このようなやり方で競争している企業は、そのポジションがあいまいになり、あらゆる顧客にあらゆるものを提供するはめになる。

Michael E. Porter and Hirotaka Takeuchi, Mariko Sakakibara, *Can Japan Compete?* Basic Books, 2000.(邦訳『日本の競争戦略』ダイヤモンド社、二〇〇〇年)

＊日本に関するこの記述は、榊原磨理子氏の協力の下、筆者と竹内弘高氏の研究に基づいてまとめたものである。

基本戦略を再考する

一九八〇年に上梓した拙著『競争の戦略』のなかで、業界内には選択すべき戦略ポジションが存在することを示すために、私は「コスト・リーダーシップ」「差別化」「集中」という「基本戦略」(generic strategy)の概念を提示した。戦略ポジションについてわかりやすく説明するうえで、基本戦略はいまなお便利である。

たとえば、バンガードはコスト・リーダーシップ戦略の一例であり、イケアは限られた顧客グループに対するコスト・ベースの集中戦略の一例である。ニュートロジーナは集中しながら差別化を図っている。

ポジショニングの基盤、すなわち「バラエティ」(種類)、「ニーズ」、「アクセス」を検討することで、これら基本戦略の理解はより具体的になる。たとえば、イケアとサウスウエスト航空はコスト・ベースの集中戦略だが、イケアは顧客グループのニーズに、またサウスウエストはある種のサービスに焦点を絞っている。

基本戦略のフレームワークは、私が「異なる(三つの)戦略に内在する矛盾」と呼ぶ状態に陥るのを回避するには、いずれかの戦略を選択しなければならないことを示している。両立しないポジション同士の活動を比較すれば、そこにはトレード・オフが存在するが、これこそがこの矛盾にほかならない。

コンチネンタル・ライト(コンチネンタル航空がサウスウエストに対抗するために九三年に立ち上げた格安航空会社。わずか二年で撤退)がその典型であり、同時に二つの方法によって競争したが、うまくいかなかった。

Michael E. Porter, *Competitive Strategy: Techniques for Analyzing Industries and Competitors*, Free Press, 1980.(邦訳『競争の戦略』ダイヤモンド社、一九八二年)

戦略に関する二つの見解

①過去一〇年間、暗黙の了解とされてきた戦略モデル

- 業界のなかに理想的な競争ポジションは一つしかない。
- あらゆる活動をベンチマーキングし、ベスト・プラクティスを実践する。
- 積極的にアウトソーシングし、効率を高めるために他社と提携する。
- わずかなKSF（主要成功要因）と重要資源、そしてコア・コンピタンスが、優位性の源泉となる。
- 競争上の変化と市場内の変化のすべてに、柔軟かつ迅速に対処する。

②持続的な競争優位

- 競争において、その企業独自のポジションを確保する。
- 戦略にふさわしい活動を整える。
- 明確なトレード・オフと、競合とは異なる選択をする。
- 競争優位は各活動間での適合性から生じる。
- 持続可能性は活動システム全体から生じるものであり、その一部からではない。
- 業務効果は所与の要件である。

新たなポジションを見出すには

戦略的に競争するとは、新たなポジションを見つけるプロセスと考えられる。そこは、既存のポジションから顧客を獲得する、あるいはまったく新しい顧客を市場に招き入れるポジションである。たとえば、スーパーマーケットは単一カテゴリーの品ぞろえを充実させることによって、多くのカテゴリーを網羅しているが個々の品ぞろえは限られているデパートから、市場シェアを奪い取る。また通販会社は、利便性を重視する顧客を狙い撃ちする。

原則的には、新しい戦略ポジションを見つけるに当たって、既存企業も起業家も同じ課題に直面する。しかし現実には、新規参入者のほうが勝っていることが多い。

戦略ポジショニングはわかりにくいことが多く、それを見出すには創造性と洞察力が要求される。そして、新規参入者はしばしば、ずっと手つかずで、単に既存企業が見逃していた、またとないポジションを見つけ出す。たとえばイケアは、いままで無視され、放ったらかしにされていた顧客グループを見出した。家電量販店のサーキット・シティ・ストアーズ（リーマン・ショックの影響を被り、二〇〇八年一一月にチャプター11を申請し、その後清算された）は一九九三年、カーマックス（こちらはいまなお「フォーチュン五〇〇」の常連）を立ち上げ、中古車販売事業に参入したが、その際、隅々まで洗車する、製品保証をつける、いっさいかけ値なし、自社ローンを上手に利用してもらうなど——いずれも既存企業でもやれたことであった——顧客に喜ばれるような活動を新たに用意した。

新規参入者は、かつては競合他社のものだったポジション、すなわち何年にもわたって模倣したり他の事業と二股をかけてきたりしたせいで譲り渡さざるをえなくなったポジションを占有することでも、成長を享受しうる。また、他業界から参入してきた企業の場合、他の事業での優れた活動を利用することで、新たなポジションを創造できる。カーマックスは、在庫管理やクレジット販売など、サーキット・シティで蓄積した家電小売りのノウハウを大いに活用した。

大半において、新しいポジションは変化から生じてくる。たとえば、新たな顧客グループの台頭や購買チャンスの発生、社会の発展によって生じた新たなニーズ、新しい流通チャネルの登場、新技術の開発、新しい機器や情報システムの利用といった変化である。このような変化が生じると、その業界の長い歴史など気にしない新規参入者は、新たな競争のやり方を見出す可能性が高い。既存企業とは異なり、新参者は柔軟である。なぜなら、既存の活動とのトレード・オフに直面しないからである。

新しい業界や技術が登場した時

新たに登場した業界、あるいは革命的といえる技術変化のさなかにある業界で戦略を立案するのは、やっかいな仕事である。このような業界では、顧客ニーズ、何より望まれる製品やサービス、それを提供するうえで最もふさわしい活動と技術の組み合わせを考えるに当たり、きわめて高い不確実性に直面する。

この不確実性ゆえに、模倣したり両天秤をかけたりする。見誤ったり出遅れたりするリスクは許されないため、あらゆる特性に合わせ、新しいサービスをすべて提供し、あらゆる技術を開発する。

　このような業界の発展期には、その業界の基礎となる「生産性の限界線」が形成されるか、もしくは引き直される。このような時期には、爆発的成長によって多くの企業に利益がもたらされる。とはいえ、その利益は一時的なものだろう。なぜなら、模倣と戦略の横並びのせいで、最終的に業界の収益性が損なわれるからである。

　好業績を続ける企業は、いち早く競争上のポジションを独自に定義し、これを自社の各活動において具体化するところだろう。とはいえ、新興業界にあっては、他社を模倣する時期があるのも、それはいたしかたない。ただし、そのような期間が生じるのは、むろん望ましい状況だからではなく、不確実性が高いことを意味している。

　ハイテク産業では、この模倣期が必要以上に続くことが多い。技術改革そのものに興奮し、製品に機能──そのほとんどがまず使われない──を盛り込むが、業界全体の価格は下がっていく。トレード・オフが考慮されることなど、めったにない。

　株式市場からの圧力に応えるために成長に拍車をかけようとして、各社ともあらゆる製品分野に進出する。基本的な優位性を有する少数の企業は発展できるが、大半はだれも勝者になれない過当競争へと向かう。

　皮肉なことに、有名ビジネス誌は、過去のルールが通用しない新しい競争の時代に突入した証拠として、目下注目されている新興業界に焦点を当て、このような特例的なケースを取り上げる傾向がある。しかし現実には、真実はその逆である。

独自性の核を発見し、戦略を取り戻す

ほとんどの企業において、その最初の成功は、独自の戦略ポジションの賜物であり、そこにはまごうかたなきトレード・オフが存在していた。各活動は当初、そのポジションに即したものだった。

しかし時間の経過、そして成長への圧力のせいで、最初はほとんど気づかないが、妥協が生まれる。そして、その時は賢明に思えた改善を重ねていくなかで、次第に多くの有名企業がライバルと同質化していく。

ここで問題になるのは、これまでのポジションがもはや有効でなくなった企業ではない。彼らの課題は、まさしく新規参入者のように、一からやり直すことである。問題なのは、利益は月並みで、明確な戦略を持っていない企業である。

製品の種類を増やし続け、新たな顧客グループに対応し続け、また競合他社の行動を模倣していると、その確固たる競争上のポジションを失う。典型的には、他社の製品やサービス、業務慣行をまねし、さまざまな顧客グループに売り込もうとする。

このような企業が戦略を取り戻すには、いくつかの手法がその助けとなろう。まずやるべきことは、みずからを見つめ直してみることである。有力企業には「独自性の核」(core of uniqueness) が存在しているものだ。次の問いに答えることで、それを見極められる。

- 我々の製品やサービスのなかで、いちばん特徴的なものはどれか。

・我々の製品やサービスのなかで、いちばん収益性が高いものはどれか。
・我々の顧客のなかで、満足度が最も高いのはだれか。
・どの顧客、流通チャネル、購買機会が、いちばん収益性が高いか。
・バリューチェーン内の活動のうち、他社と最も差別化されており、かつ最も効果的なものはどれか。

独自性の核の周りには、長年にわたって積み重ねられてきたものがある。戦略の基礎となるポジショニングを実現するには、フジツボのようにへばりついたものを取り除かなければならない。製品やサービスの一部、あるいは顧客の一部が、売上げと利益の大部分を生み出していることもある。であるならば、独自性の核にいま一度目を向け、各活動をそれに即したものにすることが課題となる。独自性の核とはいえない顧客や製品は、売却されたり、放っておかれたり、また自然消滅させるために価格を上げたりする可能性がある。

自社の歴史からも、何らかの示唆が得られるだろう。創業者のビジョンは何か。自社の礎となった製品は何か、またどのような顧客だったのか等々――。過去を振り返ることで、最初の戦略をあらためて検証し、それがいまなお有効かどうかを判断してみる。すなわち、過去のポジショニングは、現在の技術や状況にふさわしいかたちで利用可能なのかを確認するのである。

このような考え方によって、過去の戦略を甦らせ、かつての強みを取り戻せるかもしれない。このような取り組みを通じて、組織は活気づき、自信が芽生え、不可欠なトレード・オフを実現できるようになる。

【注】

(1)ダートマス大学タック・スクール・オブ・ビジネス教授のリチャード・ダベニがその著書 *Hypercompetition*, Free Press, 1994.のなかで提唱した概念。業界内の各企業がそれぞれ戦略的に行動するせいで競争が過熱し、やがて過当競争に発展し、ついには業界の収益性(魅力度)が低下していくという。

(2)拙著 *Competitive Advantage*, Free Press, 1985.(邦訳『競争優位の戦略』ダイヤモンド社、一九八五年)のなかで初めて「活動」の概念を提示し、この概念によって競争優位を説明した。本稿は、同書における議論を発展させたものである。

(3)ポール・ミルグロムとジョン・ロバーツは、相互補完的な機能システムの経済性、また活動や機能の経済性について研究し始めている。彼らが焦点を当てているのは、相互補完的な活動の組み合わせである「近代製造業」の台頭であり、企業は外的変化に対する組織内の反応を一元化して処理する傾向があり、職能部門のマネジャーたちを連携させるための中央による調整、すなわち戦略の必要性である。最後の点は、長らく戦略の基盤として考えられてきたことを踏まえたものといえる。以下の論文を参照されたい。

-Paul R. Milgrom and D. John Roberts, "The Economics of Modern Manufacturing: Technology, Strategy, and Organization," *American Economic Review*, Vol. 80, No. 3, June 1990, pp.511-528.

-Paul R. Milgrom, Yingyi Qian, and D. John Roberts, "Complementarities, Momentum, and Evolution of Modern Manufacturing," *American Economic Review*, Vol. 81, No. 5, December 1991, pp.84-88.

-Paul R. Milgrom and D. John Roberts, "Complementarities and Fit: Strategy, Structure, and Organizational Changes in Manufacturing," *Journal of Accounting and Economics*, Vol.19, March-May 1995, pp.179-208.

(4)小売業の戦略については、Jan Rivkin, "The Rise of Retail Category Killers," January, 1995.(未公開の報告書)を参考にした。ギャップのケース・スタディは、ハーバード・ビジネススクール博士課程(当時。現在ペンシルバニア大学ウォートン・スクール教授)のニコライ・シジェルコウが用意した。

第10章

1990年度マッキンゼー賞受賞論文

コア・コンピタンス経営

C. K. プラハラッド
ゲイリー・ハメル

"The Core Competence of the Corporation,"
Harvard Business Review, May-June 1990.
邦訳「コア競争力の発見と開発」
『ダイヤモンド・ハーバード・ビジネス』1990年9-10月号。

C. K. プラハラッド
(C. K. Prahalad)
元ミシガン大学スティーブン M. ロス・スクール・オブ・ビジネスのポール・アンド・ルース・マクラッケン記念講座特別教授。アメリカで最も影響力のある戦略論の思想家の一人。『ネクスト・マーケット』(英治出版)、『コ・イノベーション経営』(東洋経済新報社)など著作多数。

ゲイリー・ハメル
(Gary Hamel)
ロンドン・ビジネススクール客員教授。世界有数の経営思想家。主な著作に、『経営の未来』(日本経済新聞出版社)、『経営は何をすべきか』(ダイヤモンド社)など。

二人の共著『コア・コンピタンス経営』は、ポーターのポジショニング理論に対抗するものとして注目を集めた。

NECとGTEの盛衰を分けたもの

グローバルな競争で圧倒的な勝利を収めるには、どのような手段を取れば最も効果的なのか。多くの企業にとって、その答えはいまだに見えていない。一九八〇年代のトップ・エグゼクティブたちは、いかにリストラクチャリングを実施し、事業の統廃合を進め、組織階層の簡素化を図ったかにより、その能力を評価された。九〇年代には、企業の成長を可能にする「コア・コンピタンス」を特定し、それらを育て上げ、開拓していく能力に基づいて評価されることになる。現実問題として、企業の概念そのものを考え直さなければならなくなるだろう。

八〇年代のGTEと日本電気（NEC）を例に考えてみよう。シルバニア・エレクトリック・プロダクツとゼネラル・テレホンとが五九年に合併して誕生したGTEは、八〇年代初め、成長のさなかにあるIT産業のメイン・プレーヤーになりうる絶好のポジションにあった。事実、通信分野で積極的に事業展開していた。また、電話機、伝送・交換システム、デジタルPABX（自動式構内交換設備）、半導体、パケット交換、人工衛星、防衛システム、照明製品など、事業は多角化しており、さらに〈シルバニア〉ブランドのテレビを生産していたGTEエンタテインメント・プロダクト・グループは、ディスプレー技術でも一定の地位を獲得していた。

八〇年当時、GTEの売上高は九九億八〇〇〇万ドル、純利益は一七億三〇〇〇万ドルに達していた。

対照的に、ＮＥＣの売上高は三八億ドルとＧＴＥに比べてはるかに小さかった。ＮＥＣにもＧＴＥに匹敵する技術基盤があり、コンピュータ事業も展開していたが、通信会社としての経験はなかった。では、八八年時点における両社の業績を比較してみよう。ＧＴＥの売上高一六四億六〇〇〇万ドルに対して、ＮＥＣのそれは二一八億九〇〇〇万ドルと逆転している。ＧＴＥの防衛システムと照明機器の二事業はある程度のポジションを維持していたが、その実体はほぼ電話会社だった。それ以外の事業も、世界的に見れば、その規模は小さい。

ＧＴＥはテレビ事業とテレネット事業を売却し、伝送・交換システムとデジタルＰＡＢＸは合弁会社に移し、半導体事業からは撤退してしまった。その結果、ＧＴＥの世界的な地位は徐々に低下していったのである。実際、八〇年から八八年までの間に、総売上高に占める対外売上高の割合は二〇％から一五％に落ち込んでいる。

一方のＮＥＣは、半導体分野における世界的なリーダーとして台頭し、通信分野とコンピュータ分野でも一流企業としてその名を連ねる。また、メインフレーム・コンピュータでも確固たる地位を築いている。そのほか、公共向け伝送・交換事業を拡大し、通信とＯＡ化の両方を橋渡しする製品、すなわち、携帯電話、ファクシミリ、ラップトップ・コンピュータにも手を広げてきた。九〇年現在、通信、半導体、メインフレームの分野すべてにおいて、売上高で世界の五指に入る企業はＮＥＣだけである。

事業ポートフォリオはほとんど同じだった両社の業績に、ここまで開きが生じたのはなぜだろうか。その主な理由は、ＮＥＣが自社をコア・コンピタンスの観点で認識し、ＧＴＥはそれをしなかったことにある。

戦略アーキテクチャーとコア・コンピタンス

かつての多角化企業であれば、各事業単位に製品を任せ、「グローバル市場のリーダーになれ」とただ命令していればよかった。しかし、市場と市場の境界線は急速に変化しており、いったいどの市場に参入すればよいのか、目指すべきところがわかりにくくなっている。たとえそこがはっきりしても、それも一時的にすぎないという状況にある。新市場を創造したり、いち早く新興市場に参入したり、あるいは既存市場で顧客の購買意思決定のパターンを一変させたりと、その力量のほどを披露した企業は数少ない。そして、これらはいずれも競争の産物である。

いま経営者に求められていることは、自社製品に魅力的な機能や性能を付加できる組織、さらに望ましいのは、顧客に必要とされながらも、まったく顧客が想像できないような製品を開発できる組織を築き上げることにほかならない。これは至難の業に見える。究極的には、抜本的な改革が必要とされよう。そのためには何よりもまず、欧米企業の経営陣が競争力の低下を招いた責任を認めなければならない。

高金利や日本の保護貿易主義、時代遅れの反トラスト法、強硬姿勢を崩さない労働組合、忍耐に欠ける投資については周知の事実である。そこで知られていないのは、というより認めがたいのは、マクロ経済政策という「救いの手」によってもたらされた活力など、現実にはわずかだったということだ。経営理論とその実践は、欧米企業の推進力となってきたが、いま改革が必要なのもこれらである。ここでもまた、NECとGTEの例が示唆に富んでいる。なお、我々はグローバル市場のリーダーシップを獲得するための基本要素がどのように変化するのかを理解するために数多の企業を比較分析してきたが、両社はその一例にすぎない。

一九七〇年代初め、NECはコンピュータとコミュニケーションの融合を図るために「C&C」（コンピュータ・アンド・コミュニケーション）と称する「ストラテジック・インテント」（戦略上の意図）を打ち出した。(注1) NECの経営陣は、自社の成功には競争力、なかでも半導体分野におけるコンピタンスを獲得できるかどうかが、そのカギを握っていると判断したのである。このC&Cの実現にふさわしい「戦略アーキテクチャー」（戦略プランニングの下敷きとなる設計図）を採用すると共に、七〇年代半ばを通じて、この意図するところを組織の隅々にまで浸透させ、社外に向けても発信していった。

NECは、コア製品とコア・コンピタンスの開発全体を統括する、経営陣による「C&C委員会」を発足させた。さらに、各事業部間の利害関係を横断的に調整するグループや委員会も設置した。そして戦略アーキテクチャーに従って、コンポーネント（コンピュータ関連機器）市場とCPU（中央演算装置）市場におけるポジションを強化するために、経営資源を大規模にシフトした。このように、内部資源の拡充を目的とした業務提携を推し進めたことで、NECは広範囲にわたるコア・コンピタンスを蓄積できるようになった。

NECは、技術と市場の進化について、次のような相互に関連する三つのトレンドを予測していた。

• コンピュータは、大型メインフレームから分散処理システムに移行する。

• コンポーネントは、単純なICからVLSI（超大規模集積回路）に移行する。
• 通信は、機械式クロス・バー交換機からISDN（総合デジタル通信ネットワーク・サービス）と呼ばれる複雑なデジタル交換システムに置き換えられる。

さらに発展すれば、コンピュータ、コンポーネント、通信の各事業は次第に重なり始め、その境界線がはっきりとしなくなること。そして、これら三つの市場すべてに参入することを可能たらしめるコンピタンスを構築できた企業には、膨大な機会が開かれるはずだと考えた。NECの経営陣は、半導体が自社にとって最も重要な「コア製品」になると判断した。競争力を速やかに、それも低コストで構築することを目的に、数多くの戦略的アライアンスを組んだ（その数は八七年現在で一〇〇以上に上る）。

メインフレーム・コンピュータで最も注目すべきは、ハネウェルやブルとのパートナーシップである。半導体およびコンポーネント分野における事業提携は、そのほとんどが提携企業の技術にアクセスすることを目的としていた。また、陣頭指揮を執るライン・マネジャーたちも、これらのパートナーシップが意味するところは提携企業の技術を自社に取り込むことにあると理解していた。NECのR&D責任者は、七九年代から八〇年代にわたるコンピタンスの獲得に向けた取り組みについて、次のように述べている。「投資という観点からすれば、海外の技術を利用するほうがはるかに短期間かつ低コストで済みます。ですから、我々は新しいアイデアを開発する必要は一つもありませんでした」

一方のGTEには、ストラテジック・インテントや戦略アーキテクチャーを具体化させる動きは、なかったようだ。シニア・マネジャーの間では、IT産業の発展が意味するところについて議論されていたが、競争に必要なコンピタンスについては、全社的な共通認識に至ることはなかった。現場では、革新的な技術の開発に多大な時間が費やされたが、シニア・マネジャーたちはあたかも自分の事業単位が独立して運営されているかのように行動していた。コア・コンピタンスに集中するには、分権型組織も障害になった。各事業単位では、本来ならば自社のコア技術と位置づけるべき技術も外部に依存するようになり、パートナーシップは段階的な撤退の通過点と化していった。GTEは目下、新たな経営陣の下、通信サービスという新興市場に自社のコンピタンスを応用すべく再編を図っている。

競争優位のルーツは何か

以上、NECとGTEがどのように自己認識してきたのか、その違いを見てきた。このような「コンピタンス・ポートフォリオ」対「事業ポートフォリオ」という構図は、多くの産業で繰り返されてきた。一九八〇年から八八年にかけて、キヤノンは二六四%、本田技研工業（ホンダ）は二〇〇%成長を遂げた。これをゼロックス、クライスラーと比較してみよう。

かつて欧米企業が不安を抱いていたのは、輸入される日本製品がいかに低コストで、いかに高品質であるかにあった。今日、ライバルの日本企業は、新市場や新製品をつくり出し、さらにこれを加速する勢いを見せている。キヤノンは家庭用コピー機を開発し、ホンダはオートバイから四輪オフロード車に移行している。ソニーは八ミリ・カムコーダーを、ヤマハは電子ピアノを開発した。コマツは水中で遠隔操縦できるブルドーザーを開発し、カシオは小型スクリーンのカラー液晶テレビを仕掛けてきた。このような最先端市場の出現を、いったいだれが予測しえたであろうか。

成熟市場においても、日本企業の挑戦には目を見張らされる。日本企業は性能面と機能面で製品の高度化を猛烈な勢いで推し進め、ごくありふれた製品を最新技術によって様変わりさせてしまう。たとえば自動車メーカーは、四輪駆動、四バルブ・シリンダー・エンジン、ナビゲーション・システム、高度な電子制御エンジン・システムで先鞭をつけている。キヤノンもその強力な製品特性を武器に、ファクシミリ、卓上レーザー・プリンターはもちろん、半導体製造装置にまで参入を果たしている。

コンピタンスは、短期的には既存製品における価格差もしくは性能差から生み出される。しかし日欧米を問わず、グローバル競争の第一波を乗り越えた企業はいずれも、コストと品質の両面でこれ以上ない水準に到達しつつある。低コストや高品質を実現することは、競争に参加するための最低限のハードルとはいえ、比較優位の源泉としてはその重要性がますます低くなっている。長期的には、だれも想像がつかないような製品をつくり出せるコア・コンピタンスをライバルよりも低コストかつ短期間で構築するところから競争優位は生まれてくる。いまや競争優位の源泉とは、経営者が、その姿をたえず変えているビジネスチャンスに各事業がいち早く適応できるように、社内の技術や生産能力をコンピタンスに結びつけられるかどうかにかかっている。

シニア・マネジャーが、事業単位の独立性は侵すべからざるものと考え、また四半期予算の制約に縛られているため、コア・コンピタンスになどかまっていられないというならば、いますぐ再考されたい。多くの欧米企業の経営陣が抱えている問題とは、自分たちが日本企業の経営陣よりも劣っているということでもなければ、日本企業が自分たちよりも技術力で優れているということでもない。むしろ、強力な技術力を蓄えているにかかわらず、これを各事業単位が活用することを不要に制限していることが問題なのだ。

多角化企業は大樹に例えられる。幹と大きな枝は「コア製品」(後述の説明を参照)であり、小枝は事業単位、そして葉や花、果実は「最終製品」と言えよう。そして、成長や生命活動に必要な養分を補給し、安定をもたらす根がコア・コンピタンスである。枝葉しか見ていないと、その木の強さを見逃してしまうのと同じように、製品ばかり見ていると、ライバルの真の実力を見誤ってしまいかねない(図10-1「コンピタンス:競争優位のルーツ」を参照)。

コア・コンピタンスの獲得と育成は、まさしく組織的な集団学習であり、とりわけさまざまな製造スキルをいかに調整し、いかに技術の流れに融合していくかを学習することである。ソニーの微細化能力とフィリップスの光学メディア技術を例に考えてみよう。ラジオを一個のチップに集約する知識があるからといって、その企業にラジオを名刺大にまで小型化して生産できるスキルが備わっているとは限らない。これを成し遂げるために、カシオは、微細化、マイクロプロセッサーの設計、材料工学、超薄型精密ケーシングといったスキルやノウハウを融合させる必要があった。これらは、小型カード電卓、ポケット・テレビ、デジタル時計に応用したのと同じものである。

コア・コンピタンスが技術の流れへの融合であるとすれば、同時に組織内部の諸機能の調整を図り、その価値観を組織全体に浸透させることが重要である。ソニーのコンピタンスの一つは微細化である。微細化技術を具体的に製品化するために、技術者、エンジニア、マーケターが顧客ニーズと技術の可能

図10-1｜コンピタンス：競争優位のルーツ

企業は、まるで樹木のように、その根から成長する。コア製品はコンピタンスによって育てられ、事業単位が生まれ、さまざまな最終製品が開発されていく。

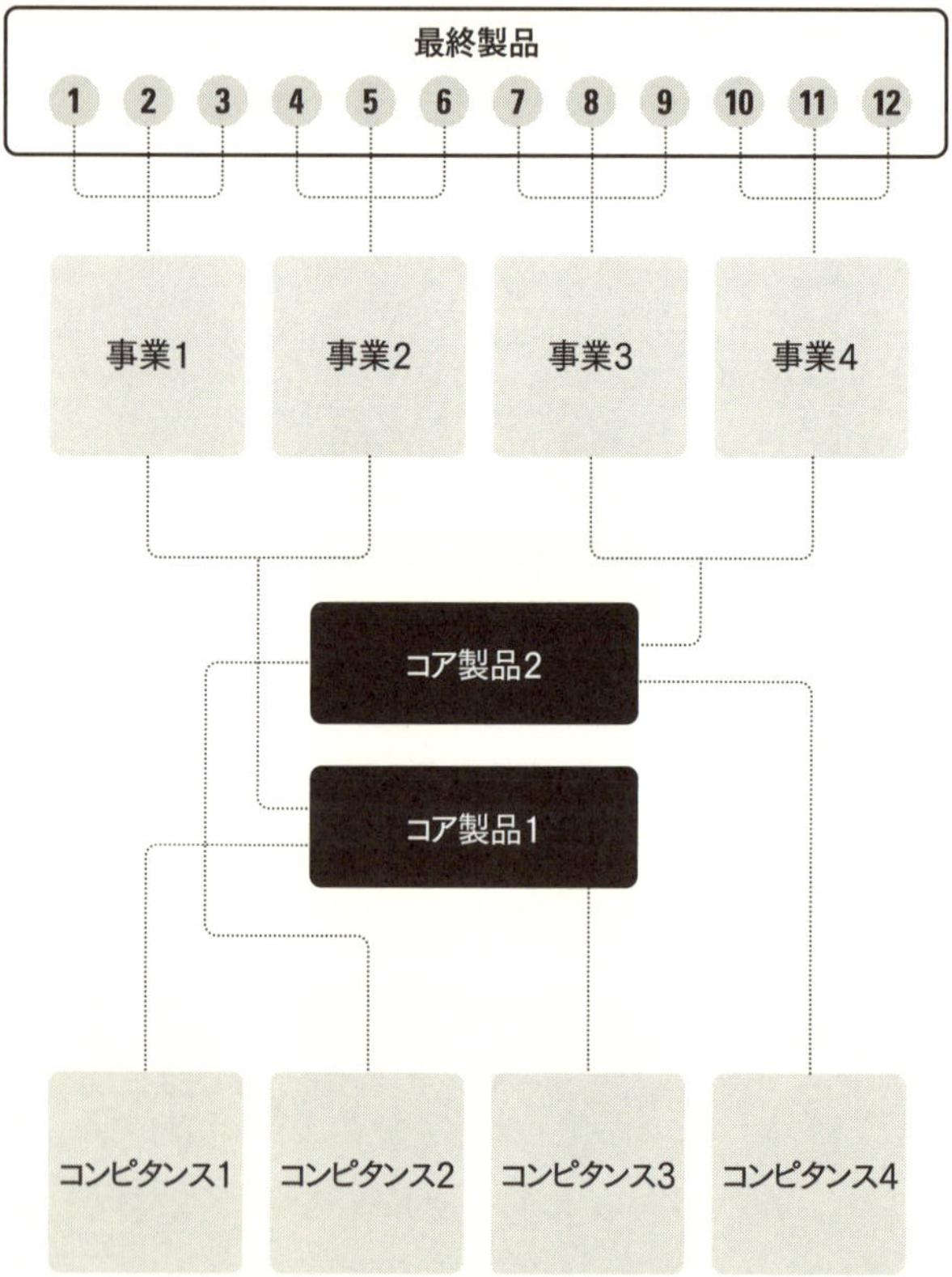

性について理解を共有しなければならなかった。

コア・コンピタンスがその力を発揮するのは、製造分野に限らない。サービス分野でも同じ力を発揮できる。シティコープは他社に先駆けて、二四時間休まずグローバル市場で操業できる業務システムに投資してきた。そして、このコンピタンスによって差別化の武器を手に入れた。コア・コンピタンスには、組織のあらゆる部門がその境界を超えてコミュニケーションを図り、深く関わり合いながら、それぞれ責任を果たすことが必要になる。これには、さまざまなレベルの人材とあらゆる機能が含まれる。たとえば、企業内研究所であれば、レーザーやセラミックスに関する世界水準の研究を、どの事業単位にも影響することなく進められる。

コア・コンピタンスを織りなすスキルとは、各個人に蓄積されていくものである。しかし、彼ら彼女らが目を向ける範囲があまりに狭いと、みずからの専門知識や経験を他の人の知識や経験と、斬新かつ独自の方法によって融合させるチャンスがあることに気づかないかもしれないが、このような事態は是が非でも避けなければならない。

コア・コンピタンスとは、一度使うと消えてしまうものではない。また、時間と共に劣化する物的資産とは異なり、コンピタンスは利用され、共有されるたびに強化されていく。とはいえ、知識も使わなければ退化してしまうように、コンピタンスにも栄養を与え、保護する必要がある。さらに、既存事業同士を結合させる接着剤でもあり、また新規事業を創造する原動力でもある。多角化と市場参入のパターンを導き出すのも、まさしくこのコンピタンスであり、市場の魅力度によって決まるわけではない。

3Mの粘着テープにおけるコンピタンスについて考えてみよう。〈ポスト・イット〉、磁気テープ、銀板フィルム、感圧テープ、被覆研磨剤といった事業を次々と育て上げていくなかで、同社は、粘着剤の基質やコーティング剤のコンピタンスを広く共有することに力を注ぎ、これらを組み合わせる方法をさまざまに開発してきた。３Ｍは一貫してここに投資を続けた。事業ポートフォリオが著しく多角化しているように見えても、その背後に隠されているのは少数のコア・コンピタンスであり、それらが共有化されているのだ。

これとは対照的に、コア・コンピタンスを構築する潜在的な力を持ち合わせていながら、経営陣が自社を独立した事業の集合体であるとしか考えられなかったために、これを実現できなかった大企業が少なくない。ゼネラル・エレクトリック（ＧＥ）は、家電事業の競争力を維持することがこれまで以上に難しいと判断して、その大部分をフランスのトムソンに売却してしまった。競争力の維持が困難になったことは紛れもない事実だったが、皮肉なことに同社はすでに競争力でリーダーとなっていた競合企業に、そのコア事業を売却してしまったのである。小型電気モーターのブラック・アンド・デッカー、そしてトムソンは小型エレクトロニクス分野で競争力を確立することに熱心に取り組んでいた。そのためには、家電市場における地位を確保することが必要不可欠であると日本企業から学んでいた。そのようなライバルに、ＧＥはコア事業を売却してしまったのである。

「ＳＢＵ」（strategic business unit：戦略事業単位）という思考の罠にはまった経営者は、個々の事業がモーターやコンプレッサーといった、きわめて重要性の高いコンポーネントを外部依存していることに否応なく気づかされるだろう。これらはコンポーネントではなく、むしろ最終製品の競争優位を左右するコア製品なのだ。そしてコア製品とは、コア・コンピタンスが実体化したものにほかならない。

コンピタンスの構築がグローバル競争を制する

グローバル競争において、いかに市場リーダーのポジションを獲得するか。そのためにコンピタンスの構築という方向に舵を切った企業は、みずからを「製品をつくる事業の集合体」と見なすことをやめたのである。キヤノン、ホンダ、カシオ、NECは、顧客、流通チャネル、マーケティングについて見ると、ばらばらな事業で構成されたポートフォリオを運用しているように思われるかもしれない。実際、不思議なポートフォリオである。たとえばNECは、コンピュータ、通信、半導体のいずれの事業においても世界的なリーダーでありながら、同時に家電事業も展開し、しかも順調に成長している。

しかし、外見に騙されてはいけない。NECには、デジタル技術、特にVLSIとシステム・インテグレーションのスキルがある。このようなコア・コンピタンスが各事業を支えていることに気づけば、異質に見える事業ポートフォリオにも整合性を見出せる。ホンダの自動車、オートバイ、芝刈り機、発電機といった事業に優位をもたらしているのも、エンジンと駆動系統のコア・コンピタンスである。キヤノンの場合、光学、イメージング、マイクロプロセッサー制御におけるコア・コンピタンスがあるからこそ、関連性に乏しい市場、たとえば複写機、レーザー・プリンター、カメラ、イメージ・スキャナーなどの市場に参入しても、それぞれで市場リーダーになることができた。

フィリップスは、一五年以上にわたって光学メディア（レーザーディスク）のコンピタンスを育成することに励んできた。また日本ビクターは、ビデオ録画において主導的なポジションを構築する努力を重ねてきた。コア・コンピタンスの例としては、メカトロニクス（機械工学と電子工学が融合した領域）、ビデオ・ディスプレー、バイオテクノロジー、マイクロ・エレクトロニクスも挙げられるだろう。フィリップスは競争力を構築する初期の段階で、光学メディアというコンピタンスから派生する最終製品すべてを思い描くことはできなかったであろう。日本ビクターもビデオテープの技術開発を始めた段階では、小型カムコーダーという製品を予想できなかったはずである。

世界の放送ネットワークや紙誌がグローバル競争について報じているが、この争いは「意識のシェア」(share of mind) をめぐるものである。しかし世界水準のコンピタンス競争は、マスメディアで紹介されているようなだれの目にも見えるものではなく、確信犯としてコンピタンスを追求している人たちの目にしか見えない。経営陣は、競合製品のコストと品質に関する情報をほしがる。しかし、日本企業がコンピタンスを低コストで手に入れるために張り巡らしてきたアライアンスという網の目を解きほぐそうとする人が、はたしてどれほどいるだろうか。グローバル競争で市場リーダーになるために構築すべきコンピタンスについて、具体的な共通認識を持っている欧米企業の取締役会がどれほどあるだろうか。事業戦略と全社戦略の決定的な違いについて議論している経営陣がどれほどいるのだろうか。

問題を整理してみよう。コア・コンピタンスを育成することは、ライバルよりも多額のR&D投資を傾けるという意味ではない。一九八三年、キヤノンはコピー機の世界生産台数のシェアでゼロックスを抜いた。しかし、キヤノンの複写技術に関するR&D予算は、ゼロックスのそれのほんの一部にすぎなかった。過去二〇年間、NECの対売上高R&D費比率は、欧米企業のそれよりも低かった。

コア・コンピタンスが意図するところは、複数のSBUが工場、サービス施設、営業部門などを共有化してコストダウンを図ることでもなければ、コンポーネントを共通化させることでもない。共有化によるメリットはけっして小さくはないが、コストを分け合うという方法は、既存事業を横断して生産の合理化を図るという伝統的な努力の典型であり、あらかじめ事業そのものの成長をもたらすコンピタンスを構築しようと熟慮した結果とは言いがたい。

コア・コンピタンスの構築とは、より野心的な取り組みであり、ましてや垂直統合ではけっしてない。内製化すべきかアウトソーシングすべきかを議論する際、たいていの経営陣が製品を中心に考える。それゆえ、サプライチェーンは川上、流通と顧客は川下と見る。また、どのようなスキルが蓄積されているのかについての棚卸しをすることもなく、これらのスキルを従来とは異なる方法で応用しようという発想もない。

ただし、現実においては、やはり競争力に関わる意思決定に垂直統合の論理が出てくる。キヤノンはコピー機事業において、決定的に重要なコンピタンスを維持するために垂直統合が不可欠と判断される局面を除いて、基本的に垂直統合をしていない。

コア・コンピタンスの三条件

自社のコア・コンピタンスを特定するには、少なくとも三つの条件について吟味しなければならない。

第一に、コア・コンピタンスは、広範かつ多様な市場へ参入する可能性をもたらすものでなければならない。たとえば、ディスプレー技術に関するコンピタンスがあれば、電卓、小型テレビ、ラップトップ・コンピュータ用モニター、自動車のダッシュボードなど、さまざまな事業への参入が可能となる。カシオが携帯テレビ市場に参入した理由がわかるだろう。

第二に、最終製品が顧客にもたらす価値に貢献するものでなければならない。ホンダがエンジン分野で重ねてきた蓄積がこの条件を満たしているのは疑いないだろう。第三に、ライバルには模倣するのが難しいものでなければならない。コンピタンスがさまざまな技術と生産スキルが複雑に融合したものであれば、模倣はますます難しくなる。ライバルによって部分的に模倣されることもあるだろう。しかし、社内調整を繰り返し、長年の学習によって築かれたコンピタンスを、完全に再現することは至難の業であることがすぐわかるはずだ。

一九六〇年代初め、日本ビクターはビデオテープに関連するコンピタンスの開発を決定したが、ここに挙げた三つの条件をすべてクリアしている。一方、七〇年代末に針を用いたビデオ・ターンテーブル・システムの開発を決定したラジオ・コーポレーション・オブ・アメリカの場合はそうではなかった。基本的なコンピタンスが五つも六つもあり、そのすべてにおいてグローバル・リーダーシップを獲得できる企業は皆無に近い。自社の能力が二〇も三〇も並んでいるリストがあったとしても、それはけっしてコア・コンピタンスのリストではない。

とはいえ、このようなリストを作成して、レンガを積み上げるがごとく、地道に組織全体の可能性を探るというのはけっして悪い試みではない。これによって、自社に欠けている部分が見つかり、それを低コストで入手するために、たとえばライセンス契約やアライアンスを結ぶこともあるだろう。しかし欧米企業のほとんどが、このような視点から競争力について考えることはまずない。どのようなリスクに直面しているのか、真正面から見直す時期である。競争の優劣を判断するに当たって、自社製品と競合製品の価格性能比を基準にしていると、みずからコア・コンピタンスの退化を招いているようなものだ。そこまで言わないにしても、コア・コンピタンスを強化する努力が足りないのは紛れもない事実である。

競争力に優れた次世代製品を開発できるスキルは、アウトソーシングやOEM（相手先ブランドによる生産）供給などに頼っていては身につけることはできない。我々の見たところ、コスト・センターと間違えて社内投資を削減したり、アウトソーサーの選択に奔走したりと、知らず知らずのうちにコア・コンピタンスを放棄している企業があまりにも多い。クライスラーについて考えてみよう。同社はホンダと違って、エンジンと駆動系統を単なるコンポーネントの一つと見なしていた。クライスラーが八五年から八七年の間にアウトソーシングしたエンジンの台数は二五万二〇〇〇台から三八万二〇〇〇台と、三菱自動車とヒュンダイ自動車への依存度を高めている。

ホンダの場合、自動車の基幹部品であるエンジンの生産を外部に委ねることは、設計以上に考えにくい。ホンダがF1レースに膨大な金と努力を傾けてきたのも、ここに理由がある。ホンダはエンジン関連技術を社内の共有財産として蓄積し、これらの技術を全社的なコンピタンスとして強化している。だからこそ、R&D予算がゼネラルモーターズ（GM）やトヨタ自動車のそれを下回っているにもかかわらず、世界に通用する製品を開発することができる。

もちろん、コア・コンピタンスの構築をなおざりにしていても、競争力に優れた製品を生み出すことは、少なくとも一時的には十分ありうる。たとえば、これからコピー機事業に参入しようとするならば、OEM供給を申し出る日本企業の数は一〇社を下らないだろう。しかし基幹技術が変化したり、サプライヤーが新規参入して競合に変わったりした場合、その企業の製品ラインは、マーケティングや流通への投資ともども、脆弱化していく可能性がある。競争力に優れた製品を手に入れるうえで、たしかにアウトソーシングは近道だが、市場リーダーのポジションを獲得・維持するために不可欠なスキル、すなわち、人間が学習によって習得する類のスキルを構築することにはほとんど貢献しない。

ひるがえって、どのようなコンピタンスを構築すべきかが明らかでないと、アライアンスやアウトソーシングについて優れた戦略を立てられない。日本企業がアライアンスによって利益を得てきたのは明らかである。パートナーの欧米企業から多くを学び、吸収していった。しかし、欧米企業は独自のコア・コンピタンスを持ち合わせていながらも、その維持・向上を怠っていた。前述したように、アライアンスから何かを得るには、経営資源を積極的に傾ける必要がある。(注2) 意欲的な人材を揃えなければならないし、R&D施設も欠かせない。学習した成果を内製化したり、テストしたりする時間も必要だ。コンピタンスを構築するという最終目標が掲げられない限り、そのような努力は望むべくもない。

ライバルに後れを取ってしまう理由には、既存事業から生まれるコンピタンスを組織に定着させる時機を逸してしまうこともある。七〇年代と八〇年代において、GE、モトローラ、GTE、ソーンEMI、イギリスのザ・ゼネラル・エレクトリック・カンパニー(GEとは別の会社)といった欧米企業は、カラーテレビ事業はすでに成熟したと判断し、撤退を選択した。この場合、成熟という言葉が「世界のライバルがテレビ事業に参入した時点で、自分たちはもう新製品のアイデアが尽きてしまった」という意味ならば、たしかにそのとおりと言えるだろう。しかし、ビデオに関連したコンピタンスの強化とさらなる発展の機会がもれなく枯渇してしまったという意味では、けっして成熟化などしていなかった。

これらの企業はカラーテレビ事業から撤退するに当たって、事業から撤収することと、ビデオという録画媒体のコンピタンスが衰退することを区別できなかった。その結果、カラーテレビ事業を手放しただけではなく、ビデオ関連のコンピタンスが生み出すであろうチャンスのすべてに背を向けてしまった。七〇年代、多くのアメリカ企業がテレビ産業にはもう旨味がないと考えていた。それが今日、HDTV(高精細テレビ)は九〇年代半ばから後半にかけて、年間二〇〇億ドル規模になると見込まれている。

このテレビ産業から、なぜアメリカ企業が利益を得ることができないのか、政策論議へと発展した。皮肉なことに、アメリカ政府はいまになって大規模な研究プロジェクトへの資金拠出を要請されているのだ。もちろん、再びチャンスが巡ってきたというのに、先のアメリカ企業が重要なコア・コンピタンスを売り払ってしまったという失敗を償うためにである。これとは対照的に、ソニーは家庭用VCRの〈ベータマックス〉に失敗したが、ビデオ関連のコンピタンスの育成を続けた。その結果、ビデオ録画というコンピタンスは損なわれることなく、この市場において再浮上を果たし、現在八ミリ・カムコーダー市場で松下電器産業に挑んでいる。

ここでの教訓は二つある。第一に、コア・コンピタンスを失うことによる代償のすべてを予測できない。事業撤退という決断によって、赤ん坊は風呂の水と一緒に流されてしまう。第二に、コア・コンピタンスは一〇年以上にわたる継続的な改善と強化によって構築されるものであり、ここに投資する機会を逸した企業は、そのコンピタンスに関連した新市場が出現しても、そこに参入するのは困難である。ただし、その市場において流通チャネルとしての役割を果たせれば十分というのであれば、もちろん話は別である。

モトローラなどのアメリカ半導体メーカーは、次の苦い経験から学んでいる。二五六K世代のDRAM市場へ直接参入しないという道を選んだのだ。この世代を省略してしまったがために、モトローラはアメリカの多くの競合企業と同じく、一メガバイト世代が到来した際、ここに再度参入するに当たり、パートナーの日本企業に技術支援を仰がなければならなかった。一度電車から降りてしまうと、もう一度その電車に乗るのは難しい。コア・コンピタンスもこれと同じである。

コア製品を定義する

コア・コンピタンスと各製品を結びつけるものこそ、我々がコア製品と呼ぶものである。言い換えれば、一つないし二つ以上のコア・コンピタンスから具体的な製品を派生的に生み出す製品のことである。たとえば、ホンダのエンジンはその設計スキルと開発スキルが融合することで生まれたものだが、まさしく同社のコア製品であり、これがさまざまな最終製品を開発するうえでのカギとなっている。コア製品はたいてい、最終製品の価値を左右するコンポーネントや半製品である。したがって、最終製品市場における自社ブランドのシェア（たとえばアメリカ冷蔵庫市場の全生産台数で四〇％のシェア）と、コア製品のシェア（たとえばコンプレッサーの総生産数で五％のシェア）を区別して考えなければならない。

キヤノンのレーザー・プリンター事業を見ると、レーザー・プリンターそのもののシェアは微々たるものだが、そのレーザー・プリンターのコア・コンポーネントでは総生産量の約八四％のシェアを占めるという。松下電器産業を見ても、〈パナソニック〉〈ＪＶＣ〉など最終製品のシェアは二〇％だが、ＶＣＲのコア・コンポーネントは全世界で四五％のシェアを占める。また、エアコン事業と冷蔵庫事業も最終製品のシェアは小さいが、コア製品であるコンプレッサーは全世界で四〇％のシェアを誇っている。

コア・コンピタンス、コア製品、そして最終製品をきちんと区別して考えることがきわめて重要である。言うまでもなく、それぞれ競争のルールも目的も異なるからだ。市場リーダーのポジションを獲得し、これを長期にわたって守り抜くには、それぞれにおいて勝者とならなければならない。

コア・コンピタンスにおける最終目標は、ある特定の製品機能に関する設計と開発においてグローバル・リーダーシップを築き上げることにある。たとえば、フィリップスの光学メディアというコンピタンスならば、小型データ・ストレージや検索機能であり、ソニーのマイクロモーターやマイクロプロセッサー制御装置ならば、そのコンパクトさや扱いやすさである。自社のコア・コンピタンスを特定し、その分野でリーダーシップを維持するには、コア製品のシェアを世界的に最大化する努力が求められる。社外顧客のみならず社内顧客に向けてコア製品を提供することで、売上げのみならず、各方面からフィードバックが得られる。少なくとも、どれくらいのペースでコア・コンピタンスを強化していけばよいかは、はっきりするだろう。

一九七〇年代半ば、日本ビクターが欧米の家電メーカーとＶＣＲのＯＥＭ契約を結んだ背景にも、このような考えがあった。アメリカのパートナー企業だけでなく、トムソン、ソーンＥＭＩ、ＡＥＧテレフンケンにも供給することで、日本ビクターは資金のみならず、さまざまな市場での経験という財産を得、このおかげでフィリップスとソニーを大きく引き離すことができた。フィリップスは日本ビクターを脇目に見ながらビデオテープのコンピタンスを開発していたが、日本ビクターのように世界規模のＯＥＭネットワークを構築できず、コア製品を通じてコンピタンスの強化を加速させることはできなかった。

ＬＧ電子、サムスン、大宇電子、起亜自動車といった韓国企業にも、日本ビクターの成功の法則が当てはまる。彼らは、欧米企業とのＯＥＭ契約を通じて、ディスプレー、半導体、自動車エンジンなどの領域で、コア製品のリーダーシップを築きつつある。韓国企業は、潜在的なライバル――たいていはアメリカ企業だが――から投資の主導権をわが手に奪い取ることが目的であると公言している。すなわち、ＯＥＭによって既存のライバルを空洞化させながら、コンピタンスの構築を加速させるという戦術である。

これらアジア企業はコンピタンスに的を絞り、これをコア製品として具体化することで、コンポーネント市場におけるポジションを確保し、その優位性をテコにして川下に移動し、市場シェアを拡大してきたのである。彼らがいつまでも低コストのサプライヤーに甘んじていることはなさそうだ。ブランド・リーダーとしての評価が確実になれば、早晩価格リーダーシップを握ることになるだろう。ホンダの高級ブランド〈アキュラ〉がその証左であり、他の日本メーカーもこれに追随しつつある。

コア製品市場を支配することは、別の理由からもきわめて重要である。つまり、コア製品市場のリーダーシップを握ることができれば、その用途や最終製品市場の方向性を左右できるのである。ソニーやフィリップスは、データ・ドライブやレーザー・ディスクといった小型オーディオ・ディスク関連のコア製品を擁していたことで、光記録媒体分野におけるコンピュータ周辺機器事業での影響力を手にすることができたのだ。コア製品の応用分野を広げていけば、その企業は新製品の開発コストと時間、そしてリスクを継続的に低減できるだろう。つまり、その狙いがはっきりしているコア製品は規模の経済のみならず、範囲の経済をもたらすことができるのである。

SBUの弊害

新時代の競争を読み解くには、二〇年ほど前に多角化企業を経営するために考案された分析手法は役に立たない。かつての競争とは、GE対ウェスチングハウス、GM対フォード・モーターといった具合に、一般的に国内のライバルと争うことだった。この舞台に立つ主役たちが用いるのは、ビジネススクールやコンサルタントの世界で使われていた言語だった。古い処方箋は副作用をもたらしかねない。とりわけSBUの論理に基づいて組織された企業には、新たな原理が必要とされている。SBUとコア・コンピタンスという二つの異なる概念において、企業組織の定義はそれぞれ異なる（図10-2「SBUか、コア・コンピタンスか」を参照）。

図10-2｜SBUか、コア・コンピタンスか

	SBU（戦略事業単位）	コア・コンピタンス
競争の基本スタイル	既存製品による競争	コンピタンスによる企業間競争
企業構造	製品／市場による事業ポートフォリオ	コンピタンス、コア製品、事業のポートフォリオ
事業単位の状況	各SBUに自治権があり、不可侵である。それぞれが資金以外の全資産の所有権を主張する。	SBUはコア・コンピタンスを潜在的に保有している組織の一つにすぎない。
資源配分	個々の事業が分析の対象。SBUが個々の事業に資金を配分する。	個々の事業とコア・コンピタンスが分析の対象。経営陣が資金と人材を配分する。
経営陣による付加価値	個々の事業への資金配分を調整することで収益性を最適化する。	戦略アーキテクチャーを体系化し、かつ将来の成功を約束するコンピタンスの構築を図る。

言うまでもなく多角化企業には、製品ポートフォリオと事業ポートフォリオがある。しかし我々は、コンピタンス・ポートフォリオも重要であると考える。アメリカ企業にコンピタンスを構築するための技術資源が欠けているわけではない。多くの場合、コンピタンスの育成を奨励するビジョン、多種多様な事業に散在している資源を結集するマネジメント手法が欠けているのだ。方向転換を図るには、当然のことながら、多角化のパターン、コア人材の配置、資源配分の優先順位、アライアンスとアウトソーシングに関するアプローチについて、何らかの変更を施す必要がある。

我々はこれまで、グローバル・リーダーシップをめぐる競争には、コア・コンピタンス、コア製品、最終製品という三つの領域があると述べたが、それぞれの領域における自社の優劣を把握しておかなければならない。たとえば、何

かの技術でライバルを打ち負かしても、コア・コンピタンス競争では負けてしまうかもしれない。しかし、技術によって市場リーダーの座を獲得するのではなく、コア・コンピタンス競争で勝利を収めれば、まず間違いなく新製品開発で他社に先んじられるだろう。また、コア製品のグローバル競争に勝てば、おそらく製品特性や価格性能比の面でライバルを出し抜けるだろう。

しかし最終製品の競争の場合、自社の隠された競争力は必ずしも市場シェアに反映されるわけではないため、どの企業が勝利するのか、これを見極めるのは難しい。しかし、コア・コンピタンスやコア製品におけるグローバル・リーダーシップを獲得するための投資をなおざりにして、ほかの競争力に頼って市場シェアを獲得しようとしても、流砂のなかを手探りで進むようなものだ。

グローバルな市場シェア競争において、3M、ブラック・アンド・デッカー、キヤノン、ホンダ、NEC、シティコープといった企業は、コア・コンピタンスから多種多様な製品を開発することでグローバル・ブランドを築き上げ、その地位を守ってきた。このおかげで、個々の事業においても、イメージや顧客ロイヤルティが高まり、さまざまな流通チャネルにアクセスできるようになった。

このようにコア・コンピタンス、コア製品という概念から企業をとらえ直してみると、旧世代には組織の教義としてあがめられてきたSBUも、いまや明らかに時代錯誤と言えるだろう。SBUを金科玉条とする企業では、「分権」に異を唱える者は異端者と見なされる。SBUというプリズムのせいで、経営陣にすれば、競争力を秘めた製品を棚に並べられるかどうかを、ただ競っているようにしか見えない。しかし、これは競争の一面でしかなく、このように歪曲されてしまうことの代償は大きい。では、どのようなものがあるだろうか。

コア・コンピタンスとコア製品の開発への過小投資

企業をさまざまなSBUの集合体であると見なしている限り、どのSBUもコア製品のポジションを維持する責任を感じたりはしないだろう。また、コア・コンピタンス競争でグローバル・リーダーシップを構築するには投資が欠かせないと考えることもないだろう。全社的な視点が示されないと、SBUのマネジャーたちは過小投資に向かいやすい。イーストマン・コダックやフィリップスでは、その潜在的なリスクの存在を認め、社内外の顧客のためにコア製品を開発・生産できる新たな組織体制を模索し始めている。

SBUのマネジャーたちは伝統的に、自社についても、ライバルを見るのと同じような目を向けてきた。これが災いして、アジア企業がコア製品のグローバル・リーダーシップを狙っていることに気づかなかった。製造力のグローバル・リーダーシップとコア・コンピタンスの開発スピードとの間には、無視できない関連性が存在していることも見逃していた。また、OEM供給の機会を探すこともしなかったし、さまざまな製品部門を見渡してプロジェクトの調整を図り、ビジネスチャンスを明らかにすることもしなかった。

コア人材の囲い込み

事業の成長に伴って、SBU内でユニークなコンピタンスが生まれてくることが少なからずある。このコンピタンスを身につけた人材は、あたかも当該事業だけの財産のごとく見なされる。たとえば、別のSBUから「有能な人材を貸してほしい」と求められても、きっぱり拒絶することだろう。SBUのマネジャーたちは、このようなコア人材を他部門に貸し出すことに難色を示すだけでなく、異動させられないように、まるで発展途上国で現金をマットレスの下に隠すがごとく、彼ら彼女らを隠そうとさえする。なお、コア人材が持つ価値は、マネー・サプライ同様、会社が雇用できる従業員総数のみならず、その回転率によって決まる。

かつて欧米企業は、スキルを組織的に蓄積していくことに長けていた。しかし、新しいビジネスチャンスに迅速に対応するために、そのスキルを更新してきたであろうか。キヤノンやNEC、ホンダでは、コア・コンピタンスを育成する人材や技術を確保するという点では劣っていたが、これらを一つの事業単位から別の事業単位へ、欧米企業よりもはるかに頻繁に異動させている。公式発表されているキヤノンのR&D費を見る限り、必ずしもそのコア・コンピタンスの規模に見合っているとは言えないため、注意深く観察しないと、チャンスと見るや否やコア・コンピタンスを素早く移動させる能力を読み取ることはできない。

コンピタンスが囲い込まれてしまうと、それを有する人材が最もエキサイティングなビジネスチャンスに回されることもなく、そのスキルは陳腐化し始める。キヤノンのような企業は、そのコア・コンピタンスを徹底的に活用することで、初めてゼロックスのようなガリバーと競争できる力を得られる。

SBUのマネジャーたちが、予算折衝では率先して争うが、奇妙なことに最も重要な資産である人材についてはきわめて消極的である。このことは経営陣にも当てはまる。コア・コンピタンスを備えた人材の適材適所を実現させる仕組みがないというのは、何とも皮肉である。その結果、経営陣がビジネスの現場を見回して、コア人材を洗い出し、部門の垣根を超えて人事異動を命じることはほとんどない。

限定されたイノベーション

コア・コンピタンスが特定されていないと、各SBUは、生産ラインを拡張する、事業を地理的に拡大させるといった方法でイノベーションを実現しようとする。ファックス、ノート・パソコン、携帯テレビ、ポータブル・キーボードといったハイブリッドなビジネスチャンスは、SBUという目隠しを外さない限り、見つけることはできない。

キヤノンはカメラ・メーカーとして登場したが、その時にはすでにコピー機の世界的リーダーを目指して準備を進めていたという。企業をコア・コンピタンスという概念からとらえ直せば、イノベーションの領域は広がるはずである。

戦略アーキテクチャーの役割

多角化企業では、情報システム、コミュニケーション・スタイル、キャリア・パス、経営者報奨制度、戦略プランニングが各SBUの権限よりも上位に位置づけられていないと、コア・コンピタンスは破壊されてしまう。経営陣はその執務時間の相当量を、コンピタンスを構築することを最終目標とする全社的な戦略アーキテクチャーの作成に費やすべきである。戦略アーキテクチャーとは、どのようなコア・コンピタンスを育成すべきか、それを構成する技術は何かを具体化したもので、言わばロード・マップのようなものである。

NECのC&Cを実現させる戦略アーキテクチャーは、アライアンスを通じて学習意欲を促し、コア・コンピタンスの社内開発に焦点を絞ることで、将来の市場においてリーダーシップを握るために必要な投資を大幅に低減するというコンセプトである。育成すべきコア・コンピタンスが明らかになったならば、これらが流出してしまわぬように備えなければならない。これを怠っていては、賢明なパートナーシップなど、とうてい不可能である。

我々は、戦略アーキテクチャーは何かという質問への回答を、あえて避けてきた。その答えは企業によって異なるからだが、やはり木に例えて考えるのがよいだろう。企業組織はコア製品によって、いや詰まるところコア・コンピタンスによって構成されている。コア・コンピタンスとは木の根のようなものだ。頑丈な根を張り広げるには、次のように自問自答しなければならない。

- あるコア・コンピタンスをコントロールできない場合、そのコンピタンスに依存している事業の競争優位をどれくらい維持できるだろうか。
- そのコア・コンピタンスは、目に見える顧客価値を創造するうえで不可欠なものか。
- そのコア・コンピタンスを失ってしまった場合には、将来どのようなチャンスを逸することになるだろうか。

戦略アーキテクチャーは、どのように製品と市場を多角化すればよいか、その論理を導き出す。その際、SBUのマネジャーは次のような質問に答えなければならない。

・新たなビジネスチャンスは、グローバル市場においてナンバーワンになるという全社的な目標を後押しするものだろうか。
・そのビジネスチャンスは、コア・コンピタンスを深耕する、あるいは拡充するものだろうか。

たとえばビッカースの場合、多角化という選択は「世界最高の動力制御装置と作動制御装置のメーカーになる」という文脈において決定されている（囲み「ビッカースの戦略アーキテクチャー」を参照）。戦略アーキテクチャーでは、資源配分の優先順位を全社的に示すものでなければならない。経営陣にすれば、これは配分を決めるためのフレームワークとなる。管理職にすれば、資源配分の優先順位を決めるルールが理解できる。また、シニア・マネジャーにすれば、言行一致の規律となる。もちろん、自社のみならず、その対象となる市場を定義するものでもある。

3M、ビッカース、NEC、キヤノン、ホンダはいずれも合格である。ホンダは、自動車事業に参入するに当たって、それはオートバイ事業で実践してきたことを開花させることにほかならないと理解していた。つまり、高速回転、円滑運転、軽量エンジンを自動車事業においても実現するということだった。戦略アーキテクチャーを作成することで、各SBUに散在している技術を棚卸しし、これらを生産活動に反映させざるをえなくなる。競争優位は、このように、技術と生産を結びつけることでもたらされる。

経営資源を体系的に配分し、それにふさわしいマネジメント・インフラを整えれば、戦略アーキテクチャーに生命が吹き込まれ、新たな経営文化、チームワーク、変化への適応力が生み出される。さらには、経営資源の積極的な共有が促され、自社固有のスキルを守り、長期的な思考が育まれる。このような戦略アーキテクチャーであれば、そうそうライバルに真似されることはない。戦略アーキテクチャーは、顧客や株主とのコミュニケーション・ツールでもあり、また一つひとつのステップを省略することなく、広範囲にわたって目指すべき方向性を明らかにするツールでもある。

コア人材を解放し流動化させる

コア・コンピタンスは不可欠な資源である。経営陣はコア人材が特定の事業部門に閉じ込められることのないよう、その流動化に努めなければならないのと同じく、SBUは資金調達と同じ姿勢でコア・コンピタンスの獲得に努めなければならない。我々はこの点をやんわりと指摘してきたが、より真摯に向き合う必要がある。経営陣は事業部あるいはSBUのマネジャーたちの助けを借りて、コア・コンピタンスを特定したならば、次はこれらに密接に関係したプロジェクトを立ち上げたり、人材を発見したりするよう、各事業単位に要請しなければならない。また本社部門は、コンピタンスを身につけた人材がどこにいるのか、何人いるのか、およびその能力水準はどれくらいかについて直接把握し、管理すべきである。

このような経営陣の行動は、ミドル・マネジャーたちに一種のシグナルを送ることになる。すなわち、コア・コンピタンスは組織全体の資産であり、したがって全社的な視点に照らしたうえで再配置されるというメッセージである。したがって、個々のSBUがそのような人材を独占することは許されなくなる。ただし、SBUのマネジャーは、その社員にいくら投資しても、自分のところでなければその効果を最大化できないと証明できれば、彼ら彼女らを置いておくことができる。さらに、年度の戦略および予算を作成する際、SBUのマネジャーにコア・コンピタンスを有する人材を留保する理由をきちんと説明する義務を課せば、このメッセージの重要性がよりはっきりと伝わるだろう。

キヤノンの光学分野におけるコア・コンピタンスを構成する要素は、カメラ、コピー機、半導体リソグラフィ機器（回路のパターーンの原版をウェハー上に紫外線などを用いて露光転写する機器）など、さまざまな事業に散らばっている（図10-3「キヤノンのコア・コンピタンス」を参照）。キヤノンがデジタル・レーザー・プリンターにチャンスを見出した時、当該SBUのマネジャーに、必要な人材を他のSBUから引き抜く権限を与えた。またキヤノンのコピー機部門は、マイクロプロセッサー制御コピー機の開発を進めている段階で、すでに世界初のマイクロプロセッサー制御カメラを開発していたフォト製品グループに目をつけていた。

また、製品売上げだけを対象とした報奨制度、あるいはほとんど異動することのない昇進制度などは、マネジャー同士の社内競争をあらぬ方向へと導きかねない。NECでは、各部門のマネジャーたちが共同で次世代コンピタンスを明らかにする作業に取り組む。将来に向けて新しいコンピタンスを育成する投資を決定し、経営資源やスタッフを出し合う。そこには、ある種のバランス感覚が存在している。ある事業単位が他の事業単位よりも貢献度が高い、あるいは当初の話よりも見返りが少ないという事態も起こりうるが、このように短期的には不均衡が生じるものの、長期的には解消されていく。

図10-3｜キヤノンのコア・コンピタンス

キヤノンの製品はいずれも1つないし2つ以上のコア・コンピタンスによって開発されたものである。

	精密機械	精密光学	マイクロ・エレクトロニクス
カメラ	●	●	
コンパクト・ファッション・カメラ	●	●	
デジタル・カメラ	●	●	
〈EOS〉（オートフォーカス・カメラ）	●	●	●
ビデオ・カメラ	●	●	●
レーザー・プリンター	●	●	●
カラー・プリンター	●		●
バブルジェット・プリンター	●		●
ファックス	●		●
レーザー・ファックス	●		●
計算機			●
普通紙コピー機（PPC）	●	●	●
バッテリー式PPC	●	●	●
カラー・コピー機	●	●	●
レーザー・コピー機	●	●	●
カラー・レーザー・コピー機	●	●	●
〈NAVI〉（多機能電話）	●	●	●
スチール・ビデオ・システム	●	●	●
レーザー・イメージャー（画像変換装置）	●	●	●
セル・アナライザー（細胞解析装置）*1	●	●	●
アライナー（露光装置）*2	●		●
ステッパー（逐次移動露光装置）*3	●		●
エキシマ・レーザー（薄膜作製装置）*4	●	●	●

*1 DNAなどを蛍光染色した細胞、染色体、微生物などにレーザー光を照射し、発生する前方散乱光や側方散乱光などを同時に測定し、目的の細胞集団の情報を自動的に解析する装置。
*2 電子回路を形成するウェハー（基板）にフォト・マスク（平板上に形成されているパターンを別の平板に転写するための原版）を転写（露光）するための露光装置。
*3 アライナーと異なり、ステージに載置したウェハー上を正確に移動して、次々に露光を繰り返す（逐次移動する）半導体製造装置。
*4 半導体チップの製造工程において、マスク・パターンをウェハー上に転写するための露光工程で線源として用いられるレーザー光源。

ついでながら、SBUのマネジャーが積極的に貢献した場合、それが全社的に認識されるような仕組みを用意しておく必要がある。もし自分のところの人材を放出し、その恩恵を他部門、とりわけ昇進のライバルがゼネラル・マネジャーを務めている部門が浴するとなると、SBUのマネジャーは有能な人材を手放そうとはしないだろう。協力を惜しまないSBUのマネジャーは、チーム・プレーヤーとして称えられなければならない。優先順位がはっきりしていれば、人事異動が個人的な理由や社内政治によるものと見られることも減るだろう。

コア・コンピタンスを育成するための異動は、正式な記録として残されなければならない。他部門のためにコア人材を放出してしまうと、一時的に競争力が低下しかねないと懸念するのはもっともなことである。この結果、業績が悪化し、それが叱責の対象になるとすると、この次にはコア人材を異動させることに同意する部門はなくなってしまう。コア人材は特定の事業に従事し続けるという考えを払拭させるためには、キャリアの早い段階で、綿密に計画されたローテーション制度を通じて、さまざまな事業を経験させるという方法もある。

キヤノンでは、コア人材はカメラ事業とコピー機事業の間を定期的に異動する。またキャリアの中盤には、事業横断的なプロジェクト・チームに参加させる。それは、コア・コンピタンスを社内に広げるためでもあり、また別の領域によい魅力的なチャンスが訪れた時、コア人材にはめられている足かせを外すためでもある。

コア・コンピタンスを備えた人材は、自分のキャリアが本社人事部によって追跡され、また誘導されていることを知るべきである。一九八〇年代初め、キヤノンでは三〇歳未満のエンジニア全員が、戦略アーキテクチャーも含めて、キヤノンが将来進むべき方向を二年間かけて検討する「七人委員会」に参加するよう呼びかけられた。コア人材は、定期的に集め、その関心事やアイデアを交換させるとよい。その目的は、彼ら彼女らの間に強い仲間意識を築くことにある。彼ら彼女らのロイヤルティの源は、事業にあるのではなく、自分たちが具現化しているコア・コンピタンスへの献身にあることを、重視しなければならない。定期的な出張、顧客との頻繁な会話、仲間との会合によって、コア人材は、新たなビジネスチャンスを発見することだろう。

＊　＊　＊

コア・コンピタンスは新規事業の源泉である。それは全社戦略に焦点を当てたものであるべきである。そして、範囲の経済を目的としたブランディング・プログラムを通じて、コア製品で市場リーダーのポジションを勝ち取り、グローバル市場でシェアを確保しなければならない。そのためには、コア・コンピタンスを具現化したコア製品があり、さらに、たえず市場を中心に事業を運営する階層組織であると認識して初めて、戦闘準備が整う。

経営陣もまた、分権化の時代のように、事業単位の集合体を司るだけの立場に甘んじていることはできない。コンピタンスを獲得する道筋を示す戦略アーキテクチャーを体系化することで付加価値を提供しなければならない。一九九〇年代におけるグローバル競争を勝ち抜く条件は、コア・コンピタンスの構築を念頭に置くことだと我々は考えている。しかし、もう九〇年代に投入してしまった。企業という概念を再考するには、もう遅きに失しているかもしれない。

ビッカースの戦略アーキテクチャー

経営陣には、コア・コンピタンスを獲得し、これを育成するために全社戦略を策定する責任がある。この考え方は、アメリカ企業にすれば比較的新しいものと言えるだろう。ただし、少数ながら例外もある。このような方向に早くから転換を図っていたのが、スペインのトレドに本社があるトリノバ（元リビー・オーエンス・フォード）である。同社は、動力制御装置や作動制御装置、エンジニアリング・プラスチックの世界的な企業である。

トリノバの主要事業単位の一つであるビッカース（一九九九年にイートンに買収）は、航空宇宙、船舶、軍需、自動車、製紙といった産業向けに、油圧バルブ、油圧ポンプ、油圧フィルター、アクチュエーター（デバイスの作動制御装置）などの油圧機器を製造する大手メーカーである。ビッカースは、既存技術と電子工学を結びつけて応用することで、伝統的な事業を抜本的に改革する可能性を見出した。その最終目標は「技術進歩によって、顧客がビッカースから離れていかないように確実を期すること」だった。

ここで指摘しておかなければならないのは、当初は自社事業を防衛するという目的に力点が置かれていたことだ。つまり、新たなスキルを獲得しない限り、既存市場で地位を守ることも、新たな成長機会を享受することも不可能であると、ビッカース経営陣は認識していたのである。

そこで、次の三点について予想される展開の概念化を試みた。

- 動力制御および作動制御事業との関連が深い技術

・新しい顧客ニーズを満たすと考えられる機能
・技術と顧客ニーズを創造的に結びつけるうえで不可欠な新たなコンピタンス

経営陣は、新しい顧客ニーズと変化しつつある技術、これら二つの間のギャップを埋めるうえで求められるコア・コンピタンスに関するマップを作成した。これは、短期的な売上げというプレッシャーに負けることなく、一〇～一五年先まで見越していた。そのスローガンは「二一世紀に向けて」であった（図10－4「ビッカースのコンピタンス・マップ」を参照）。ビッカースは、流体（水圧、油圧、空圧など）コンポーネント市場で事業を展開している。この戦略アーキテクチャーではさらに、電動コンポーネント、電子制御という二つのコンピタンスが特定されている。また、ハードウエア、ソフトウエア、サービスを結合するシステム・インテグレーションの開発も目標に掲げられた。

ビッカースの例が示すように、戦略アーキテクチャーは特定の製品や技術について予測するものではない。製品機能への顧客ニーズ、潜在的な技術、コア・コンピタンスが将来、どのように関連し、どのように発展していくのかを広範囲にわたって描き出したマップなのだ。これは、そもそも未来の製品やシステムを定義することは不可能であり、発展途上の新市場においてライバルに先んじるためには、早い段階からコア・コンピタンスの育成に着手することが重要である、という前提に立っている。

ビッカースの開発した戦略アーキテクチャーは、コンピタンスの観点から自社の未来を具体化したものだが、製品の優先順位、M&A、アライアンス、人材採用といった、目の前の意思決定でも役立っている。一九八六年以来、ビッカースは目的がはっきりした買収を一〇件以上実施しているが、そのすべてが戦略アーキテクチャー全体のなかで見出された特定のコンポーネントや技術を獲得するためである。また、この戦略アーキテクチャー

図10-4｜ビッカースのコンピタンス・マップ

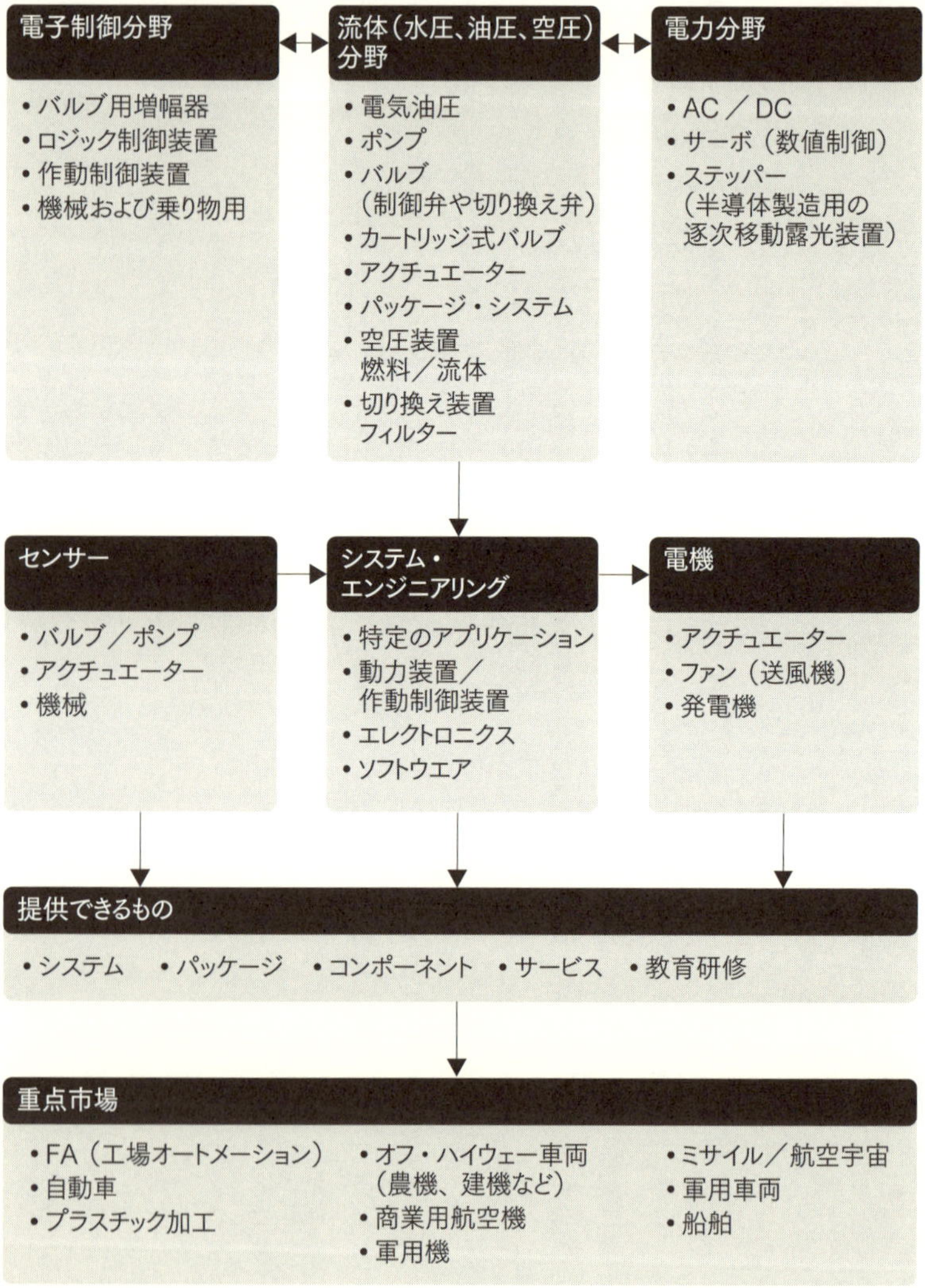

電子制御分野
• バルブ用増幅器
• ロジック制御装置
• 作動制御装置
• 機械および乗り物用
流体（水圧、油圧、空圧）分野
• 電気油圧
• ポンプ
• バルブ
（制御弁や切り換え弁）
• カートリッジ式バルブ
• アクチュエーター
• パッケージ・システム
• 空圧装置
燃料／流体
• 切り換え装置
フィルター
電力分野
• AC／DC
• サーボ（数値制御）
• ステッパー
（半導体製造用の
逐次移動露光装置）
センサー
• バルブ／ポンプ
• アクチュエーター
• 機械
システム・
エンジニアリング
• 特定のアプリケーション
• 動力装置／
作動制御装置
• エレクトロニクス
• ソフトウエア
電機
• アクチュエーター
• ファン（送風機）
• 発電機
提供できるもの
• システム
• パッケージ
• コンポーネント
• サービス
• 教育研修
重点市場
• FA（工場オートメーション）
• 自動車
• プラスチック加工
• オフ・ハイウェー車両
（農機、建機など）
• 商業用航空機
• 軍用機
• ミサイル／航空宇宙
• 軍用車両
• 船舶

は新たなコンピタンスを社内開発するための指針にもなっている。

ビッカースはコンピタンスの社内開発と並行して、電子工学や電機関連の能力と機械に関連するコンピタンスを組み合わせられるように、組織を再編した。ただし我々は、ビッカースがこの戦略アーキテクチャーを発展させ、これを社員、顧客、株主に周知させ、またこれと整合したマネジメント・システムを構築し、十分な利益を生み出すには、二、三年かかるだろうと踏んでいる。

【注】

(1)詳しくは、Gary Hamel and C.K. Prahalad, "Strategic Intent," HBR, May-June 1989.（邦訳「ストラテジック・インテント」『ダイヤモンド・ハーバード・ビジネス』一九八九年一一月号）を参照。

(2)Yves L. Dozとの共著"Collaborate with Your Competitors — and Win," HBR Jan.-Feb. 1989.（邦訳「ライバルとの戦略的提携で勝つ法」『ダイヤモンド・ハーバード・ビジネス』一九八九年五月号）を参照。

巻末付録

ハーバード・ビジネス・レビューとは

『ハーバード・ビジネス・レビュー』（HBR）は、一九二二年にハーバード・ビジネススクールの建学の精神に基づいて創刊された、世界最古のマネジメント誌。世界各国のトップ・ビジネススクールの教授陣、グローバル企業の経営者、戦略コンサルティング・ファームの一流コンサルタント、グローバル企業のCEO、さらには、ノーベル賞受賞者、脳科学や心理学の研究者、科学者や歴史家など、さまざまな斯界の権威が登場している。

翻訳言語数一二カ国語以上。英語圏はもとより、ドイツ、イタリア、フランス、BRICs諸国、台湾、南米主要国などの国々で、六〇万人以上のビジネス・プロフェッショナルに愛読されている。

日本語版『DIAMONDハーバード・ビジネス・レビュー』（DHBR）は、アメリカに次いで二番目に早く、一九七六年に創刊。本家HBR誌の魅力を最大限生かすとともに、日本の状況に合わせて日本オリジナルの論文やインタビューを収録している。世界最先端の論文の中から毎月一〇本を厳選。その編集方針は、各国のHBR誌からも一目置かれた存在となっている。

HBR創刊以来、世界に注目された論文
引用件数トップ10

1	**「何が国の競争優位をもたらすか」** マイケル E.ポーター
2	**「コア・コンピタンス経営」** C.K.プラハラッド、ゲイリー・ハメル
3	**「新しい経営モデル：バランス・スコアカード」** ロバート S.キャプラン、デイビッド P.ノートン
4	**「未来創造型企業へのイノベーション」** ゲイリー・ハメル、C.K.プラハラッド
5	**「戦略の本質」** マイケル E.ポーター
6	**「サービス産業のZD運動」** フレデリック・ライクヘルド、W.アールサッサーJr.
7	**「学習する組織の実践」** デイビッド・ガービン
8	**「バランス・スコアカードによる戦略的マネジメントの構築」** ロバート S.キャプラン、デイビッド P.ノートン
9	**「ITと競争優位」** マイケル E.ポーター、ビクター・ミラー
10	**「戦略とインターネット」** マイケル E.ポーター

出典：HBR2012年11月号（データ分析：HBR編集部、アクセンチュア・アイルランド・アナリティクス・コンサルタント　イーモン・オローリン）

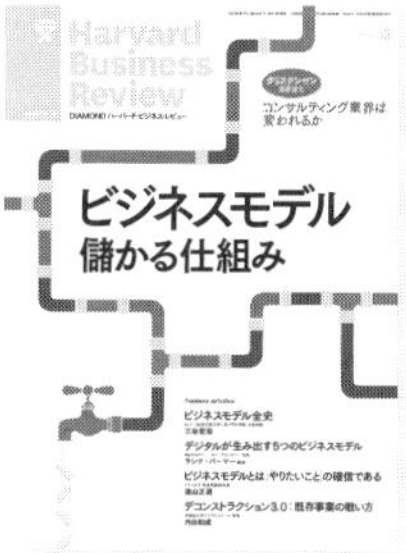

マッキンゼー賞　経営論の半世紀

一九五九年、マッキンゼー財団の申し出により、『ハーバード・ビジネス・レビュー』誌に「マッキンゼー賞」が創設された。同賞は産学の有識者による選考の下、その年に掲載された論文のなかで最も優れたものに授与される。これまで、ピーター・F・ドラッカー（七回）、マイケル・E・ポーター（七回）、マーケティング論の泰斗セオドア・レビット（四回）、『コア・コンピタンス経営』のゲイリー・ハメル（五回）とC・K・プラハラッド（四回）、『イノベーションのジレンマ』のクレイトン・M・クリステンセン（四回）、ヘンリー・ミンツバーグ（二回）、チャールズ・ハンディ（二回）、リーダーシップ論の権威ジョン・P・コッターなど錚々たる面々に、この栄誉が与えられた。歴代の受賞作を眺めるだけでも、経営論の半世紀がわかる。

	金賞（＊は未訳）		銀賞（＊は未訳）	
1959	余暇と社会＊ The Leisure Society	ルーエル・デニー	リース・ファイナンスの幻想＊ Illusion in Lease Financing	ドナルド・R・グラント
1960	苦境に陥った中堅企業の次期社長に誰を選出するか Debate at Wickersham Mills	アブラム・T・コリアー	マーケティング近視眼 Marketing Myopia	セオドア・レビット
1961	産業主義と世界＊ Industrialism and World Society	クラーク・カー ジョン・T・ダンロップ フレデリック・ハービソン チャールズ・A・マイヤーズ	権力を持つビジネスマン＊ Businessmen in Power	ベンジャミン・M・セレクマン
1962	大企業の使命 Big Business and the National Purpose	ピーター・F・ドラッカー	国家目標は財政的に可能か＊ Can We Afford Our National Goals?	リーランド・ハザード

1963	経営者の真の仕事 Managing for Business Effectiveness	ピーター・F・ドラッカー
	研究成果の経営への移転＊ Transferring Research Results to Operations	ジェームズ・ブライアン・クウィン ジェームズ・A・ミューラー
1964	偉大なるGMの謎＊ The Great GM Mystery	ハロルド・A・ウルフ
	広がるべき理想＊ Ideals for Export	チャールズ・H・マリク
1965	社長と経営計画＊ The President and Corporate Planning	マイルズ・L・メイス
	企業の未来 The Firm of the Future	H・イゴール・アンゾフ
1966	経済界と政府、 どちらが規制をつくるべきか＊ Regulation – By Business or Government?	ジェロルド・G・バン・サイズ
	模倣戦略の優位性 Innovative Imitation	セオドア・レビット
1967	優れたリーダーは あえて組織をかき回す Good Managers Don't Make Policy Decisions	H・エドワード・ラップ
	科学技術の進歩を予測する＊ Technological Forecasting	ジェームズ・ブライアン・クウィン
1968	社会から孤立するアメリカ産業界 Why Business Always Loses	セオドア・レビット
	雇用の壁を打ち砕け＊ Break Down Your Employment Barriers	セオドア・V・パーセル
	左翼の学生について ビジネスマンが知っておくべきこと＊ What Businessmen Need to Know About the Student Left	ジーン・E・ブラッドリー
1969	アイデアの管理＊ The Management of Ideas	メルビン・アンシェン
	中年期マネジャーの心得 On Being a Middle-Aged Manager	ハリー・レビンソン
1970	最優先すべきは イデオロギーの革新＊ Top Priority: Renovating Our Ideology	ジョージ・キャボット・ロッジ
	エグゼクティブのために 学生運動を分析する＊ An Anatomy of Activism for Executives	サミュエル・A・カルバート ジェームズ・M・エルデン
1971	優秀なマネジャーに成長する 条件 Myth of the Well-Educated Manager	J・スターリング・リビングストン
	日本の経営から学ぶもの What We Can Learn from Japanese Management	ピーター・F・ドラッカー

	金賞		銀賞	
1972	サービス・マニュファクチャリング Production-Line Approach to Service	セオドア・レビット	社長と取締役会＊ The President and the Board of Directors	マイルズ・L・メイス
1973	競争市場システムへの 回帰のすすめ＊ Let's Get Back to the Competitive Market System	C・ジャクソン・グレイソン、Jr.	産業国家： 古い神話と新しい現実＊ The Industrial State: Old Myths and New Realities	ブルース・R・スコット
1974	ビジネスと変化する社会＊ Business and the Changing Society	ジョージ・キャボット・ロッジ	現代組織の新たな枠組み New Templates for Today's Organizations	ピーター・F・ドラッカー
1975	マネジャーの職務： その神話と事実の隔たり The Manager's Job: Folklore and Fact	ヘンリー・ミンツバーグ	改革の時を迎えた失業保険＊ Unemployment Insurance: Time for Reform	マーティン・S・フェルドスタイン
1976	モチベーショナル・リーダーの条件 Power Is the Great Motivator	デイビッド・C・マクレランド デイビッド・H・バーナム	なぜ取替原価方式でなく 歴史的原価方式がいいか A Case for Historical Costs	ロバート・N・アンソニー
1977	マネジャーとリーダー： その似て非なる役割 Managers and Leaders: Are They Different?	アブラハム・ザレズニック	インフレ会計が必要な理由＊ Why We Should Account for Inflation	トーマス・D・フリン
1978	消滅した企業資本＊ Immolation of Business Capital 東洋的思考のすすめ Zen and the Art of Management	アルフレッド・C・ニール リチャード・ターナー・パスカル		
1979	競争の戦略： 5つの要因が競争を支配する How Competitive Forces Shape Strategy	マイケル・E・ポーター	トップ、スタッフ、監督者の 権力喪失 その病理と治療法 Power Failure in Management Circuits	ロザベス・モス・カンター

1980	経済停滞への道をいかに制御し発展に導くか Managing Our Way to Economic Decline	ロバート・H・ヘイズ ウィリアム・J・アバナシー	世界の石油事情その冷厳な事実 World Oil and Cold Reality	アンドレ・ベナール
			上司をマネジメントする Managing Your Boss	ジョン・J・ガバロ ジョン・P・コッター
1981	日米自動車産業にみる新しい競争の時代 The New Industrial Competition	ウィリアム・J・アバナシー キム・B・クラーク アラン・M・カントロウ	日本の成功の背後にあるもの Behind Japan's Success	ピーター・F・ドラッカー
1982	企業成長を蝕む投資の衰退そのメカニズムと病理 Managing as if Tomorrow Mattered	ロバート・H・ヘイズ デイビッド・A・ガービン	産業界は福祉国家を維持できるのか＊ Can Industry Survive the Welfare State?	ブルース・R・スコット
1983	何が日本企業に優位をもたらしたか Quality on the Line	デイビッド・A・ガービン	経営者と管理者の言動にみる成功と失敗 Moral Mazes: Bureaucracy and Managerial Work	ロバート・ジャッカル
1984	従業員参加型経営実現と試練のステップ Wrestling with Jellyfish	リチャード・J・ボイル	旧式の会計方式が生産を危うくする Yesterday's Accounting Undermines Production	ロバート・S・キャプラン
1985	最新の研究成果が明かすイノベーションの成功条件 Managing Innovation: Controlled Chaos	ジェームズ・ブライアン・クウィン	シェルは不確実の事業環境にどう対応したか Scenarios: Uncharted Waters Ahead	ピエール・ワック
1986	発想の転換で生産機能を競争力強化の自力武器に The Productivity Paradox	ウィッカム・スキナー	新事業開発の渦中で学んだ組織改善へのステップ I Thought I Knew What Good Management Was	ウィリアム・H・ピース
1987	競争優位の戦略：「企業戦略」を再考する From Competitive Advantage to Corporate Strategy	マイケル・E・ポーター	戦略クラフティング Crafting Strategy	ヘンリー・ミンツバーグ

年	金賞		銀賞	
1988	時間を武器とする競争戦略 Time – The Next Source of Competitive Advantage	ジョージ・ストーク、Jr.	サービスの100％保証システム The Power of Unconditional Service Guarantees	クリストファー・W・L・ハート
1989	ストラテジック・インテント Strategic Intent	ゲイリー・ハメル C・K・プラハラッド	キャリア・家庭両立型女性管理職のメリット Management Women and the New Facts of Life	フィーリス・N・シュウォーツ
			LBOアソシエーション Eclipse of the Public Corporation	マイケル・C・ジェンセン
1990	モトローラ大学物語 Motorola U: When Training Becomes an Education	ウィリアム・ウィッゲンホーン	日本の〝系列〟に対抗する欧米型〝系列〟の提案 Computers and the Coming of the U.S. Keiretsu	チャールズ・H・ファーガソン
			コア・コンピタンス経営 The Core Competence of the Corporation	C・K・プラハラッド ゲイリー・ハメル
1991	コンピュータをつくらないコンピュータ企業 The Computerless Computer Company	アンドリュー・S・ラパポート シュムエル・ハレビィ	企業と事業を〝発明〟する〝開拓的研究〟方式 Research That Reinvents the Corporation	ジョン・シーリー・ブラウン
1992	企業経営の〝連邦主義〟原理 Balancing Corporate Power: A New Federalist Paper	チャールズ・ハンディ	エマソン社の〝超〟着実経営 Emerson Electric: Consistent Profits, Consistently	チャールズ・F・ナイト
1993	企業〝生態系〟4つの発展段階 Predators and Prey: A New Ecology of Competition	ジェームズ・F・ムーア	「学習する組織」の実践プロセス Building a Learning Organization	デイビッド・A・ガービン
1994	学習する組織へのブレークスルー Good Communication That Blocks Learning	クリス・アージリス	企業永続の理論 The Theory of the Business	ピーター・F・ドラッカー

1995	イノベーションのジレンマ Disruptive Technologies: Catching the Wave	ジョセフ・L・バウアー クレイトン・M・クリステンセン
	バーチャル組織： “見えない人たち”をどう管理するか Trust and the Virtual Organization	チャールズ・ハンディ
1996	革新の戦略　その10原則 Strategy as Revolution	ゲイリー・ハメル
	戦略の本質 What Is Strategy?	マイケル・E・ポーター
1997	「持続可能性」を チャンスに変える経営＊ Beyond Greening: Strategies for a Sustainable World	スチュアート・L・ハート
	ネットワーク経済が迫る バリューチェーン再構築 Strategy and the New Economics of Information	フィリップ・B・エバンス トーマス・S・ウースター
	リビング・カンパニー The Living Company	アリー・デ・グース
1998	バーチャル・インテグレーションが 生む競争優位 The Power of Virtual Integration: An Interview with Dell Computer's Michael Dell	ジョアン・マグレッタ
	リアル・オプションを 戦略評価に活かす法 Strategy as a Portfolio of Real Options	ティモシー・A・ルアーマン
	帝国主義的グローバリゼーションの 終焉 The End of Corporate Imperialism	C・K・プラハラッド ケネス・G・リーバーサル
1999	アンバンドリング： 大企業が解体されるとき Unbundling the Corporation	ジョン・ヘーゲル３世 マーク・シンガー
	伝統的組織に シリコンバレーをつくる Bringing Silicon Valley Inside	ゲイリー・ハメル
2000	共感のリーダーシップ Why Should Anyone Be Led by You?	ロバート・ゴーフィー ガレス・ジョーンズ
	時代を牽引する ナルシスティック・リーダー Narcissistic Leaders: The Incredible Pros, the Inevitable Cons	マイケル・マコビー
	ゲノム・ビジネス：産業融合の時代 Transforming Life, Transforming Business: The Life-Science Revolution	ファン・エンリケス レイ・A・ゴールドバーグ

	金賞		銀賞	
2001	戦略の本質は変わらない Strategy and the Internet	マイケル・E・ポーター	「所有から利用へ」のITマネジメント Your Next IT Strategy	ジョン・ヘーゲル3世 ジョン・シーリー・ブラウン
2002	失敗に寛容な組織をつくる The Failure – Tolerant Leader	リチャード・ファーソン ラルフ・キーズ	競争優位のフィランソロピー The Competitive Advantage of Corporate Philanthropy	マイケル・E・ポーター マーク・R・クラマー
2003	エイズは企業課題である AIDS Is Your Business	シドニー・ローゼン ジョナサン・サイモン ジェフリー・R・ビンセント ウィリアム・マクラウド マシュー・フォックス ドナルド・M・シア	なぜ地位は人を堕落させるのか The Harder They Fall	ロデリック・M・クラマー
2004	プロフェッショナル・マネジャーの行動原理 What Makes an Effective Executive 「退職」という概念はもう古い It's Time to Retire Retirement	ピーター・F・ドラッカー ケン・ディヒトバルト タマラ・エリクソン ボブ・モリソン	トリプルAのサプライチェーン The Triple-A Supply Chain	ハウ・L・リー
2005	グローバル競争とリージョナル戦略 Regional Strategies for Global Leadership	パンカジュ・ゲマワット	トヨタ生産方式で医療ミスは劇的に減らせる Fixing Health Care from the Inside, Today	スティーブン・J・スピア
2006	競争優位のCSR戦略 Strategy and Society: The Link Between Competitive Advantage and Corporate Social Responsibilit	マイケル・E・ポーター マーク・R・クラマー	いまこそマネジメント・イノベーションを The Why, What, and How of Management Innovation	ゲイリー・ハメル
2007	企業とNGOの共創モデル Cocreating Business's New Social Compact	ジェブ・ブルーグマン C・K・プラハラッド	「できる社員」は包容力で管理する Leading Clever People なぜ女性リーダーが少ないのか Women and the Labyrinth of Leadership	ロバート・ゴーフィー ガレス・ジョーンズ アリス・H・イーグリー リンダ・L・カーリ

2008	**戦略を全社員と共有する経営** Can you Say What Your Strategy Is? **売上げが止まる時** When Growth Stalls	デイビッド・J・コリス マイケル・G・ルクスタッド マシュー・S・オルソン デレク・バン・ビーバー セス・ベリー	**ビジネスモデル・イノベーションの原則** Reinventing Your Business Model	マーク・W・ジョンソン クレイトン・M・クリステンセン ヘニング・カガーマン
2009	**競争力の処方箋** Restoring American Competitiveness	ゲイリー・P・ピサノ ウィリー・C・シー	**イノベーターのDNA** The Innovator's DNA	ジェフリー・H・ダイアー ハル・B・グレガーセン クレイトン・M・クリステンセン
2010	**プロフェッショナル人生論** How Will You Measure Your Life?	クレイトン・M・クリステンセン	**顧客資本主義の時代** The Age of Customer Capitalism **イノベーションをめぐる対立を解消する** Stop the Innovation Wars	ロジャー・マーティン ビジャイ・ゴビンダラジャン クリス・トリンブル
2011	**共通価値の戦略** Creating Shared Value	マイケル・E・ポーター マーク・R・クラマー	**グレート・カンパニーの経営論** How Great Companies Think Differently	ロザベス・モス・カンター
2012	**これから始まる新しい組織への進化** Accelerate!	ジョン・P・コッター	**チームづくりの科学** The New Science of Building Great Teams	アレックス・サンディ・ペントランド
2013	**リーダーは集中力を操る** The Focused Leader	ダニエル・ゴールマン	**※銀賞該当なし** **[ファイナリスト]** **DARPAの全貌：世界的技術はいかに生まれたか** "Special Forces" Innovation: How DARPA Attacks Problems **ヘルスケア改善戦略＊** The Strategy That Will Fix Health Care **クラウドはビジネス・パートナーである** Using the Crowd as an Innovation	 レジナ・E・デュガン カイガム・J・ガブリエル マイケル・E・ポーター トーマス・H・リー ケビン・J・ブードロー カリム・R・ラカニー

『Harvard Business Review』（HBR）とは

ハーバード・ビジネススクールの教育理念に基づいて、1922年、同校の機関誌として創刊された世界最古のマネジメント誌。アメリカ国内では29万人のエグゼクティブに購読され、日本、ドイツ、イタリア、BRICs諸国、南米主要国など世界12カ国、60万人のビジネス・エグゼクティブやプロフェッショナルに愛読されている。

『DIAMONDハーバード・ビジネス・レビュー』（DHBR）とは

HBR誌の日本語版として、アメリカ以外では世界で最も早く、1976年に創刊。「グローバル・リーダーを目指す人の総合マネジメント誌」として、毎号HBR論文と日本オリジナルの記事を組み合わせ、時宜に合ったテーマを特集として掲載。多くの経営者やコンサルタント、若手リーダー層から支持され、またグローバル企業の企業内大学や管理職研修、ビジネススクールの教材として利用されている。

世界の経営者が愛読する
ハーバード・ビジネス・レビュー BEST10論文

2014年9月4日　第1刷発行

編　者――ハーバード・ビジネス・レビュー編集部
訳　者――DIAMONDハーバード・ビジネス・レビュー編集部
発行所――ダイヤモンド社
〒150-8409　東京都渋谷区神宮前6-12-17
http://www.diamond.co.jp/
電話／03･5778･7228（編集）　03･5778･7240（販売）
装丁デザイン―デザインワークショップJIN（遠藤陽一・金澤彩）
製作進行――ダイヤモンド・グラフィック社
印刷――――慶昌堂印刷
製本――――ブックアート

ISBN 978-4-478-02868-1